信息技术与教育教学深度融合系列丛书

国家数字化学习工程技术研究中心　组编
杨宗凯　总主编

移动场景下教学工具与软件的创新应用

刘艳　彭强　刘林　编著

华中师范大学出版社

新出图证(鄂)字 10 号

图书在版编目(CIP)数据

移动场景下教学工具与软件的创新应用/刘艳,彭强,刘林编著. —武汉:华中师范大学出版社,2019.8
(信息技术与教育教学深度融合系列丛书/杨宗凯主编)
ISBN 978-7-5622-8737-7

Ⅰ.①移… Ⅱ.①刘…②彭…③刘 Ⅲ.①中小学教育—计算机辅助教学—教学软件—应用 Ⅳ.①G434

中国版本图书馆 CIP 数据核字(2019)第 163532 号

移动场景下教学工具与软件的创新应用
刘艳 彭强 刘林 编著

责任编辑:刘满元	责任校对:王 炜	封面设计:胡 灿
选题策划:基础教育分社		电话:027-67862387
出版发行:华中师范大学出版社有限责任公司		
社址:湖北省武汉市洪山区珞喻路 152 号		邮编:430079
销售电话:027-67863040		传真:027-67863291
网址:http://press.ccnu.edu.cn		电子信箱:press@mail.ccnu.edu.cn
印刷:武汉兴和彩色印务有限公司		督印:王兴平
字数:260 千字		
开本:710mm×1000mm 1/16		印张:18
版次:2019 年 8 月第 1 版		印次:2019 年 8 月第 1 次印刷
定价:54.00 元		

欢迎上网查询、购书

敬告读者:欢迎举报盗版,请打举报电话 027-67867353

总　序

当前，我国正处在从教育大国向教育强国迈进的关键阶段，虽然目前的教育发展水平有了明显的提高，但依然面临着促进教育公平、提升创新能力、完善终身教育体系等一系列挑战。信息化对解决制约我国教育发展的瓶颈问题具有重大意义，信息技术助力教与学突破时空限制，使扩大优质教育资源覆盖面变得更为快捷、方便。利用信息化手段改造传统课堂，对提高教育质量、改善教育供给、培养创新人才具有明显的促进作用，而互联网、云计算、大数据等信息技术则为构建终身教育体系提供了重要支持平台。

正因为如此，教育信息化受到了党和政府的高度重视。"十二五"初期，我国发布了《教育信息化十年发展规划（2011—2020年）》，对教育信息化工作进行了整体设计和部署。随后，教育部出台了"三通两平台"、教学点数字教育资源全覆盖和教师信息技术应用能力提升培训等一系列重大举措。2016年6月，教育部发布了《教育信息化"十三五"规划》，对推进信息技术与教育教学深度融合提出明确要求。当前，我国正研究制定"中国教育现代化2030"战略，进一步勾勒出教育信息化的发展蓝图及其在教育现代化进程中的重要地位。

经过"十二五"的发展，我国推进教育信息化已取得了显著的阶段性成果，初步完成了"三通两平台"的阶段性发展目标，全国大部分学校已经具备信息化条件下的基本教学环境，普遍实现了初步应用。在"十三五"阶段，我们要面对的重要课题将是进一步深化应用融合，这包括两方面含义：一方面要继续补齐短板，普及基础条件；另一方面要促进信息技术在教育教学中的广泛、深入应用，并逐步实现信息技术与教育的深度融合。

"融合"的核心，不是用技术去强化传统教学，而是用技术去创新教学，引领教育体系变革。主要包括以下四个方面：

1. 教学模式的改进。教学过程中学生、教师等各类主体高度互动、密切协同，教与学的基本形态彻底变革，逐步形成信息化条件下与学习者认知规律和能力发展需求相适应的新型教与学模式。例如：江苏省苏州市推行的信息化教改试验，在7所学校建成16个信息化教改实验班，实验班所有日常教学活动都采用信息化手段进行深度改造，实现课内课外、家庭学校之间的高度互动，支撑以学生为中心的个性化学习，部分学科的教学质量已有了明显提升。

2. 学习环境的创新。学校网络带宽接入水平、装备条件等，都应逐步纳入学校校舍等基础设施建设的标准范围内。教学所需的物理空间、资源空间和社交空间应整合到一个环境中，为教学提供无缝支持服务，实现实体课堂和在线课堂的一体化。例如：华中师范大学国家数字化学习工程技术研究中心研发了云端一体化的未来教室，教师基于教育云的混合式课堂教学在全国已经推广两年，展现出明显好于单一实体课堂的教学效果。

3. 平台服务的整合。目前我们已经初步完成教育资源公共服务平台和教育管理公共服务平台的建设，但整合不够。静态数据主要存储在管理平台，动态数据主要存储在资源平台。在后续发展中，将逐步注重资源平台和管理平台的融合发展，支持利用大数据的伴随式数据采集和过程评价。

4. 师生能力的提升。当前教师的教学能力、学生的学习素养以及校长和各级领导的信息化领导力都有待进一步提升。教师应该成为信息化条件下教学活动的构造者、促进者、辅导者以及学习活动的组织者；学生若要成为合格的数字公民，应提高应对信息技术浪潮的能力；领导者则应该具备良好的规划、组织、评估的能力。"十二五"期间，教育部启动了教师信息技术应用能力提升工程，计划对一千多万名教师完成每人50学时的轮训，目前成效比较显著，但是大部分教师对信息技术的应用还停留在较为浅层次的阶段，能够利用信息技术创新教学的还比较少，有待进一步提高。

目前我国教育信息化尚处于"应用"阶段，正向"融合"阶段迈进。由此可以预见，未来十年要重点推进的是信息技术与教育教学的融合。教师作为信息化应用的直接推动者，其信息技术应用能力的高低直接影响着教学中应用信息技术的程度。

华中师范大学以国家数字化学习工程技术研究中心和教育大数据应用技术国家工程实验室为依托，开展了国家科技支撑计划"教育云规模化应用示范"项目的研究与实践，一直深耕在智慧教室、教育云、教育大数据等信息技术与中小学学科深度融合的理论与实践一线，在苏州、新疆、深圳、湖北、四川、海南等地积极进行着"信息技术革新教育"的创新探索与实践，为实现我国中长期教育改革与发展规划纲要的战略目标做出贡献。

在一线信息化教学应用实践过程中，我们组织参与融合实践的专家学者、中小学教育管理者与一线教师，共同围绕"信息技术与教育教学深度融合"这个主题，反思教育教学创新与实践中的成功经验与存在的问题，并进一步总结形成教学理论，撰写编制本套系列丛书，主要为一线教育工作者及管理者、中小学教师提供信息技术与教育教学深度融合实践的理论支撑与实践指导。

主编
2017年6月于华中师范大学

前　言

以信息化带动教育现代化，是实现教育高质量、均衡发展的必由之路。教育部在《教育信息化"十三五"规划》中明确指出教育信息化已成为国家战略，"十三五"期间将全面深入推进教育信息化转型。中共中央和国务院在《中国教育现代化2035》中进一步提出推进教育现代化，到2020年教育现代化要取得重要进展，到2035年要总体实现教育现代化，迈入教育强国行列。在此背景下，信息技术在教育教学中的应用将会越来越深入，发挥的作用也越来越重要。如何跟上信息技术发展的脚步，让信息技术更好地为教育教学服务是每一个教师正在面临的严峻挑战。

信息技术的发展使得很多信息化教学工具和软件应运而生，这些信息化教学工具和软件参与教学，为师生带来了高效、便捷、丰富、有趣的教学体验，深刻改变了教育的传统面貌。为了让信息技术更好地为教育教学服务，提升信息化教学的效果，教师必须熟练使用常用的信息化教学工具和软件。

随着宽带无线接入技术和移动智能终端技术的飞速发展，移动互联网应运而生并迅猛发展，人们随时随地都能方便地从互联网获取各种信息和服务。移动技术的快速发展影响了每个行业，教育也不例外。无论是K-12领域还是高等教育领域，移动革命都在深度介入，各种基于移动端的教学应用工具也如雨后春笋般层出不穷，涵盖了从备课、上课到教学管理的整个过程，给教师的工作带来了极大的便利。这些移动端教学应用工具小巧、灵活、易用、实用，可以让教师和学生随时随地进行个性化的教和学，并且可以实现即时交互，极大地扩展了学习的时空，不仅方便了教师的工作，而且提升了教师的工作效率。

目前，有很多基于移动端的教学应用工具，由于其功能太多太杂乱，让人目不暇接、无所适从。为了帮助广大教师更好地学习和运用基于移动端的教学应用工具，本书精选了部分具有代表性的基于移动端的教学工具和软件，对其主要功能和具体教学应用进行详细讲解，希望能助力于教师的日常学科教学，提升教师的信息化教学能力，同时培养教师的信息技术思维，实现教师教学理念层面的教育信息化和教育现代化。

全书共分为五个部分，分别是信息化教学篇、备课篇、上课篇、教学管理篇、信息技术能力提升篇。第一部分是信息化教学篇，主要介绍与信息化教学相关的内容，包括信息化教学的兴起和作用，信息化教学模式和教学环境以及用于信息化教学的信息化教学工具和软件的介绍。第二部分是备课篇，主要介绍一些可以为教师的备课提供帮助的典型移动端教学应用工具，包括思维导图类、课件制作辅助类和备课辅助类三大类工具。这些教学应用工具能为教师节省大量备课的时间和精力，让教师的备课工作更有效率。第三部分是上课篇，主要介绍教师在上课过程中可能会用到的各种移动端应用工具，包括常用课堂教学工具雨课堂、101教育PPT以及一些方便课堂教学和课堂活动组织的软件工具，如用于课堂点名、提问、随机分组的软件工具。第四部分是教学管理篇，主要介绍辅助教师进行教学管理的一些移动端工具，包括笔记类工具、手机投屏类工具、调查统计类工具以及在线作业类工具。第五部分是信息技术能力提升篇，主要介绍帮助教师提升个人信息技术能力的一些移动端应用工具，包括图形图像类工具、视频处理类工具、文档类工具和图标制作类工具。为了方便读者阅读，本书对每个软件工具的介绍都采用了相似的流程，分为软件工具相关知识介绍、软件工具主要界面介绍和教学应用案例介绍三个方面，重点是该软件工具具体教学应用案例的介绍。

本书由武汉理工大学教师刘艳、彭强、刘林主持编写，华中师范大学国家数字化学习工程技术研究中心的黄涛老师参与了全书的结构和框架设计。华中师范大学出版社的刘满元编辑参与了本书的研讨过程，并对本书的写作提出了很多宝贵的建设性意见。武汉理工大学学生梅镭、徐盈、贺黎鸣、张嘉、易苏情、王胤茹、李芷欣、张鑫璟、蓝罗浩展、罗祯迪、李梦涵、崔博文、罗小琪、张璐萍、庞美珍、吴桐等参与了本书的部分编写工作。本书是各位编写者共同协商、齐心协力完成的，是大家集体智慧的结晶。本书在编写过程中，参考和引用了部分国内外文献与资料，有些资源来源于网络，其中主要的文献已经在参考文献中列出，如有遗漏，恳请谅解。

本书的编写从酝酿到成稿，编者力求涵盖对实际教学最有帮助的移动端教学应用工具和软件，希望能满足读者的不同需求。尽管如此，由于移动端教学应用工具和软件的发展太快，有些教学应用工具和软件在教学中的应用还有待进一步挖掘，加之编者水平有限，书中错漏之处在所难免，恭请各位读者见谅，并提出宝贵意见。

目 录

1—22 第一部分 信息化教学篇 / 1

1 信息化教学概述 / 2
    1.1 信息化教学 / 2
    1.2 信息化教学模式 / 6
    1.3 信息化教学环境 / 11
    1.4 信息化教学工具和软件 / 16
    1.5 移动场景下的教学工具和软件 / 19

23—114 第二部分 备课篇 / 23

2 思维导图类工具 / 28
    2.1 百度脑图 / 29
    2.2 ProcessOn / 39
    2.3 gliffy / 45

3 课件制作辅助类工具 / 51
    3.1 雨课堂 / 51
    3.2 101教育PPT / 62
    3.3 WPS移动端 / 72

4 备课辅助类工具 / 94
    4.1 Office Lens / 94
    4.2 草料二维码生成器 / 99
    4.3 易企秀 / 108

115—156 第三部分 上课篇 / 115

5 授课类工具（一）——雨课堂 / 118
    5.1 雨课堂 / 118

6　授课类工具（二）——101教育PPT / 129
　　6.1　101教育PPT / 129
7　授课辅助类工具——小程序 / 140
　　7.1　小考勤 / 140
　　7.2　会编请假 / 144
　　7.3　群里有事 / 147
　　7.4　分组宝 / 151
　　7.5　随机抽 / 154

157—218　**第四部分　教学管理篇** / 157

8　笔记类软件 / 160
　　8.1　石墨文档 / 160
　　8.2　印象笔记 / 167
9　手机投屏类软件 / 174
　　9.1　ApowerMirror / 174
　　9.2　一键投影 / 181
10　调查统计类工具 / 186
　　10.1　问卷星 / 186
　　10.2　腾讯问卷 / 199
11　在线作业类工具——一起作业网 / 206

219—71　**第五部分　信息技术能力提升篇** / 219

12　图形图像类工具 / 223
　　12.1　去除水印 / 223
　　12.2　在线抠图 / 226
　　12.3　以图找图 / 228
　　12.4　AI放大 / 230
　　12.5　在线印章 / 231
　　12.6　Wallpaperswide / 232
　　12.7　扫描全能王 / 234

13 视频类工具 / 241

    13.1 视频下载类（硕鼠）/ 241

    13.2 视频编辑类（360快剪辑）/ 243

    13.3 视频格式转换类（风云格式工厂）/ 250

14 文档类工具 / 255

    14.1 微软小蜜 / 255

    14.2 讯飞快读 / 258

    14.3 QQ OCR / 261

15 图标类工具 / 263

    15.1 iconfont / 263

    15.2 GifCam / 266

第一部分

信息化教学篇

1 信息化教学概述

1.1 信息化教学

1.1.1 信息化教学的兴起

随着以计算机技术、通信技术、网络技术为代表的信息技术的迅猛发展,信息技术不断渗透到社会的各个领域,人类跨入了一个崭新的时代——信息化时代。信息化时代对人的基本素质提出了新的要求,工业革命以来建立的教育体系正在急剧过时,依靠标准化教学来批量生产人才的模式难以为继,构建终身学习体系,培养适应信息化社会的创新人才,已经成为 21 世纪教育的重大时代命题,也是世界各国教育教学改革与发展的重要方向。在这种背景下,信息化教学应运而生。

华东师范大学的祝智庭教授认为,信息化教学指教育领域中以信息技术(IT)的广泛应用为特征的一种新的教学形式,是以教学过程的设计和学习资源的利用为特征的[①]。信息化教学是与传统教学相对而言的现代教学的一种表现形态,它以信息技术的支持为显著特征,注重现代教学理念的指导和现代教学方法的应用。目前,信息化教学已成为教育领域的应用热点,随着新兴技术的不断推进,由科技赋能的信息化教学将在未来进一步普及。

信息化教学取得如今的进展和成果,离不开多年来教育信息化的发展与完善。教育信息化是衡量一个国家和地区教育发展水平的重要标志,要实现信息化教学、创新教学模式、提高教育质量,必须大力推进

---

① 祝智庭,钟志贤. 现代教育技术——促进多元智能发展[M]. 上海:华东师范大学出版社,2003:212.

教育信息化。根据王运武、黄荣怀、杨萍和王宇茹等学者在《改革开放40年：教育信息化从1.0到2.0的嬗变与超越》一文中所做的界定，我国教育信息化的发展分为前教育信息化阶段、教育信息化1.0阶段以及教育信息化2.0阶段，如图1.1.1所示。1978—2000年，我国处于前教育信息化阶段，这一阶段主要致力于计算机教学与普及，着力培养计算机人才，可以说，这一时期是中国信息化教学的起点，虽处于蹒跚学步阶段，却为后续的发展奠定了良好的基础。2001年以后，中国进入教育信息化1.0阶段，教学环境变革是这一时期的主要特征，基础设施建设得到快速发展，为信息化教学提供了良好的教学环境。2012年，"三通两平台"工程的提出和实施进一步推动了信息化教学的发展。2018年教育部印发了《教育信息化2.0行动计划》，标志着我国教育信息化正式迈入2.0阶段。

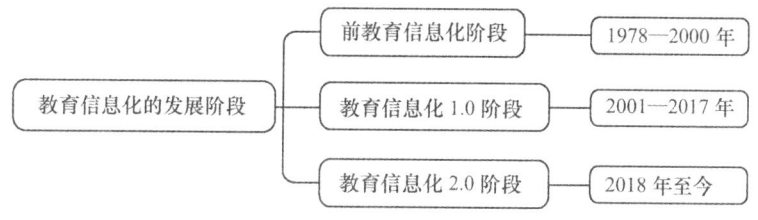

图1.1.1　教育信息化的发展阶段

《教育信息化2.0行动计划》提出构建网络化、数字化、智能化、个性化、终身化的教育体系，要"坚持信息技术与教育教学深度融合的核心理念"，"推动教师主动适应信息化、人工智能等新技术变革，积极有效开展教育教学"。2019年2月，中共中央和国务院又印发了《中国教育现代化2035》，要求"大力推进教育理念、体系、制度、内容、方法、治理现代化，着力提高教育质量，促进教育公平，优化教育结构"，"到2035年，总体实现教育现代化"，说明教育信息化2.0阶段的重点已经由教学环境变革转变为信息技术支持下的教学创新应用，可以说教育信息化2.0阶段为信息化教学的创新发展指明了方向。

1.1.2　信息化教学的特征

经过查阅文献及总结专家学者的观点，我们认为信息化教学的特征可以从技术和教育两个层面进行分析,如图1.1.2所示。

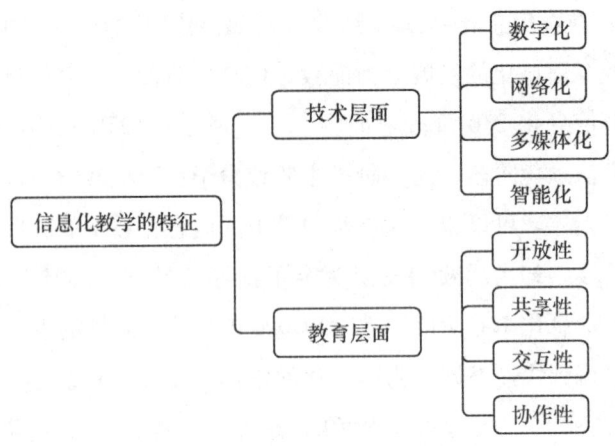

图1.1.2 信息化教学的特征

从技术层面上看,信息化教学具有数字化、网络化、多媒体化、智能化的特征。在过去,教师只能以文字的形式进行备课,梳理教学重难点;粉笔板书和口头传授则是课堂教学活动中最主要的活动形式。如今,信息化教学可以为教学活动的开展创设更丰富多样的教学场景,打破传统课堂局限,使得学生学习的积极性与主观能动性大大提高。与此同时,信息化教学还提供数量庞大的数字化的多媒体学习资源,能够满足学生个性化、自主性学习的需要。各种智能化教学工具和软件的应用极大地改善了课堂教学环境,通过对学生的学习行为、学习轨迹、学习成果等进行收集和评估,教师可以针对学生的个性化需求制订最优的教学策略。人机协同将对个性化教学起到极大的推动作用,对于提高课堂教学效率和学习质量具有重要的意义。

从教育层面上看,信息化教学的基本特征是开放性、共享性、交互性与协作性。大规模的开放式在线课程的出现正体现了其开放性与共享性,使学习不再被时间、空间所局限,学校不再是学习的唯一地点,在一定程度上扩大了教育所面向的群体。缺乏交互的教学过程不能给予学生深刻的印象,学习过程也离不开外在力量的协作,信息化教学中的协作对象可以是同学,也可以是信息化教学工具。信息化教学强调交互与协作,能够加深学生学习过程中的参与感,达成浸入式学习的效果。

随着数据驱动型教学时代的来临,传统的主要依靠成绩评价的学习数据记录方式逐渐被细粒度、长时间的智能化数据处理方式所代替,这将使得分析教学活动更加容易、客观和准确,数据驱动教学和数据驱动决策是信息化教学的必然趋势。学者丛亮认为,在大数据时代,大数据将在信息化教学中发挥更为重要的作用,未来的信息化教学将以大数据为驱动力,政府应将"信息技术对教育发展具有革命性影响"作为重大的战略决策,在大数据分析技术的支持下,按照教育发展战略制定切实可行的教育政策和规定[①]。

1.1.3 信息化教学对教师提出了更高的要求

随着社会的发展和信息技术的广泛应用,信息化教学手段越来越丰富,在线课堂、翻转课堂、MOOC(慕课)、SPOC(小规模在线课程)、增强现实与虚拟课堂等新型教学模式,正在不断改变传统教学模式,使课堂教学发生深刻的变革。这些变革一方面使学习者获得更优质的学习体验,学习灵活性、参与度与互动性更强,学习效率明显提高,另一方面也对广大一线教师提出了更高的要求。由于课堂教学环境与模式正被"重构",备课、上课以及课后工作也逐渐向信息化和智能化方向发展,这就要求广大教师在不断丰富自身专业知识和内涵的同时,还必须全方位提高信息素养,提升信息化教学能力,了解信息化教学的发展趋势和信息技术的前沿动态。

首先,教师必须建立起"以学生为中心"的教育理念与教育思想。在传统的教学模式中,教师作为教学活动的主体,以教为主、以学为辅,学生学习的主动性与创造性不能得到较好的调动,课堂教学效果也会受到很大影响。信息化教学提倡以学生为中心,注重学生的主动学习和自我知识建构,重点培养学生自主学习能力和开拓创新能力,真正体现学生的主体地位。这个根本性的变化,要求教师转变自己的教育理念与教育思想,从知识的传授者转变为学生学习的指导者、帮助者和合作

---

① 丛亮. 大数据背景下高校信息化教学模式的构建研究[J]. 中国电化教育,2017(12).

者，还需要运用各种信息技术手段创设教学情境，丰富课堂教学活动，促进学生自主学习，提高课堂教学效率。

其次，教师需要提高自身的信息化教学能力。作为教学活动的组织者，教师的信息化教学能力决定着教学活动质量的高低。教育部在《教育信息化"十三五"规划》中也指出，要"增强教师在信息化环境下创新教育教学的能力"，"培养教师利用信息技术开展学情分析与个性化教学的能力"。信息化教学工具和软件，尤其是移动场景教学环境下的教学工具和软件的使用是信息化教学得以实施的前提条件，教师应当积极了解和学习必要的信息化教学工具和软件，为信息化教学提供技术支撑。

最重要的一点是，教师应以正确的态度面对信息化教学，合理看待信息化教学所带来的巨大变革。一方面，教师不能看低甚至忽视信息化教学的作用，只满足于自己当前的教学模式，也不应当产生畏难情绪，认为自己学不会、学不了，无法跟上时代的脚步，要对自己怀有信心，以积极的心态面对信息化的挑战；另一方面，不能认为信息化教学工具和软件是万能的而忽略了教学内容本身的重要性，本末倒置，使信息化教学偏离正确的方向。

1.2 信息化教学模式

1.2.1 信息化教学模式的定义

学者钟志贤认为："信息化教学模式是教学模式在信息化时代条件下的新发展，是基于技术的教学模式或数字化、信息化学习模式。信息化教学模式是指技术支持的教学活动结构和教学方式。它是技术丰富的教学环境，是直接建立在学习环境设计理论与实践框架基础上，包含相关教学策略和方法的教学模型。"[①] 很显然，信息化教学模式以信息技术的支持为显著特征，在更深层面上，它还涉及现代教学理念的指导和

---

① 钟志贤. 信息化教学模式 [M]. 北京：北京师范大学出版社，2007：7.

现代教学方法的应用,是现代信息技术与教学实践科学相结合的一种新的教学表现形态,不仅从手段和形式上改变了传统教学模式,更从观念、内容、过程、方法、评价等层面赋予了教学新的内涵。

合理高效的信息化教学模式是信息化教学取得良好效果的保障。信息化教学模式通常使用信息化教学工具和软件作为教学的辅助工具,综合其情境、工具与信息资源的功能,帮助建立各类可视化的教学情境,能在一定程度上提高学习者的自主性与学习效率。在信息化课堂教学模式下,教师可以通过组织和协调最大限度地发挥学生的主动性、积极性和创造性,突破传统课堂教学模式的种种局限,使学生能够主动成为知识的建构者。

1.2.2 信息化教学模式的特点

教学模式是由学生、教师、教学信息、学习环境所构成的。相对于传统教学模式,信息化教学模式中四要素的关系都发生了转变。在这种教学模式中,教师不再维持自己作为"专家"的角色,而是作为教学过程的指导者与组织者、意义建构的促进者和引领者,来帮助学生获得、解释、组织和转换大量的信息,以促进学生学习,解决实际问题;学生作为知识的主动建构者和运用者,承担着自我学习的责任,通过异质协同作业、自主探索的方式进行主动的知识建构,在教师创设的情境、协作与会话等学习环境中充分发挥自身的主动性、积极性和创造性;教学信息所携带的知识不全是教师传授的内容,而是学生主动建构意义的对象(客体);学习环境包括情境、协作、会话等要素,情境必须有利于学生对所学内容的意义建构,协作发生在学习过程的始终,学习小组的成员之间通过会话、协作共同完成学习任务。

信息化教学模式所附带的网络化、多媒体化属性使教学过程更加直观,学生学习更加便利,其主要有以下几个特点,如图1.2.1所示。

首先,信息化教学模式的信息源丰富,有利于创设情境。信息化教学模式下学生的信息源更加多样,与过去将教师作为唯一信息来源相比,对于知识的掌握将更全面具体。特殊情境下的教学也能使学生获得

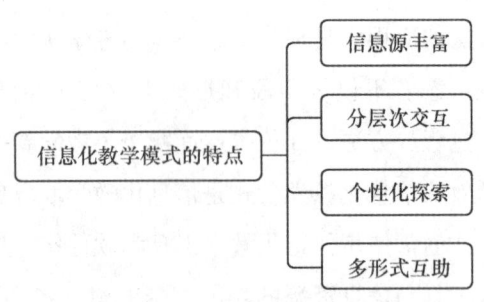

图 1.2.1 信息化教学模式的特点

极佳的学习体验,学习效果将大幅提升。

其次,信息化教学模式分层次交互,有利于针对不同类型的学生进行教学。即使在同一个班级,学生之间的水平也是参差不齐的,分层次交互有助于学生自主选择学习的阶段与进度,掌控学习节奏,真正实现学生作为学习主体的自主化学习。

此外,信息化教学模式还是一种个性化探索的学习模式,有利于培养学生的创新意识。在这种模式下,能够培养学生获取信息、分析信息以及利用信息的能力。在极富自由度的信息获取和加工过程中,学生将进行自主探索,创造性思维可由此产生。

最后,信息化教学模式能帮助学生以多形式进行互助,有利于协同合作。学生在互助中进行学习,更能激发学生的竞争意识和合作精神,这种协作式学习可以促进学生对所学内容的认知,扩大学习的广度和加深学习的深度。

1.2.3　信息化教学模式的基本类型

伴随着信息化教学的不断深入,信息化教学模式在课堂教学中的应用呈现出快速发展的态势,出现了各种信息化教学模式。林书兵等人梳理了近 20 年来信息化教学模式的相关研究,认为信息化教学没有一成不变的固定模式,它总是随着信息技术的不断更新、随着对教育教学的更加深入的研究而不断创新的[1]。

---

[1] 林书兵,张倩苇. 我国信息化教学模式的 20 年研究述评:借鉴、变革与创新[J]. 中国电化教育,2015 (9).

早在 1999 年，乔纳森就从建构主义学习观和技术学习的角度提出了六大学习方式：用技术支持探究性学习、用技术支持视觉化学习、用超媒体支持建构现实的学习、创建以技术为支持的学习共同体、用技术支持反思性学习、用技术支持"做中学"的建构主义学习环境。虽然他未明确提出信息化教学模式的分类，但是这些学习方式体现了学习者的学习是有意义的学习、是运用技术的学习。信息技术作为学习工具，特别是认知工具，能够用于促进学生的学习和知识的建构。

祝智庭教授从模式的教学组织形式和在教学过程中的表现特点的角度提出了一种实用的分类方式，将信息化教学模式概括为以下几种类型：个别授导类、合作学习类、情景模拟类、调查研究类、课堂授导类、远程授导类、学习工具类、集成系统类①，如图 1.2.2 所示。

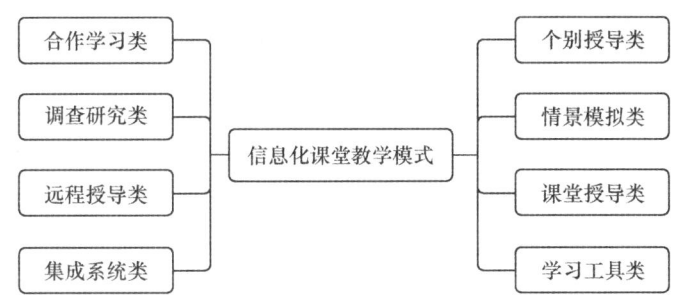

图 1.2.2　信息化教学模式的基本类型

个别授导类有个别授导与练习、教学测试、智能导师三种典型模式，由计算机负责教学指导功能，通过计算机提问—学生回答—计算机判别并反馈的流程，在学习前、学习中、学习后三个阶段均进行测试分析，形成学习报告，实现对学生的精准画像，评估学生的学习状态与学业水平，为个性化教学做好准备。在这一模式下，教学过程呈现高度结构化的特征，数据被作为评判学生水准的量化依据，并且计算机授课以多媒体形式呈现图文并茂的教学内容，通过互动使学生更易接受所学的知识内容。

合作学习类主要有计算机支持合作学习、协同实验室、虚拟学伴、

---

① 祝智庭. 现代教育技术——走进信息化教育［M］. 北京：高等教育出版社，2002：126.

虚拟学社等典型模式。通过先进的信息技术构建虚拟社会，为学习者创设丰富的学习情境，最大限度地发挥学习过程中的合作协同作用，强调学习者与同伴之间的互动交流。在此模式下，学习者还可以突破时间、空间的局限，进行各类小组合作活动，如小组讨论、小组练习、小组互教等。学习伙伴是学习过程中的重要角色，在计算机与网络的辅助支持下，同学间可以互相协同帮助，甚至在某些情境下，计算机也可以扮演学习者的学习伙伴与学习者进行学习交流与互助答疑。

情景模拟类有模拟与游戏、微型世界、虚拟实验室等典型模式，由计算机建构模拟的情景供学生学习与探索，灵活性、可操控性强。通过计算机建模和仿真技术，为学生呈现可视化、可体验的学习环境，使学习过程更富有趣味性。在这类逼真的学习情境下，学生可以观察与操控学习对象，对知识的理解更透彻，对学习也将抱有更大的兴趣，最终达到更高效的学习效果。

调查研究类主要有案例研习、探究性学习、基于资源的学习等典型模式，由计算机向学习者提供信息资源与检索工具。这类学习模式由来已久，可以为学生自主学习提供良好的渠道，在传统的教学活动中发挥着举足轻重的作用。在此类学习模式下，学生可以充分利用学习资源进行自学与探究。随着信息技术的高速发展，可检索与利用的信息量大幅度增长，检索难度大大降低，调查研究类学习模式也获得了更丰富的拓展。

课堂授导类有电子讲稿、情景演示、课堂作业、小组讨论、课堂信息处理等几种典型模式。此类模式使用计算机作为教具，收集、处理与传播学习信息，通过计算机对教学内容进行可视化呈现，并处理相关的学习资源，使课堂学习过程更高效、简便，增强了学习过程中的互动性。此类学习模式是教师需要重点掌握的信息化教学模式，本书也将重点讲解与此相关的工具软件，以帮助教师提高信息化教学水平。

远程授导类主要有虚拟教室、实时授递、异步学习、作业传送、小组讨论等几种典型模式。此类模式利用网络作为传播工具，使教师与学生突破地域局限，顺利进行远程教学活动。学生与教师通过网络可以实现传统教室中所能实现的所有教学流程，还可以进行异步学习、异步讨论，满足学生随时随地学习的需求。

学习工具类有效能工具、认知工具、通信工具、解题计算工具等几种典型模式，也就是将计算机作为学习辅助工具，利用各类工具软件提高学习效率，以获得更佳的学习成果。例如思维导图就是一种良好的认知工具，通过计算机绘制思维导图，可以将学习内容系统化，构建完整的框架，这种可视化的表示方法更便于记忆与理解，同时还能发现不同元素之间的特殊联系，以寻求对知识的举一反三。

集成系统类主要有集成学习环境、电子绩效支持系统、集成教育系统等几种典型模式，是利用一整套方法和设备组建起来的具有各种教育信息服务功能的大体系，是情境、工具与信息资源的综合体。

除此之外，还有其他专家学者也从不同的角度提出了信息化教学模式的分类，每一类分类标准和适用范畴都不尽相同。随着教育信息化的不断推进，信息化教学模式也在不断变化，在某种程度上也反映了信息化教学的发展和演化。

1.3 信息化教学环境

1.3.1 信息化教学环境及其构成要素

"环境"，按照古代汉语的解释，环者，绕也；境者，疆土也。限于早期认识，对"环境"一词的解释大都囿于"环境"的场所观，即"环境就是周围的地方"。我们一般认为，环境主要是指主体周围与主体密切相关的一切要素构成的体系。信息化教学环境就是运用现代教育理论和现代信息技术所创建的教学环境，包含在信息技术条件下直接或间接影响教师"教"和学生"学"的所有条件和因素，是信息化教学活动展开和持续的必备条件。

从性质来看，信息化教学环境包括物理教学环境、信息资源环境、人力资源环境及人际关系环境等。物理教学环境由各种物理因素构成，可划分为设施环境、时空环境、自然环境等，为信息化教学提供必备的教学场所与教学设施；信息资源环境指利用信息化手段为师生提供教学资料的教学环境，例如图书馆、学习资源中心、电子阅览室、校园网及Internet等，为教师提供备课的资源与服务，为师生交流互动提供辅助功能；人力资源环境指信息化教学过程中的师资力量以及各部门人员信息化素养与能力的总和；人际关系环境的打造则要依靠和谐、友善、相互信赖的师生关系。

信息化教学环境在教学改革方面起到了不可忽视的影响，促进了教学的升级与发展。首先，信息化教学环境优化了学习内容，将枯燥无味的文字知识转化为多媒体形式的可视化教材，不但使所要学习的知识结合了声音、图片、视频等元素，甚至在此基础上利用虚拟现实技术，制造出三维的可视化效果，学生也更乐意接收这样的学习信息。其次，教学过程在信息化教学环境中得到优化。传统的教学过程通常由教师对知识进行归纳讲解，而在信息化教学过程中，教师作为引导者，创设学习情境，引导学生进行协同合作、自主学习。信息化教学环境为学生营造了高效便利的学习氛围，改变了学生的学习方式。学生的学习观念与教师的教学理念也产生了根本性的变化。

1.3.2 信息化教学环境的特征

信息化教学环境在不断完善的过程中，呈现出了以下几个特征：教学内容多媒化、教学过程数字化、师生交流多样化、学习方式个性化、信息存储数字化、交互界面图形化、教学管理自动化，如图 1.3.1 所示。

教学内容多媒化与教学过程数字化是打造信息化教学环境的首要条件，多媒体与数字化让教学环境在现代技术的辅助下变得多元、高效。在这样的学习环境中，教学内容以多媒体的形式展现给学生、教学过程充分利用数字化手段，使得教学活动更加丰富多彩，教学流程更加科学合理，学生对信息的吸收更快速，理解更透彻。

在传统的教学环境中，不论是在课堂上还是在课后的空闲时间，师生通常利用面对面的方式交流，教师对学生学习情况的反馈也只能通过

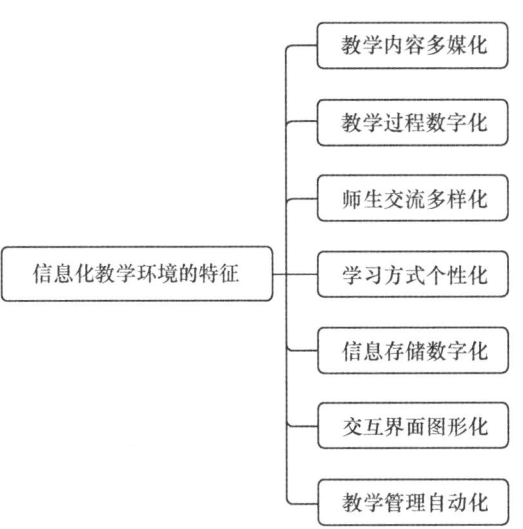

图 1.3.1　信息化教学环境的特征

批阅作业等少数几种方式传递给学生。面对面的交流方式固然有其优势，但这种单一的交流方式限制了师生交流的频率。在信息化教学环境中，线上实时讨论、异步交流可以突破时空的局限，让师生的互动更显灵活性，呈现出师生交流多样化的特点。

大数据驱动的信息化教学环境让每一个学生的不同水平与素质都得以突显，因材施教也借此得以实现。在此背景下，学习方式个性化得到了突出体现。教师可以利用信息化手段充分评估不同的学生对知识内容的掌握程度，对每一个学生设置个性化的教学方案，充分发挥学生的特长，弥补其短处。如此一来，教师便能及时改变授课方案，让教学活动富有灵活性和机动性，尽量使所有学生都能在能力范围内达到学习效率的最大化。

信息的数字化存储则方便了师生的资源共享，让更丰富的知识量以数字形式进行传播。在这样的教学环境下，师生拥有更加便捷的学习资源传播渠道，如在课堂上可以通过扫描二维码等方式快速获取学习资料，将大大减轻师生双方的负担，这对于学生学习的积极性有一定推动作用，学生对于学习内容的了解也将更加深入。

信息化教学环境中的图形化交互界面将可视化贯彻于教学过程，在可视化的教学场景下，学生的认知印象会得到一定程度的提高，具象化的图形界面有助于学生对抽象知识的理解,省去了教师复杂的解说过程,而学生自然也将获得更好的学习效果。

教学管理自动化有助于提升教师教学的便捷性,教师可以对学生的学习流程有直观的把控,快速了解学生学习过程中遇到的难点,并采取有针对性的措施进行教学活动。比如教师运用信息化辅助软件或平台,可以轻松实现对教学对象的管理,评估教学对象每一次的学习效果,并及时给予反馈,实现个性化教学或指导。

1.3.3 信息化教学环境的主要类型

从技术和活动方式的角度来看,传统的信息化教学环境可以分为课堂教学环境、视听传播教学环境和网络教学环境等类型。课堂教学环境指传统课堂的信息化教学环境;视听传播教学环境指利用视听传播方式进行教学活动时所营造的教学环境;网络教学环境则是指通过互联网进行信息化教学时所需的教学环境。传统的学校信息化教学环境主要有视听演示型教学系统、多媒体网络教学系统、语言实验室、微格教学系统、电视教学系统、人工智能与虚拟现实教学系统、教育信息资源中心等。

传感技术、网络技术、大数据技术和人工智能技术的迅速发展,促进了技术与教育的深度融合。祝智庭教授提出智慧教育是教育信息化的新境界、新诉求,也是教育信息化发展的必然阶段[1]。充分利用传感技术、人工智能技术、网络技术、大数据技术改善学习环境,创建适合学生学习和教师教学的智慧教室,是当今智慧学习时代的必然选择,智慧教室正在成为目前主流的信息化教学环境。黄荣怀教授认为智慧教室是一种典型的智慧学习环境的物化,是多媒体和网络教室的高端形态,是信息化教学发展到一定阶段的必然选择[2]。黄涛教授认为,智慧教室是融合"互联网+教育"的全新教育教学理念的云端教室,它提供云端一体化服务的教学模式,通过教育大数据创新教学模式,实现教学规模化

---

[1] 祝智庭,贺斌. 智慧教育:教育信息化的新境界[J]. 电化教育研究,2012(12):7-15.
[2] 黄荣怀,胡永斌,杨俊锋,等. 智慧教室的概念及特征[J]. 开放教育研究,2012,18(2):22-27.

与个性化的统一①。

智慧教室的研究最早可以追溯到 1988 年雷西尼奥提出的 smart classroom 概念,之后很多相关人员和学者都进行了大量有意义的探索和实践。这些研究涵盖智慧教室的设计、建设、管理和应用等多个方面,对传统的教学模式和教学环境都产生了巨大的冲击。因此,胡钦太教授认为,以智慧教室为标志的智慧教育环境研究推动了数字化学习环境向智能化学习环境的根本转变②。

黄荣怀教授提出了智慧教室的"SMART"概念模型,他将智慧教室涉及的内容概括为:内容呈现(showing)、环境管理(manageable)、资源获取(accessible)、即时互动(real-time interactive)、情境感知(testing)。这五个维度正好体现了智慧教室(smart classroom)的特征。同时,他还提出如果从内容呈现、资源获取和即时交互三个维度来增强教室的设计,可把教室建成"高清晰"型、"深体验"型和"强交互"型三种典型的智慧教室③。

"高清晰"型智慧教室多应用于"传递—接受"式教学模式,教学内容一般通过双屏显示,支持手势识别的自然交互,并辅助以支持讲授的各类资源和工具,支持师生及时交互。"高清晰"型智慧教室融合了传统讲授型教学的部分特点,是目前各地学校智慧教室建设的主流。

"深体验"型智慧教室主要应用于探究性教学模式,学生在教师的指导下,通过"自主、探究、合作"的方式对当前教学内容进行自主学习。教学内容的呈现主要通过学生的计算机终端或移动终端设备,而室内的无线投影呈现作为辅助。交互方式以生机交互为主,师生交互、生生交互为辅,学生可通过计算机终端或手持设备以电子投票、问题反馈的方式给予反馈。"深体验"型智慧教室极大地激发了学生学习的主动性和积极性。

---

① 黄涛,张慧芳,张维. 智慧教室环境下的教学模式与方法[M]. 武汉:华中师范大学出版社,2017:12.
② 胡钦太,郑凯,等. 教育信息化的发展转型:从"数字校园"到"智慧校园"[J]. 中国电化教育,2014(1):35-39.
③ 黄荣怀,胡永斌,杨俊锋,等. 智慧教室的概念及特征[J]. 开放教育研究,2012,18(2):22-27.

"强交互"型智慧教室更多应用于小组的协作学习,教学内容主要通过各个小组的终端呈现。支持小组使用计算机终端或移动终端设备讨论问题、绘制思维导图等,交互方式特别强调以计算机为媒介的生生交互,小组完成学习任务主要依赖小组讨论。"强交互"型智慧教室对于培养学生的团队协作意识,激发学生的创造性具有积极的影响。

1.4 信息化教学工具和软件

1.4.1 信息化教学工具和软件的作用

信息化教学工具和软件是指用于解决教学中的实际问题、提高教学效率的一种具有信息化特点的计算机应用软件或平台,它是实施信息化教学的重要软件基础。作为信息化教学环境的重要组成部分,信息化教学工具和软件促进了信息化教学的发展,使信息化教学的开展更简便快速。信息化教学工具和软件的使用简便、易学易上手,即使没有信息技术基础的教师与学生经过简单培训也可以顺利使用。

在信息化教学整个流程中,信息化教学工具和软件的应用无处不在。信息化教学工具和软件的功能强大,在教师的教学过程与学生的学习过程中起到了巨大的作用。

首先,信息化教学工具和软件利于教师备课、教学和管理。例如在备课阶段,教师可以利用思维导图梳理章节的重点,从而提高设计教案的效率。在上课过程中,对 PowerPoint 的合理运用将使得课堂教授过程更加生动具体,对 MG 动画等工具和软件的应用则可以进一步促进教学内容的可视化呈现。各类课堂教学助手可便于教师进行多样化的教学活动设计,增加师生间的互动交流,智能化工具则可对学生不同阶段的学习结果进行准确评估,方便教师进行一对一的教学设计,给不同层次的学生提供不同的学习解决方案。

其次,信息化教学工具和软件可以激发学生学习的创造性和自主性,促进教师教学方式的变革和学生学习方式的改变。信息化教学工具和软件有助于创设丰富多彩的学习情境,提供生动的可视化展现,这对激发学生学习的自主性和创造性有积极的影响，学生学习过程中的认知、理解与记忆等活动都将取得更好的效果。同时，信息化教学工具和软件可以提供多样的师生互动方式，为教师多样化的教学活动设计提供了可能，便于教师针对不同的教学内容采取不同的教学策略和教学方法，帮助教师进行教学方式的变革。

最后，信息化教学工具和软件可以成为学生的认知工具。信息化教学工具和软件为信息技术与学科知识的深层次融合提供了渠道，便于学生更深入透彻地理解学科知识，探索未知世界。例如，利用虚拟实验工具，可以使学生亲身体验很多在传统教学中不能实现的过程，这样信息化教学工具和软件就会成为学生探索世界的认知工具，对培养学生的信息加工能力、信息分析能力，提高学生解决实际问题的能力具有极大的帮助。当然，信息技术与学科知识的深层次融合不是简单地将信息化教学工具和软件作为展示工具，而是需要以现代教学思想作为指导，将信息化教学工具和软件与教学内容进行深度融合设计。

1.4.2 信息化教学工具和软件的主要类型

由于信息化教学工具和软件种类多样，功能多样，基于不同的标准，信息化教学工具和软件有很多不同的分类。在此，我们根据信息化教学工具和软件的功能将信息化教学工具和软件分为教学科研类、教学管理类以及个人信息技术能力提高类三种。鉴于很多信息化教学工具和软件可适用于多种教学应用场景，因此在分类中或许有交叉部分，这也体现了信息化教学工具和软件强大的适用性。

教学科研类的信息化教学工具和软件主要用于教师开展教学活动和教学研究，可以应用在备课阶段、课堂教学阶段乃至课后阶段。在备课阶段，百度脑图、ProcessOn 思维导图、流程图、原型图在线绘制平台方便教师在授课之前制订教学计划，理清教学内容各个知识点间的逻辑与联系，找出学生可能会遇到的难点问题，并设计好教学流程。在课堂教学阶段，多种信息化教学工具与软件的综合运用会使授课内容以更直观生动的方式展现。比如，教师若能对几个必要知识点进行微课的录制，或者利用易企秀、兔展等在线平台进行微场景制作，将有助于学生对知识点的进一步理解。应用雨课堂等教学平台能在授课过程中促进师生间的互动，让师生间的资源共享更为便利，课后教师还可以通过该教学平台进行作业的发布和批改，巩固学生的知识。此外，信息化教学工具和软件还可以助力教师的教学研究，比如通过一些信息化教学工具和软件可以让教师进行在线教研、收集和分析教学数据、撰写教学论文，等等。

教学管理类的信息化教学工具和软件主要针对教学行为数据采集和学情追踪反馈，帮助教师实现精准教学、过程性评价教学。课程结束后，教师可以利用信息化教学工具和软件进行教学评价和教学反思，了解授课效果与学生的学习情况，便于下一次教学计划的进行。在教学管理类工具和软件的帮助下，教师对学生的学习情况可以进行量化的分析，也可统一发布作业、批阅作业、答疑解惑，既可对整个班级进行规范化的统一教学管理，又可针对不同学生的实际情况提供个性化的教学指导。比如，雨课堂、微助教等软件都可以实现课堂统计、签到考勤、课堂讨论、互动答题、在线题库等功能，这些功能大大方便了教师的教学管理。

个人信息技术能力提高类的信息化教学工具和软件可以提升教师自身的信息化能力水平和职业素养。如用于处理文字、图片、视频信息的各种信息化教学工具和软件，会为教师处理各类教学信息、制作微课等教学资源提供极大的便利。便签类工具则可以让教师在繁杂的工作中对事务进行具体规划，对于灵光乍现的教学心得与体会也能通过便签进行记录，并且此类便签工具能在移动设备上使用，非常方便。

1.4.3 信息化教学工具和软件的应用场景

信息化教学工具和软件的应用场景丰富，在不同的应用场景中也应使用不同的应用策略。利用信息化教学工具和软件在教学中实践信息化教学主要有以下三种不同的应用场景，分别是工具支持下的课堂导入、工具支持下的课堂讲授和工具支持下的总结与复习。

在课堂导入环节，教师需要让学生快速了解本节课的知识框架，降低学生的理解难度，而这也是激发学生兴趣、吸引学生注意力的关键环节，决定着学生接下来的学习专注度。例如，教师可以在课堂导入阶段利用思维导图为学生展示本堂课要教授的知识内容体系，让学生对所要学习的内容有一个整体的了解。教师还可以利用一些信息化教学工具和软件制作微场景，创设教学情境，使学生快速进入到学习中。

在课堂讲授环节，教师则可以利用信息化教学工具和软件使授课内容更丰富多彩、生动易懂，同时也能在信息化工具和软件的帮助下增加课堂的交流与互动。例如，教师可以利用PPT制作辅助工具，在备课阶段便做好美观简洁的教学课件，课上也可借助雨课堂等工具进行问答、阶段小测等互动，便于及时了解学生学习情况。

在课后的总结与复习阶段，教师可以将教学资源上传至在线平台，学生扫描二维码便可以轻松获取学习资料进行课后复习。同时，教师也可以利用教学评价软件对学生的学习进度进行一定了解，通过课后测验的发布，对学生的知识掌握程度进行量化分析。

虽然信息化教学工具和软件的使用能够大幅度提高教学效果，但教师也要意识到，信息化教学工具和软件只是辅助工具，并不能取代教师的功能。教师在运用此类工具和软件时，应当综合考虑信息化工具和软件的类型是否适合课程内容，对于不同的课程内容，信息化教学工具和软件参与的程度也应有所不同，而不是越多越好。

1.5 移动场景下的教学工具和软件

1.5.1 移动场景下教学工具和软件的特点

人的发展目标是"全面发展、自由发展、个性化发展"，而教育的目标则是"全纳、优质、公平、终身学习"。教育部前副部长杜占元曾描述，我们应该构建的未来教育是"更加开放、更加适合、更加人本、更加平等、更加可持续"的教育。华中师范大学杨九民教授认为，未来教育必将是构建在互联网上的新教育。在信息技术高速发展的当下，移动技术作为对教育行业产生巨大影响的技术之一，必将成为助力未来新教育的主力军。

伴随着移动技术的发展，出现了很多移动场景下的教学工具和软件。移动场景下的教学工具和软件就是在手机、平板电脑等掌上终端，依托移动无线网络，辅助信息化教学过程进行的应用型软件或平台。移动场景下的教学工具和软件除了具有信息化教学工具和软件的一般特点，还具有以下特点。

首先，移动场景下的信息化教学工具具有可操控性强、使用简单的特点。由于移动工具小巧、便捷，使用者可以很容易地利用屏幕触控的方式对其进行操控，互动性极强。在触摸屏的作用下，人机交互的反应速度更快，并且也更节省空间，符合当下人们的使用习惯。因此，学习者能够更容易参与到学习过程中，从而对所学内容产生兴趣与热情。

其次，移动教学工具和软件更加智能，且便于携带与使用，突破了时间和空间的限制，可以为教师的教学和学生的学习提供随时随地的服务，极大地延伸了教学和学习的时空，方便教师和学生进行移动教学和移动学习。在课堂上，非移动场景下的信息化教学工具和软件通常是面向整个班级，而移动式的教学工具和软件却更多为个人所使用，不仅为学生带来个性化学习体验，也为教师带来个性化教学体验。

此外，信息化教学工具和软件在移动场景下沉浸性更好，便于学生进行沉浸式学习。英国开放大学在《2018 年学习趋势报告》中将沉浸式学习列为未来学习趋势之一，沉浸式学习有助于学生体验更逼真的场景，产生更加真实、更加难忘的学习体验，从而加深对学习的理解。随着虚拟现实技术的发展，移动场景下的教学情境日趋复杂和多样，虚拟学习环境正在成为强有力的教学和学习工具，可以为学生提供更具实际操作性、更接近真实世界的沉浸式学习，为基于项目、基于问题的探究式学习、探险式学习等各种学习模式的实施提供了支持。

移动场景下的信息化教学工具和软件进一步促进了信息化教学的普及，让信息化教学走向更加方便高效的道路，在教学过程中发挥着越来越重要的作用。

1.5.2 移动场景下教学工具与软件的作用

随着信息化教学实践的不断深入，移动场景下的教学工具与软件在教学中的应用也更为广泛，为整个教学流程提供了更多的便利。

首先，教师可以运用移动场景下的教学工具与软件督促学生在课前进行自主学习。在上课前，教师可以在移动教学平台上传与课程相关的学习资料以及测试习题，鼓励学生进行预习并借助在线测试了解学生的预习程度，据此针对不同学生制订个性化学习方案，便于下一个教学环节的开展。

其次，教师可以利用移动场景下的教学工具与软件创立移动课堂，对学生的学习过程进行高效的管理。通过移动场景下的教学工具和软件，教师在课堂教学中可以进行教学内容的多元化展示，随时发布习题至学生的移动终端，教师与学生、学生与学生之间可以实现多层次的交流互动，如讨论课程问题，共享学习资料，提交与自动批改作业等等。移动智能教学工具能够快速便捷地记录每个学生的学习过程数据，便于教师对整个班级和个人的学习开展形成性评价，诊断整个班级及个人的学习问题，及时解决学生尚未解决的问题。

再次，移动场景下的教学工具与软件在课后可以进一步拓展学生的学习。学生可以通过扫描二维码获取教师上传的课程资源，进行课后巩固学习及拓展学习，学生有疑难问题可使用移动端教学平台随时随地对教师提问。这种随时随地的学习方式有利于拓展学生学习的深度和广度，形成对课堂教学的有力补充。

最后，移动场景下的教学工具及软件非常方便教师采集和分析各种数据，比如收集和分析学生的背景问卷、脑力评分量表、学生感知问卷、学生自我评价、学生互评、师生评价等数据，这对于完善课程考核评价体系、推动新形势下的课堂教学改革具有重要意义。

1.5.3 移动场景下教学工具与软件的发展趋势

移动技术的不断发展会进一步推动移动场景下教学工具和软件的发展，未来的移动端教学工具和软件有以下几个发展趋势。

移动场景下教学工具与软件将更加智能化。智能化是一个多模态数据采集、动态分析、跟踪、决策的复杂过程，得益于人工智能算法突破性的进展和机器认知智能的发展。随着人工智能、大数据技术的迅速发展，以及移动智能设备、可穿戴智能设备、AR/VR等硬件设备的普及，移动场景下教学工具与软件将更加智能化，在教学过程中充当智能助教、智能导师、智慧学伴等角色，为学生提供各种智能化的服务。

移动场景下教学工具与软件更加体现人本化的思想。所谓人本化，是把人文主义的教育思想贯穿始终，以学生为中心，让技术的发展围绕学生的学习需求展开，教学工具与软件的设计更加符合学生的心理特点，让学生有更多机会与教师交流，和同学合作学习，提高对知识的理解水平以及建构新知识。随着"以学生为中心"教育理念的推广和普及，移动场景下教学工具与软件将更加体现人本化的思想。

移动场景下教学工具与软件更加支持学生的个性化需求。未来的移动端教学工具与软件将结合教育大数据技术，对学习者的学习行为、学习风格和学习过程等进行群体与个体分析与建模，准确识别学习者的学习状态，根据其知识技能水平、学习兴趣、特长和情感状态等做出适应性决策，从而为学习者提供个性化学习服务，满足学习者的个性化需求。从近期发展来看，部分移动端教学工具和软件已可以实现部分功能，比如为学习者提供个性化的学习指导，个性化推荐学习资源和学习同伴等。

移动场景下教学工具与软件更加注重情境教学和趣味性，呈现出教育游戏化的态势。在中小学教育与特殊教育领域，游戏化的教学工具与软件通过构建开放、生动、有趣的游戏场景，让学习者在玩游戏的过程中学习，用自己的知识和技能分析问题和解决问题。从整体上来讲，这类工具与软件设计了较多的学习闯关任务，趣味性强，会给学习者带来新鲜的学习体验，以闯关成功的成就感来激发并提高学生的学习兴趣。

移动场景下教学工具与软件会逐渐走向轻量化。轻量化应用一方面要求应用要界面清新友善、突出重点，方便用户找到所需要的内容，优化用户体验；另一方面需要提升应用的可获得性和维护性，即不需要用户关注软件与工具的安装及版本升级等问题。比如近几年发展起来的微信小程序应用，就是一种不需要下载安装即可使用的应用程序，可以节省流量和安装时间。随着移动学习成为时代潮流，轻量化的教学工具与软件将逐渐走向主流。

在未来，相信移动场景下的教学工具与软件还会不断发展和升级，移动场景下的信息化教学将成为未来教育的发展方向。

第二部分

备课篇

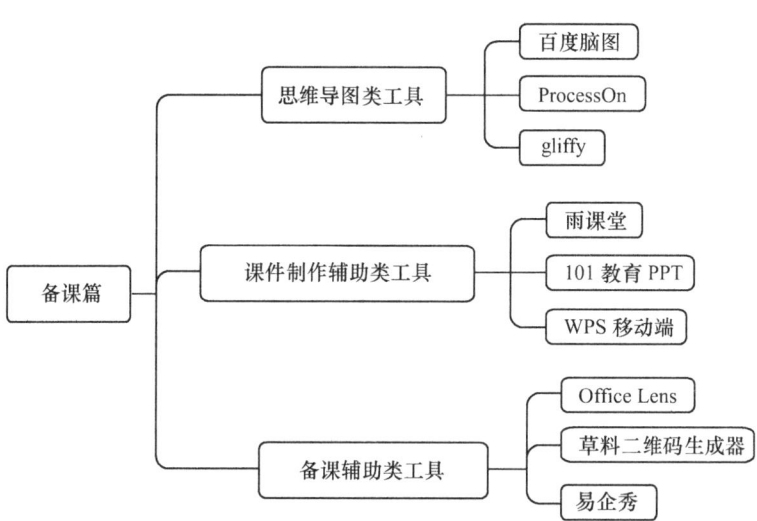

对于教师群体来说，备课环节的工作量丝毫不比上课的工作量少，甚至更胜之。备课环节直接影响着学生接受知识的效果，优秀的课前准备是提高课堂效率的前提和基础。教师精心的备课将会拓展课程内容的深度，使教师对课程重难点的把握更加精准，由此便更能针对学生的特点，围绕学生上好每一节课，大大提升学生学习的效果。此外，教师进行备课也能减轻师生上课的负担与压力。课程环节的具体制订使教师对自己教授的内容有整体的把握，教师在课前便能设计出最高效的教学流程，上课时自然如鱼得水。在此基础上，学生也能更轻松地进行课程学习，而不是被生硬地灌输繁杂的内容，导致心理和生理上的负担，最终造成学习效率的低下，事倍而功半。最后，进行良好的备课也是对教师自身素质的锻炼和提高。教师为了获得更好的备课效果，需要学习使用各类信息化软件，提升信息化教学能力。在备课过程中，教师不但是在为自己的下一堂课做准备，从长远来看，也是在掌握最新的信息化教学知识、形成良好的信息素养，而这是可以使教师受益终身的技能。

在传统的备课观念中，"备课"就是教师根据教学大纲钻研教材，对课堂上要讲解的内容进行充分准备，理清教学流程与知识的重难点，并书写在教案上，教师上课时将知识点进行板书或者口头讲授即可。这样的方式并不能适应现代信息化的教学环境，而学生群体也普遍不愿意接受这样的教学方式。此方式可能会导致课堂学习效率低下，使学生逐渐产生厌烦情绪，对学习失去兴趣。毕竟，当下以学生为课堂主体这一观念已经深入人心，如果教师不更新理念，改变教学模式，必将落后于时代。随着信息化教学的普及，教师开始需要使用多媒体进行教学，在备课阶段需要制作教学PPT等，以便课堂上的展示与使用。但在这一阶段，大多数教师对于多媒体课件的使用也仅仅是流于表面，或是将知识点简单地复制在PPT上，或是附上一些图片以强化学生的认识。这样的做法虽然减轻了教师板书的压力，节省了课堂时间，但却不能真正发挥信息化教学工具的作用，对于学生学习效果的提升没有太多的助益。

教师群体对于提升信息化教学素养有迫切的需求，但业余时间有限，又必须将大部分精力用于教学与科研，在这样的情况下，就必须转换思路，借助现代教学软件来提升课堂的信息化程度。目前有一些移动端APP、网站或者电脑端插件等都可以应用于教学，为教师节省备课的时间，提高备课的效率，从而获得更好的课堂效果。"工欲善其事，必先利其器"，优秀的教学辅助工具可以使得教师的备课发生飞跃式的进步。在这些工具的帮助下，教师可以更快速地掌握信息化备课方法，也不必耗费过多的精力进行前期学习，但却能取得不错的效果。可以说，合理有效地利用这些工具是教师走出当下教学困境的一条捷径。

思维导图类工具是一种十分实用的图形思维工具，可以帮助使用者运用层级关系整理思绪，强化记忆，同时激发发散性思维，让使用者在字词的关联间发现新的想法。在使用思维导图的过程中，人们左右脑的机能能够同时高效运转，在逻辑与想象间找到平衡。教师在备课阶段，首先需要对课程内容有结构化的了解，建立知识框架，才能更好地实施教学设计，从而详略得当地对学生进行讲解。因此，运用思维导图可以帮助教师更快地梳理教学内容，甚至完成对教案的设计。思维导图便于记忆的特点也能提高教师上课的流畅度，使得教师对教学内容了然于胸，学生自然也能获得更好的学习体验。在此基础上，教师在绘制思维导图的过程中，还常常能产生新的教学思路，这类创新性的想法对于提升课堂效率与课堂趣味性有很大帮助。教师走出固有的思维定式是课堂创新的关键，而思维导图就是教师寻求突破的一大帮手。

课件制作辅助类工具可以有效地提高教师制作课件的质量与速度，教师从课件入手可以使课堂教学的互动性更强，从而激发学生的学习热情。多数教师制作课件还是习惯于将传统的板书内容转移至PPT上，这样的课件生硬死板、枯燥乏味，缺乏生动性，导致课堂上师生互动的缺乏。借助课件制作辅助类工具，教师可以快速进行PPT的排版设计，课件制作素材的获取也变得更为方便快捷，由此，PPT的美观性与内容的丰富性便能得到改善，相信学生会更乐意利用这样的课件进行学习。当然，课件制作辅助工具的作用还不止于此。例如，利用雨课堂等工具可以在PPT上设置问答、发言等功能，学生的课堂活跃性将会大大提高。智能移动工具被很好地利用在了教学上，学生上课更便利，教师备课也更便捷，对于课件的修改可以随时在手边完成，真正实现课件的即时更新。

　　备课辅助类工具主要帮助教师进行教学资源的传输。过去，教师通常在特定的教学平台上传教学资料，而学生则需要输入网址寻找网站，并等待缓慢的下载，这样的做法效率极低，而学生也有可能因为操作过程的繁复而放弃对学习资源的下载。倘若利用当下最流行的扫描二维码功能，学生则可以快速地从教师处获取学习资源。教师在备课时，可以使用相关工具生成二维码，学生在课堂上只需要扫描二维码便能下载学习资源，既方便又快捷。这种即时的下载方式能有效督促学生，也方便了学生和教师的操作，满足了双方的需求。此外，教师利用易企秀等工具将教学内容转化为交互功能强大的H5，也能激发学生的学习兴趣并提升学生的学习效率，借助二维码就可以让学生快速获取H5并进行学习。

　　本部分基于教师备课的需求，选择了9个教师可能不熟悉但功能又很强大的软件和工具来讲解，希望能帮助教师们提升工作效率，满足各种不同的备课需求。教师可使用本部分所涉及的软件和工具，进行教学思路整理、绘图、快速美化PPT课件、识别图片文字、传输和提交课件资源等。此外，制作微课有时需要快速制作手绘动画，我们经过测试筛选，推荐使用Video Scribe手绘软件制作微课视频。需要在Word文档或者PPT中加入流程图的教师，可以使用ProcessOn在线作图软件或者gliffy在线团队流程图编辑工具快速绘制流程图，此外，还可以绘制网络拓扑图等，让备课环节更具逻辑性。

　　备课辅助工具作为一种手段，是教师快速提升备课效果以及课堂教学效率的方式之一。教师在学习相应软件与技能之前，首先应该走出固有的教学思维模式，认识到信息化教学手段的作用，意识到其重要性，并培养自己运用信息化辅助工具的习惯。只有这样，才能学有所用，发挥出备课辅助工具的强大作用，否则即使花费时间学会这些技能，也不过是纸上谈兵。在信息化辅助工具的帮助下，教师可以逐渐改变自己传统的教学方法，针对不同学生的特点，定制个性化的教学方案，这种基于教学模式的根本改变才是提升教学效果的根源，也是做好备课环节的关键所在。

通过备课篇的学习，教师可以掌握各类备课辅助工具，充分提升备课效果，在提升个人信息素养的同时，为学生提供更好的学习体验。

2 思维导图类工具

思维导图是一种思维形象化的方法，它简单有效，通过将各级主题的关系表现为相互隶属与相关的层级图，把主题关键词与图像、颜色等建立记忆链接，帮助人们整理烦琐的思绪、梳理清晰的逻辑结构。图表不同于文字表达，它可以以一种直观的方式让人明白其表达的内容，使条理更加清晰明了。

在教学过程中，教师会碰到很多教学上的逻辑问题，如所教授的知识点的先后问题、教学内容的隶属与层次问题等。只有符合学生学习规律的教学内容才是科学的，所以将教学内容按照学生学习和接受的身心特点进行分析、筛选、归类与整合，是教师在教学准备工作中不可或缺的一个环节。为此，我们为教师们提供了3种整理思路的工具：百度脑图、ProcessOn 和 gliffy。

百度脑图是一款简洁实用的在线思维导图制作工具。作为一款专业化的绘图软件，ProcessOn 不仅能绘制思维导图，还能制作流程图、网络拓扑图等。教师在备课时如需快速制作各种较复杂的图表，建议使用此款软件。gliffy 可以让多名教师共同完成组织结构图、平面图、业务流程图等。这三种工具都是基于账户式的，不用下载，而且能实现跨平台使用，即教师在任何终端都能通过联网获取自己创建的资源信息，无需信息迁移。

2.1 百度脑图

2.1.1 百度脑图相关知识

百度脑图是一款简易、便捷的在线思维导图编辑工具，目前仅支持网页版。用户可以通过简便的操作将思路以思维导图的形式呈现出来，使条理更加清晰明了。同时百度脑图还可同步上传至云端，用户可随时随地使用自己的思维导图。

百度脑图具有以下优势：

（1）实时保存

百度脑图中的内容会实时保存到本地电脑，每隔 10 秒上传到云端，用户在操作过程中不需要反复保存。

（2）免安装

只要通过网络进入网站（http://naotu.baidu.com）便可以进行创作，不受终端的限制。

（3）零基础、易上手

百度脑图的操作简单，初学者不需要进行任何学前培训，只要掌握几个最常用的简单按钮如"新建脑图""插入主题""编辑""撤销""重做"等即可。

（4）电脑手机，实时同步

同一个账户无论是从电脑端登录还是手机端登录，都可以查看自己所创建的文件，不用进行文件传输等操作。

2.1.2 百度脑图软件界面

百度脑图界面简洁清晰，易于操作。电脑端登录百度脑图官网，初始界面如图 2.1.1 所示。百度脑图需使用百度账号登录，若没有百度账号，可先注册再使用。

图 2.1.1 百度脑图初始界面

图 2.1.2 "新建"界面

登录后进入如图 2.1.2 所示界面，共有"我的文件""我的分享""回收站""FAQ""更新日志"五大板块。点击"我的文件"，可查看已有文件，以及新建脑图与新建文件夹；点击"我的分享"，可查看已分享的文件；"回收站"储存用户删除的文件，被删除的文件可以还原，重新进入文件列表；"FAQ"收集常见问题，帮助用户解决疑问；"更新日志"包含百度脑图的更新记录。

点击"新建脑图"，进入如图 2.1.3 所示界面。

图 2.1.3 "思路"工具栏

点击"思路"，选中中心主题，点击"插入上级主题""插入下级主题""插入同级主题"可以选择插入上级、下级或同级主题；点击"上移""下移"可将同一级别的主题上移或下移；点击"编辑"，可编辑主题内容；点击"删除"，可快速删除所选主题。另外，点击"链接"，输入网址，还可添加网页链接；点击"图片"，可插入图片；点击"备注"，可添加备注；选择 可标识主题的优先级；选择 可标注项目进度；点击"添加"，可在所选主题后添加其他内容。

点击"外观"，再点击 ，在下拉选项中可选择"思维导图""目录组织图""逻辑结构图"等六种结构样式；点击 天空蓝 ，可选择"脑图经典""紧凑经典""天空蓝"等十九种颜色样式。除此之外，还可整理布局、调整字体字号，如图 2.1.4 所示。

图 2.1.4 "外观"工具栏

点击"视图",显示如图 2.1.5 所示工具栏。点击"展开",可选择按级别展开内容,如图 2.1.6 所示。点击"全选",在下拉列表中可按不同条件选择所需主题,如图 2.1.7 所示。点击"搜索",可根据搜索内容定位到相应位置。

图 2.1.5 "视图"工具栏

图 2.1.6 "展开"列表　　　　图 2.1.7 "全选"列表

鼠标左键双击"新建脑图",可修改脑图名称。点击鼠标右键,可得到常用快捷键,如图 2.1.8 所示。获取全部快捷键还可点击 ,选择"帮助",点击"快捷键",如图 2.1.9 所示。

点击 ,在下拉菜单中还可以新建脑图、导出文件等。

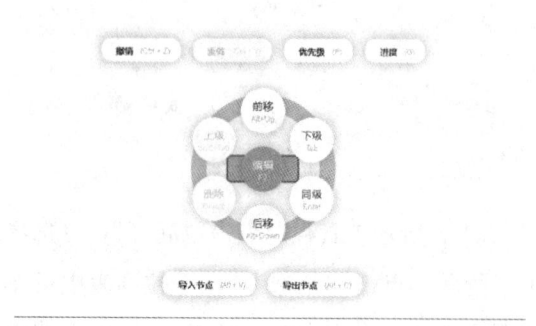

图 2.1.8 常用快捷键　　　　图 2.1.9 全部快捷键

2.1.3 教学应用案例

百度脑图操作简单,能够帮助教师梳理思路,提高工作效率。这里用生态系统相关知识作为案例素材。

Step1. 选择"我的文件"→"新建脑图",如图 2.1.10、图 2.1.11 所示。

图 2.1.10 "我的文件"界面

图 2.1.11 "新建脑图"界面

Step2. 双击"新建脑图",将脑图重命名为"生态系统",如图 2.1.12 所示。

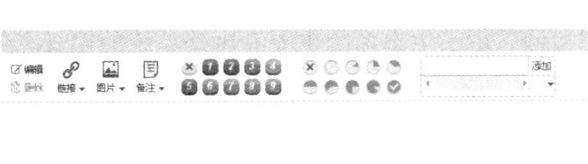

图 2.1.12　重命名脑图

Step3. 点击"外观",选择"逻辑结构图"(图 2.1.13)→"天空蓝"(图 2.1.14)。

图 2.1.13　设置脑图外观-"逻辑结构图"

图 2.1.14　设置脑图外观-"天空蓝"

Step4. 回到"思路",选中中心主题"生态系统",点击"插入下级主题"（图 2.1.15）。由于生态系统主要有生态系统的定义、生态系统的结构、生态系统的功能、生态系统的稳定性四大要点，且此四个要点为同级关系，因此一共插入四个二级主题，分别输入以上四个要点，如图 2.1.16 所示。

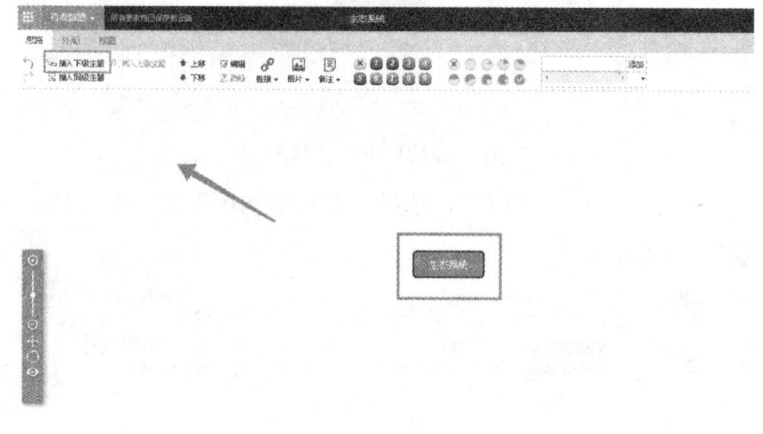

图 2.1.15　插入二级主题①

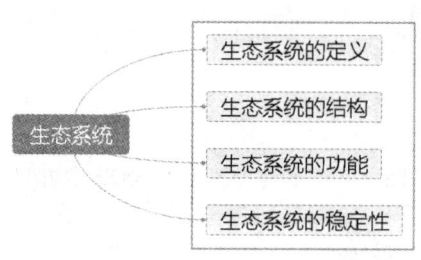

图 2.1.16　插入二级主题②

Step5. 选中"生态系统的定义"，点击"插入下级主题"，得到一个三级主题，随后输入生态系统的定义"由生物群落与它的无机环境相互作用形成的统一整体"，如图 2.1.17 所示。

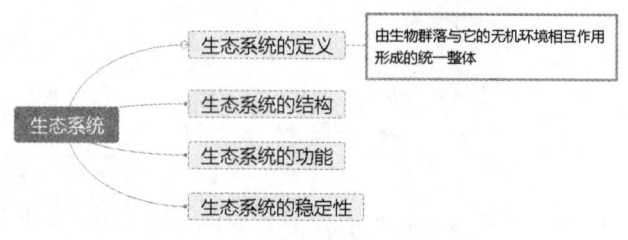

图 2.1.17　插入三级主题①

Step6. 选中"生态系统的结构",由于生态系统的结构包括它的组成成分和营养结构,因此重复操作"插入下级主题"(或者先插入一个三级主题,再选中此三级主题,点击"插入同级主题"),得到两个三级主题,分别输入相关内容,如图 2.1.18 所示。

图 2.1.18 插入三级主题②

Step7. 选中"生态系统的功能",由于生态系统主要有能量流动、物质循环、信息传递三大功能,因此操作三次"插入下级主题"(或者先插入一个三级主题,再选中此三级主题,操作两次"插入同级主题"),得到三个三级主题,分别输入相关内容,如图 2.1.19 所示。

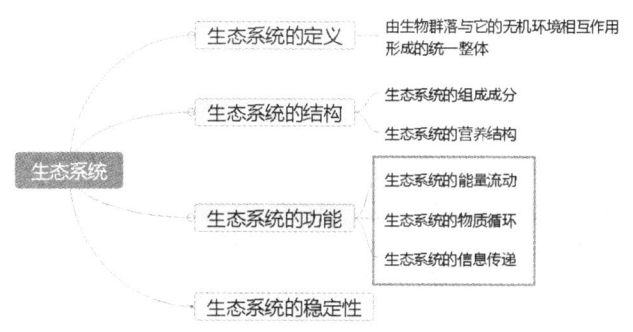

图 2.1.19 插入三级主题③

Step8. 选中"生态系统的稳定性",由于生态系统的稳定性包括抵抗力稳定性与恢复力稳定性,于是操作两次"插入下级主题"(或者先插入一个三级主题,再选中此三级主题,点击"插入同级主题"),得到两个三级主题,分别输入相关内容,如图 2.1.20 所示。

Step9. 选中三级主题"生态系统的组成成分",由于生态系统的组成成分分为无机环境与生物群落,因此操作两次"插入下级主题"(或者先插入一个四级主题,再选中此四级主题,点击"插入同级主题"),

得到两个四级主题，分别输入相关内容，如图 2.1.21 所示。

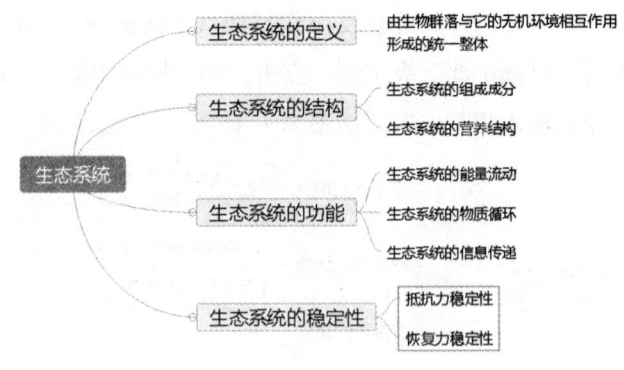

图 2.1.20　插入三级主题④

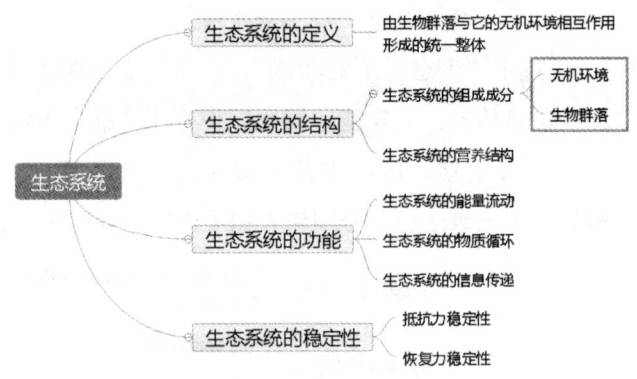

图 2.1.21　插入四级主题①

Step10. 与前面的操作类似，分别制作四级主题，如图 2.1.22 所示。

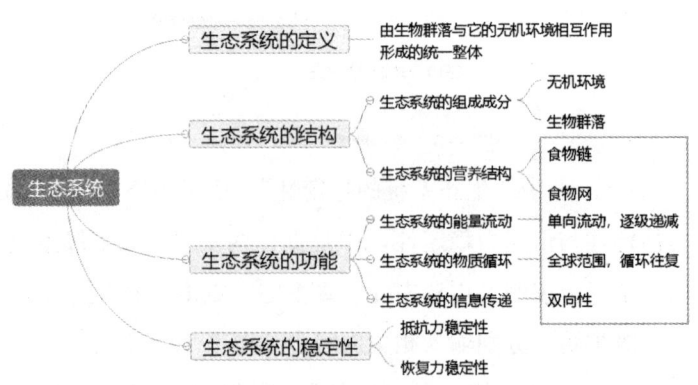

图 2.1.22　插入四级主题②

Step11. 选中四级主题"无机环境"，点击"插入下级主题"，得到五级主题，输入无机环境的内容，如图 2.1.23 所示。

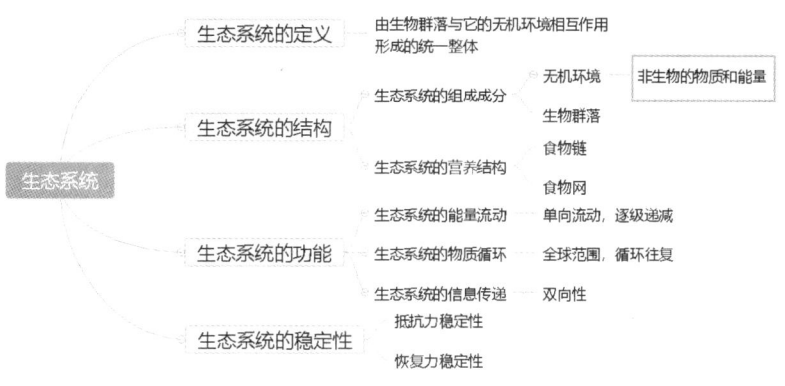

图 2.1.23　插入五级主题①

Step12. 选中四级主题"生物群落"，由于生物群落包含生产者、消费者、分解者三大类，因此操作三次"插入下级主题"（或者先插入一个五级主题，再选中此五级主题，操作两次"插入同级主题"），得到三个五级主题，如图 2.1.24 所示。

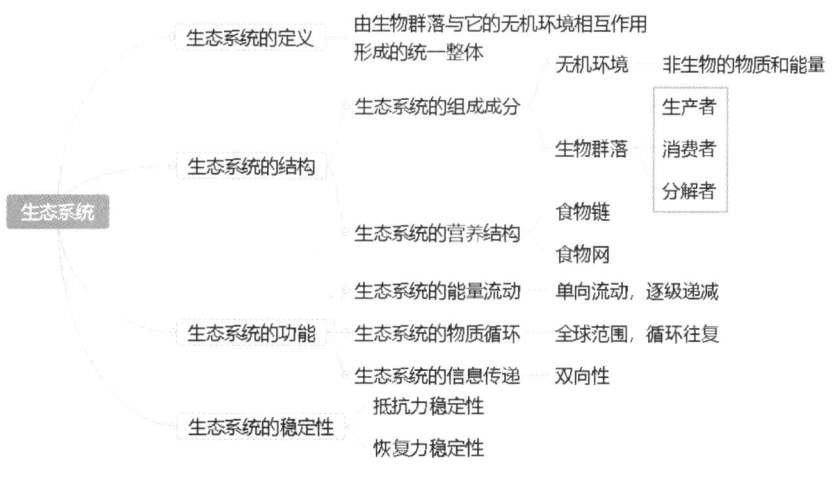

图 2.1.24　插入五级主题②

至此，中心主题为"生态系统"的简易思维导图已完成，教师可根据自己的喜好优化此思维导图。

Step13. 润色。这里选择"温柔冷光"样式，选择字体为"微软雅黑"，字号为"32"，最终润色后的效果如图 2.1.25 所示。

Step14. 全部完成后，点击左上角的 百度脑图▾ ，可以导出图片，如

图 2.1.26 所示。

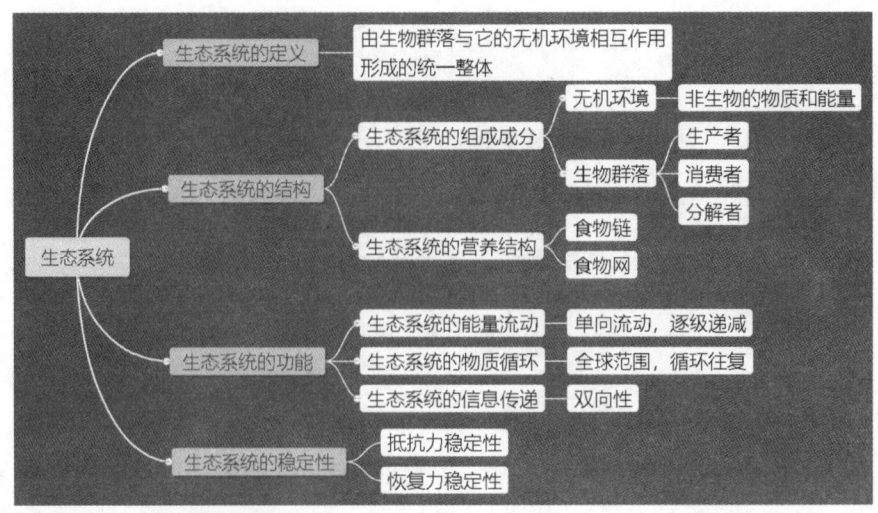

图 2.1.25　润色脑图

图 2.1.26　导出脑图

百度脑图可导出不同的格式（图 2.1.27），我们选择 PNG 格式，下载到本地。

Step15. 点击左上角的 ，选择"共享"可以分享所创建的脑图，同时还可设置共享有效期与密码，有效提高文件安全性，如图 2.1.28、图 2.1.29 所示。

图 2.1.27 导出不同格式脑图

图 2.1.28 共享脑图　　　　图 2.1.29 设置有效期、密码

2.2 ProcessOn

2.2.1 ProcessOn 相关知识

ProcessOn 是一个在线协作绘图平台，为用户提供强大、易用的作图工具。使用者可以利用 ProcessOn 直接制作流程图、思维导图、原型图、网络拓扑图等，并且该平台支持在线上传、查找模板、寻求合作等多种制作模式。其特点如下：①相比于传统制作图表的软件，ProcessOn 与

互联网相结合，摆脱了客户端的限制，使师生可以直接在网络上制作图表，省去了下载的麻烦，有效减轻了电脑内存的负担。②通过注册或社交账号登录，可以直接在网络上制作存储，不必再像传统制作图表一样使用 U 盘拷贝储存，更加方便快捷。

一方面，ProcessOn 方便教师检查教学，教师可以在线制作流程图、原型图等；另一方面，学生可以通过制作思维导图、组织结构图等回忆复习相关知识，也可以通过网络协作功能与老师或其他同学交流互动。

2.2.2　ProcessOn 软件界面

百度搜索"ProcessOn"，打开官网注册后即可使用，也可以通过 QQ、微信、微博等社交账号绑定登录，登录之后就可以直接使用。ProcessOn 主界面如图 2.2.1 所示，页面分为左边菜单栏和顶部菜单栏。左边菜单栏有"新建""我的文件""最近修改""与我协作""我的收藏""回收站"六个菜单命令，左边菜单栏底部还可以查看云存储空间、帮助手册和进行问题反馈。顶部菜单栏按账户性质分为"团队"和"个人"，顶部还设有"推荐"和"模板"菜单，这两个菜单中包括 ProcessOn 预设的各种模板。

图 2.2.1　ProcessOn 主界面

点击左上角的"新建"，选择自己需要制作的图表类型，即可开始制作，也可以导入原有的图表，继续进行改进。

对于正在制作或者已经制作好的图表，可以点击右键进行重命名、协作、发布和公开、分享、克隆、下载、复制或移动等操作，如图 2.2.2 所示。

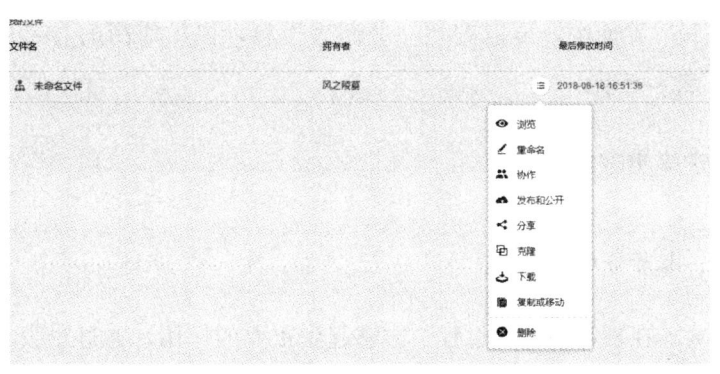

图 2.2.2　对已创建的图表进行操作

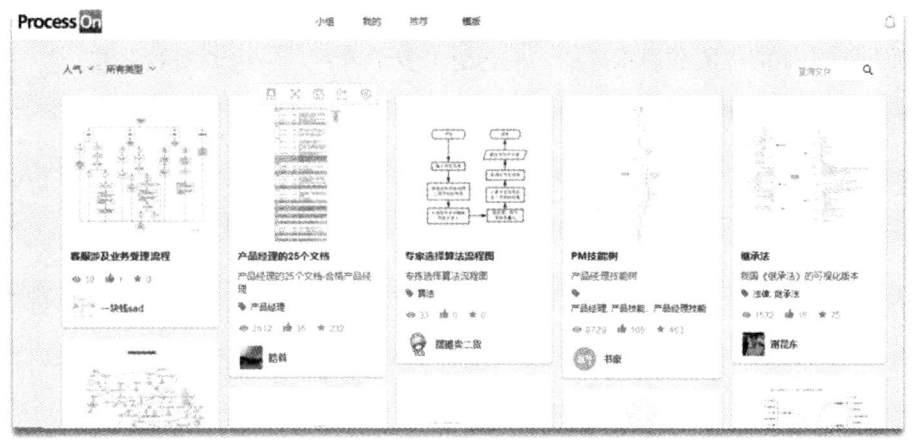

图 2.2.3　"推荐"界面

在"推荐"界面中,可以根据自己的需求查看别人已经做好的图表,如图 2.2.3 所示。

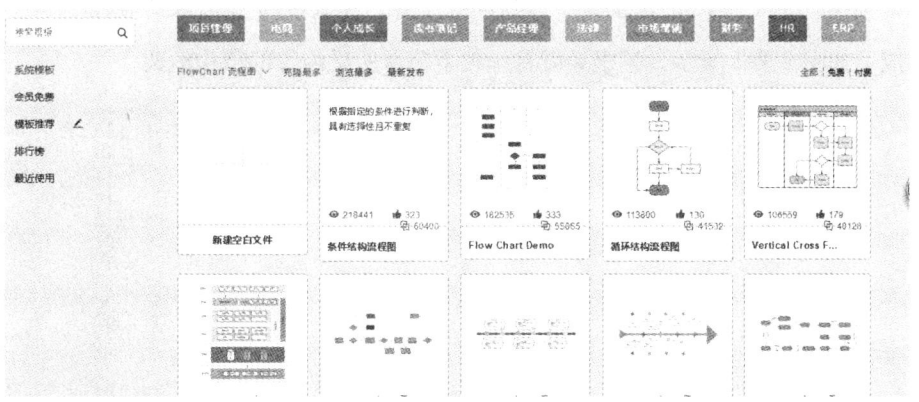

图 2.2.4　"模板"界面

在"模板"界面中，可以查找一些图表模板，提供作图的参考思路，如图2.2.4所示。

2.2.3 教学应用案例

案例1：教师备课

ProcessOn在教师备课的过程中能够起到重要的作用，通过对教学内容的整理和归纳，能确保教师思维的连续性和完整性。同时它能够保存制作者输入的所有内容，并显示出已输入内容之间的联系。制作者也可以同时制作流程图和思维导图，一边思考教学内容，一边调整教学方式，相互对比、相互印证，以防止教学内容的缺失。

图2.2.5 章节主题"摩擦力"

Step1. 教师可以制作教学内容的思维导图，从章节题目开始，将下级内容逐一添加在章节题目的周边。把鼠标放在已生成的主题上，点击右键，选择"插入子主题"，即可生成新的子主题，输入子主题内容后制作完成，如图2.2.5所示。思维导图将呈现本节课所讲内容的结构框架。

图2.2.6 "创建流程图"界面

Step2. 制作讲课的流程图时（图 2.2.6），首先将基础图形区域的形状框（自己喜欢的任意形状都可以）拖入表格中（注意是拖动不是点击），写下本课程的第一部分"课程导入"，如图 2.2.7 所示。

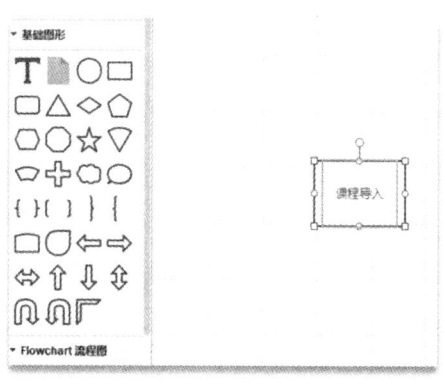

图 2.2.7 拖入基础图形

Step3. 点击形状框边缘的圆点（点击矩形是放缩）并向下拉出一个箭头（图 2.2.8），松开鼠标时会出现图形选择菜单，继续选择形状框并重复上述操作。

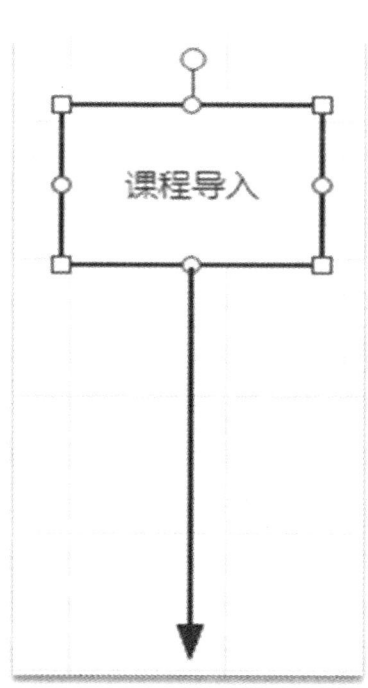

图 2.2.8 拉出箭头

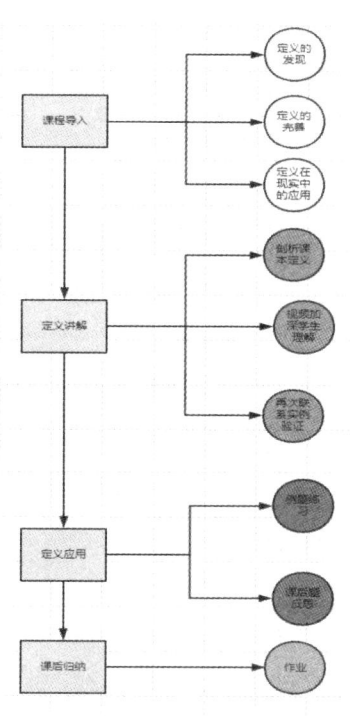

图 2.2.9 完整流程图

Step4. 在制作过程中，我们可以选择形状框的样式、填充颜色等。接下来，使用与上一步骤相同的方法，按住方框边缘的圆点，向右拖动制作新的流程，展现出主流程每一阶段需要进行的教育活动，最终教师可以制作出完整的流程图，如图 2.2.9 所示。

案例 2：课堂教学

在学习过程中，由于并未完全掌握学习内容，大多数学生会遗忘部分知识。一般情况下学生会返回去重新看书了解之前的知识，教师也会反复地讲解。通过不断地重复，学生加深了自己对知识的理解，但这种方法不仅效率极低而且非常费时。很多时候，大家对于知识的接受程度和理解程度不同，所以每个学生在课堂上对于知识的接受速度不同，老师为了教学的进度必须选择放弃小部分学习效率较低、速度较慢的学生。如果基础较差的学生在课后没有进行相应的补习，久而久之，就会造成班级的分化。如果老师在讲课的过程中插入自己制作的知识体系图（图 2.2.10），就能使教学进程更加顺利，而且体系图会不断地提醒学生，帮助学生减少重复学习的次数，提高学习效率。

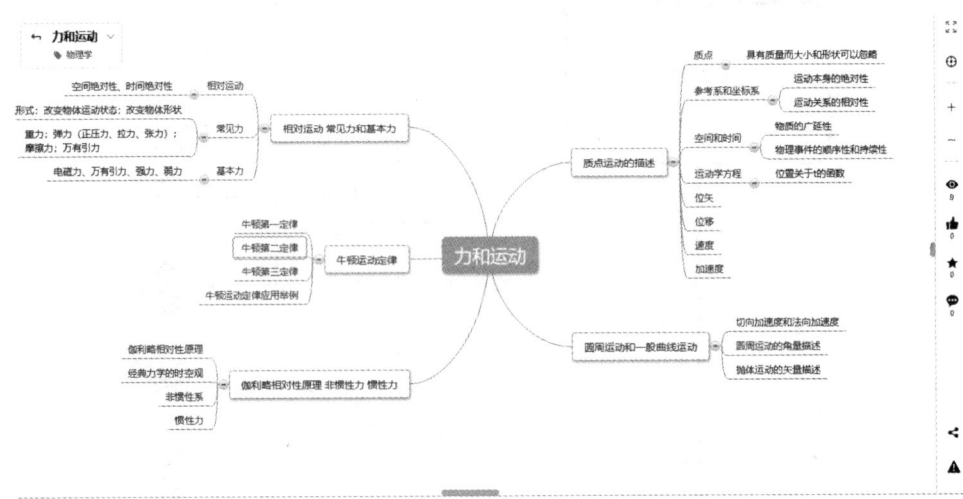

图 2.2.10 "力与运动"知识体系图

案例 3：学生复习

与对老师的作用不同，ProcessOn 能够检查学生对于课堂知识的记忆是否清楚完整、对于知识内在关系的理解是否深刻到位。学生在复习的过程中可以先根据自己对课堂知识的理解和记忆制作思维导图，标出自己认为的各知识点之间的联系、定义的推导以及定义在生活中的应用，然后通过再次看书和复查，寻找思维中的漏洞。

案例 4：师生互动

一直以来，师生之间的互动就是教学过程中一个十分重要的内容。在教与学的过程中，学生的学习进度以及对知识点的掌握程度直接影响教师接下来的教学速度和教学方式。学生由于不能准确表达已学知识的掌握程度而导致教师教学方向有误的情形并不少见，甚至导致学生在后来的学习过程中出现较大问题。现在我们可以通过 ProcessOn 来完善师生之间的互动。ProcessOn 可以表现出学生自己认为的各知识点之间的关系、定义的推导以及定义在生活中的应用，然后教师就可以通过观察学生的具体情况来了解学生已掌握的知识以及知识盲区，继而决定接下来的教学方向，从而提高教学的精准性。

2.3　gliffy

2.3.1　gliffy 相关知识

gliffy 是一个基于 Web 的在线作图应用，它可以帮助用户轻松直观地创建专业流程图、组织结构图、平面图、业务流程、网络图、技术图、线框图等多种类型的思维导图。gliffy 的基础版本是免费的，其在线制作的思维导图是公开的，不过高级版本有设置隐私权的权力。该软件有很强的兼容性，用户可以将其嵌入博客、办公室应用软件中，通过 gliffy 编辑的流程图可输出 SVG、JPEG 格式的文件。

教师可以通过 gliffy 更加直观地制作出专业的流程图，从而对其教学内容进行有效的划分与归类，让学生们能够更好地接受传授的知识。

2.3.2 gliffy 软件界面

在移动端或电脑端都可以通过浏览器进入网站 https://www.gliffy.com/，利用电子邮件或 Facebook、Google、Microsoft 等账号进行登录，也可以通过 SSO 进行单点登录，如果没有账号，只需注册一个即可使用（图 2.3.1）。

进入主界面后（图 2.3.2），点击左上角的"File"，在其下滑栏中点击第一项"New"，然后在最左边的一栏中选择自己需要制作的图表样式，即可开始制作。也可以将已有的图表上传，继续对其进行修改。

在界面左侧，有多种形状的类型可供选择，如图 2.3.3 所示，使用者可直

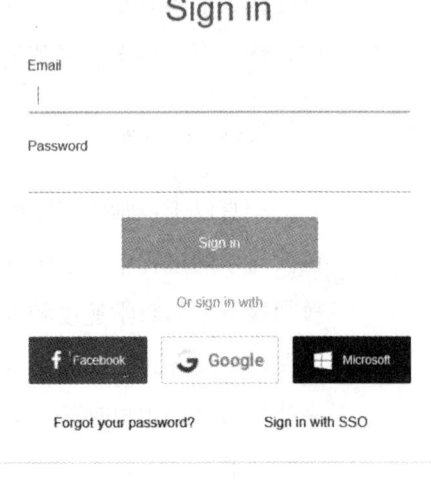

图 2.3.1 第一次登录时的授权提示

接将这些元件拖动至绘图界面进行思维导图的绘制和文字的编辑。

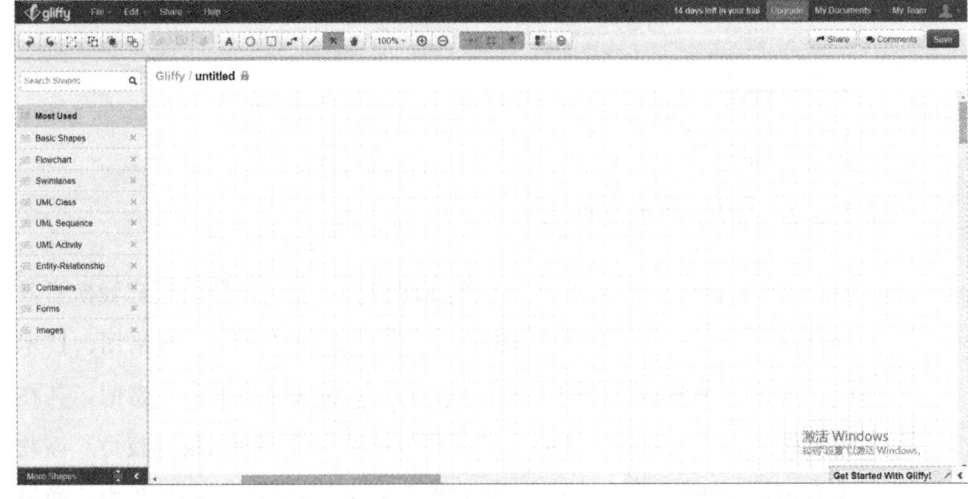

图 2.3.2 gliffy 主界面

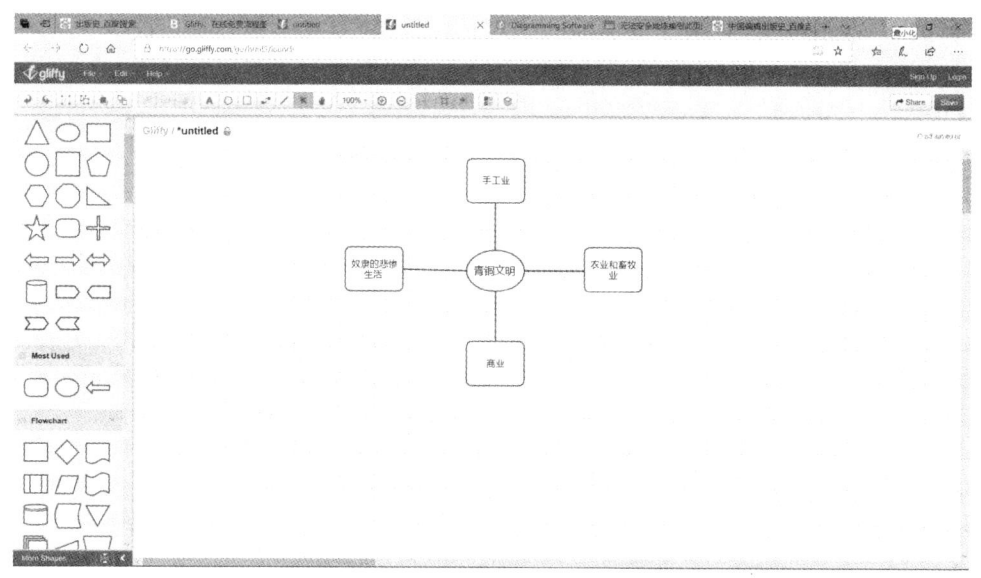

图 2.3.3　流程图简单示例

在绘制过程中，左键点击每一个基本形状，根据弹出的编辑菜单（图 2.3.4），可以进行图形和文字的进一步编辑，如图 2.3.5、图 2.3.6 所示。

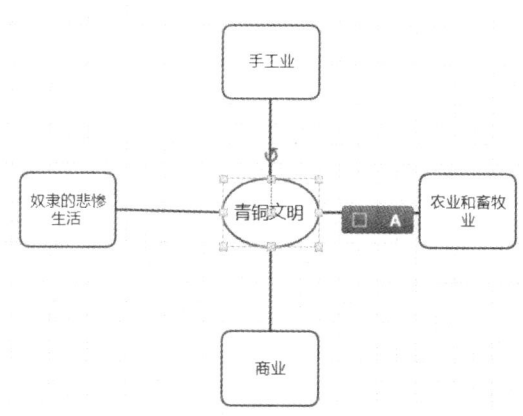

图 2.3.4　弹出编辑菜单

在制图或对已有的图表进行修改时，还可以通过顶部菜单栏的"Edit"对其进行编辑，可以进行"撤销""重做""群组""取消群组"等一系列操作，如图 2.3.7 所示。

利用顶部工具栏同样也可以进行一系列快捷操作，例如"撤销"

"群组""取消群组""置于图层前/后""创建链接""格式刷"等。此外，还可以使用文本工具、圆形绘制工具、矩形绘制工具、连接符等进行思维导图的快速绘制。

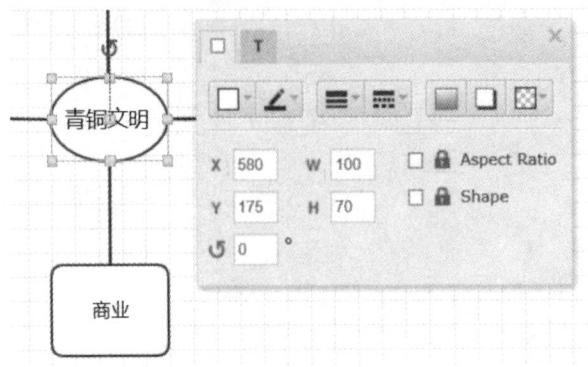

图 2.3.5 "图形编辑"界面

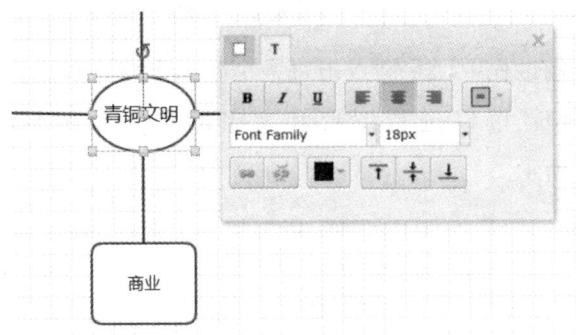

图 2.3.6 "文字编辑"界面

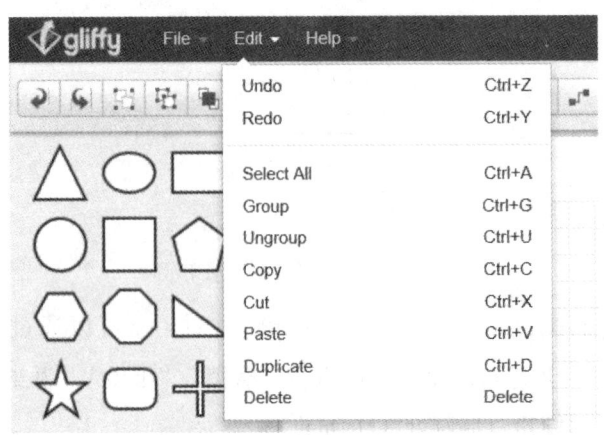

图 2.3.7 "Edit"下拉菜单

同时，顶部工具栏还可以进行页面的放大和缩小、选择页面呈现的比例、显示参考线、显示网格、对齐网格、选择思维导图主题、显示图层框等操作，如图2.3.8所示。

图2.3.8　顶部工具栏

值得一提的是，gliffy支持团队合作流程图编辑。点击界面右上角的"My Team"，可以邀请自己的队友进行在线合作编辑，如图2.3.9所示。

图2.3.9　"My Team"在线合作编辑功能

输入被邀请者的邮箱地址，即可完成邀请。

思维导图绘制完成后，点击顶部工具栏最右侧的"分享"或"保存"，即可分享或保存图片。

2.3.3　教学应用案例

案例：制作知识体系图

运用gliffy制图可以为传统的教学活动带来很大变化，对教师的教学方式和学生的学习方式产生很大影响。下面给出一个运用gliffy制作知识体系图的案例，如图2.3.10所示。

图2.3.10　知识体系图-1

建立系统完整的知识框架体系（图2.3.11、图2.3.12），对学习的课程进行有效的资源整合，将课程资源整合到一起，共享给教师，使整个教学过程和流程设计更加系统、科学、有效。

教师可以进行借鉴上述案例用以完善自己的教学方法、加深知识的

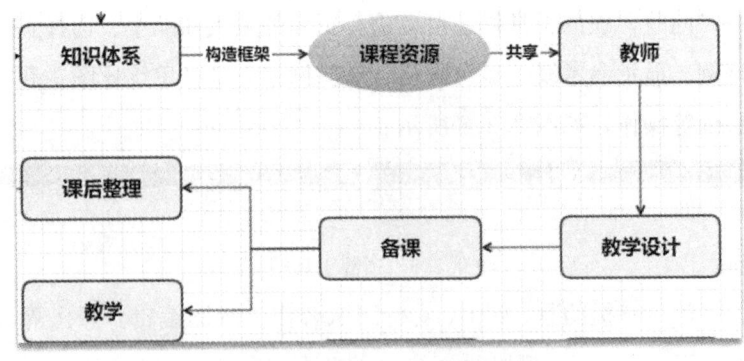

图 2.3.11　知识体系图-2

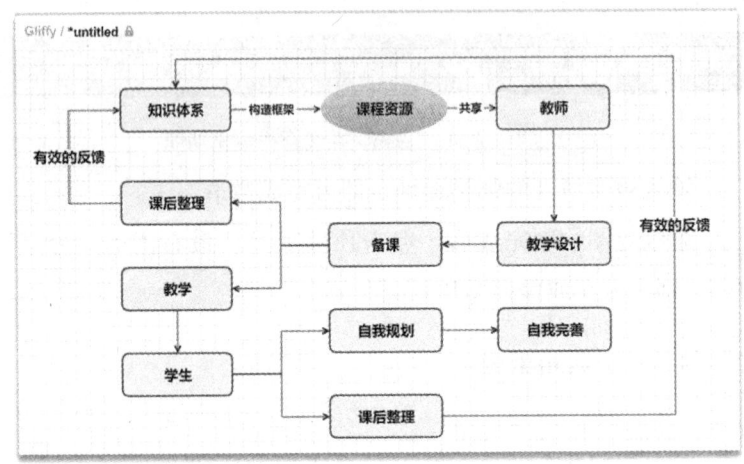

图 2.3.12　知识体系图-3

深度及扩充知识的广度等，帮助教师进行备课、教学等一系列活动，让传授课本知识的过程变得更加容易、流畅，促进教学效率和质量的提高。

教学过程采取互动式，能够促进师生间的交流与沟通。师生间可以比较自由地交流和沟通，能让学生有更大的自我发挥空间，使学生能够根据自己的实际情况制订各自的学习计划，从而做出合理的安排，进一步完善自己。

最后，将师生的课后整理与自身的思考相结合，共同反馈有效的信息，从而进一步完善知识体系。

3 课件制作辅助类工具

在信息化教学时代,一个优秀的教师,不仅要能在课堂上激情昂扬地将教学内容讲解得淋漓尽致,让学生不再充满疑惑,更要善于运用各类软件,基于学生的心理特征进行学习资源和学习任务的创新和优化设计,让学生在学习中培养学习趣味、提升学习信心。

本部分基于对教师备课任务的分析,介绍了六种上手快、简单高效的课件制作辅助类工具。除了能有效解决教师用到最多的 PPT 设计排版问题,还能一键获取教学资源、制作微课等,让教师教学手段不再单一乏味。例如,教师可利用雨课堂获取大量的教学资源,并与学生进行互动;教师通过手机便能使用 WPS 移动端,不仅能编辑 Word、Excel 和 PPT,还能将 PDF 转成 Word 等;教师应用 Office Lens 能拍出扫描效果的照片;教师利用 Video Scribe 手绘软件能制作手绘类型的微课。

3.1 雨课堂

3.1.1 雨课堂相关知识

雨课堂是学堂在线与清华大学在线教育办公室共同研发的智慧教学工具,它将教学工具巧妙地融入到 PPT 和微信中,旨在推动混合式教学,强调形成性评价和多通道互动,推动教育信息化。

雨课堂具有灵活的课前学习、快捷的课堂测验、创新的师生互动、完善的作业、全景的数据驱动等特点。雨课堂促进了现代教育技术融入课堂,使传统的教学活动增添了一种新的色彩。

课前,教师可以将丰富的教学资源插入幻灯片,微信推送给学生;

课上，教师可一键发送融入 PPT 的习题，学生可发送弹幕、投稿，人人都有发言机会；课下，教师可发布种类多样的作业，也可查看雨课堂提供的教学数据分析。

3.1.2 雨课堂软件界面

雨课堂分为电脑端和手机端两种。电脑端嵌在 PPT 中，提供了许多课堂上可能会用到的模板，帮助教师更方便地制作课件。在课件展示时电脑端雨课堂也可对播放、习题、弹幕等进行控制，是教育功能在 PPT 中的细化。手机端可以接收、存储电脑端发送的课件，完成课程课堂的组建，另外它也可像电脑端一样在课件展示时完成对播放、习题、弹幕等的操控。电脑端和手机端有共同的部分，但又有不同的职责，两者协同可以更好地开展教学。

雨课堂是内置在 PPT 中的一个小插件，安装成功后打开 PPT，在顶部菜单栏中即可看到雨课堂。电脑端雨课堂可以从雨课堂官方网站的下载页面（http://www.yuketang.cn/download）中获得。点击"免费下载雨课堂"即可下载最新版的电脑端雨课堂，按照安装向导指示操作，当安装程序提示"已成功安装 Microsoft Office 自定义项"时表示已安装成功。

手机端雨课堂的应用需打开微信，点击放大镜图样的按钮，搜索"雨课堂"，点击"关注"即可使用相关功能，如图 3.1.1 所示。

电脑端雨课堂：打开 PPT，在顶部导航栏中点击"雨课堂"可使用开启雨课堂授课、插入试题、新建课件、插入视频、上传试卷/手机课件、群发公告等功能，如图 3.1.2 所示。

1. 微信扫一扫：用于用户登录，点击可弹出二维码，用微信扫一扫获取登录验证码

2. 开启雨课堂授课：将课件准备好后点击此按钮，就可以给相应课程班级授课

3. 题型设置

（1）单选题：使用该功能可在课件中新建一个页面添加单选题。

（2）多选题：使用该功能可在课件中新建一个页面添加多选题。

（3）投票：使用该功能可在课件中新建一个页面添加投票。

（4）主观题：使用该功能可在课件中新建一个页面添加主观题。

（5）批量导入：使用该功能可在课件中新建一个页面添加多道选择题，只需将选择题粘贴到文本框中即可批量导入。

图 3.1.1　获取手机端雨课堂

图 3.1.2　电脑端雨课堂界面

4. 新建与插件设置

（1）新建问卷：使用该功能可在课件中新建一个试卷模板的演示文稿。

（2）新建手机课件：使用该功能可在课件中新建一个课件模板的演示文稿。

（3）插入慕课视频：点击弹出慕课视频资源库，可从中选择视频添加至课件。

（4）插入网络视频：点击弹出视频网址输入框，用于添加网络视频。

（5）上传试卷/手机课件：将试卷/课件上传到自己的资源库。

（6）群发公告：点击弹出编辑公告网页，用于向班级学生发送文字、图片、链接及附件。

5. 设置与帮助

（1）功能设置：在此处开启公共电脑功能优化、调节弹幕速度、设置软件语言等。

（2）功能介绍：点击弹出雨课堂官方介绍幻灯片。

（3）帮助：提供微信小程序客服、客服热线电话、网站帮助中心等多种帮助方式。

（4）关于：点击弹出窗口，可了解当前雨课堂的版本，并由此可前往官网。

手机端雨课堂：手机端雨课堂基于微信平台，分为雨课堂公众号和雨课堂小程序，公众号主要用来发布推文消息，而课程中种种功能的操作则是在小程序中完成。

关注雨课堂公众号可接收雨课堂发

图 3.1.3 手机端雨课堂界面（微信公众号）

布的推送文章和课程消息,"我的"中可查看自己的课程、课件库和试卷库,"早起时刻"为雨课堂开展的活动,"更多"中可进行身份绑定、加入班级、课堂暗号、寻求帮助等操作,如图3.1.3所示。

图3.1.4　手机端雨课堂界面(微信小程序)

图3.1.4为雨课堂小程序主界面,在"课程"版块可查看课件库、试卷库、收藏、我教的课、我听的课等,在"消息"版块可查看接收的通知、评论及私信,在"我的"版块可编辑个人资料,查看我的钱包、课件库、试卷库、收藏,并进行身份绑定、联系客服、寻求帮助等操作。

该软件除了在备课阶段为教学提供帮助外,在上课过程中也可发挥重要作用,软件支持课上测验、师生互动、数据查收等功能,详细介绍见本书上课篇相应章节内容。

3.1.3　教学应用案例

案例1:班级课程的组建

雨课堂作为教学助手,为教学活动提供了很多的便利。在正式讲解之前的重要一步是构建课程与班级,将班级成员汇聚起来,以便完成后续教学。

Step1. 首先在微信中进入雨课堂服务号，在首页的底部菜单中点击"我的"，选择"课程"，跳转至课程界面。

Step2. 点击底部左侧的"我要开课"即可编辑课程名称和班级名称，创建新的班级课程。

Step3. 点击底部右侧的"加入班级"，输入班级邀请码，便可加入班级。上方的"发现"为雨课堂不定期开展的公开课程，在规定时间内可报名参加。

Step4. 新建一个班级课程（图3.1.5），点击"管理"可编辑课程和班级名称；点击"班级"可进入右侧界面，查看班级课程的详细情况；在"成员管理"中可查看班级成员，生成邀请码可邀请新成员加入；"讨论区"中可发帖互相交流学习；"设置"中可设置课程全称、简称和类型等；下方的"教学日志"中则存放着教师发布的课件、试卷等资源。

图3.1.5 新建班级课程界面

案例 2：教学资源的制作与推送

雨课堂作为 PPT 的一款插件，在 PPT 的基础功能之上又提供了许多便于教学的服务。教师在制作教学 PPT 时，不仅可以轻松插入雨课堂提供的慕课视频等教学资源，还可在正式授课之前将课件微信推送给学生，方便学生预习，而且雨课堂提供了电脑端和手机端两种预设方式，为师生带来更佳的视觉体验。

在实际教学中，教师往往会给学生布置预习作业，以便学生在正式上课前就对课程内容有一定的认识。通过雨课堂，教师可将预习内容置入 PPT 并微信推送给学生。

Step1. 打开 PPT，点击顶部导航栏中的"雨课堂"进入雨课堂插件，新建课件。由于授课时不是用投影仪播放课件，而是学生用微信查看预习版的课件，投影仪展示的课件与电脑端的课件都是长大于宽的横屏课件，而手机端则是长小于宽的竖屏界面，这使得内容呈现更为美观，此处点击"新建手机课件"，如图 3.1.6 所示。

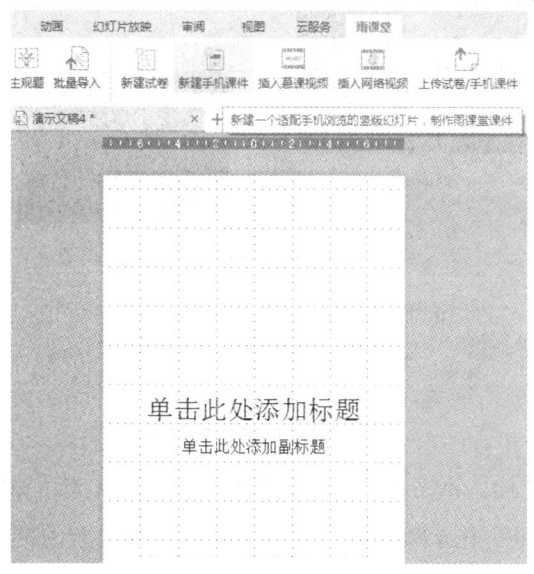

图 3.1.6　新建手机课件

Step2. 在新建手机课件后，教师可按照制作 PPT 的基础操作将知识内容融入到课件中。值得一提的是，雨课堂提供了丰富的教学资源。点击"插入慕课视频"，在右方会弹出窗口展示慕课视频资源库，在搜索栏输入关键字可查找视频。选中视频后，将进入视频预览界面，在此处可观看视频，单击"插入视频"即可将视频插入课件中，如图3.1.7、图3.1.8所示。

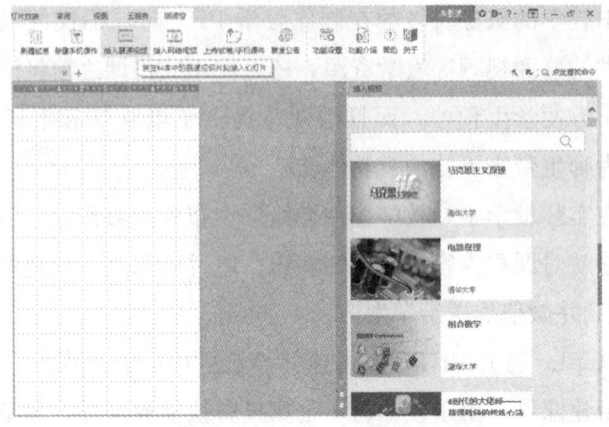

图3.1.7　插入慕课视频

图3.1.8　慕课视频预览

Step3. 单击"插入网络视频"，在弹出的界面中，从优酷、腾讯、哔哩哔哩或YouTube中选择需要的视频，输入所选视频的网址，单击"确定"即可将视频插入课件中，如图3.1.9所示。

Step4. 课件制作完毕后，点击"上传试卷/手机课件"，弹出上传课件窗口。在课件库内新建文件夹，即可将课件上传到对应的文件夹中，出现成功的提示窗口代表课件已上传成功，如图3.1.10所示。

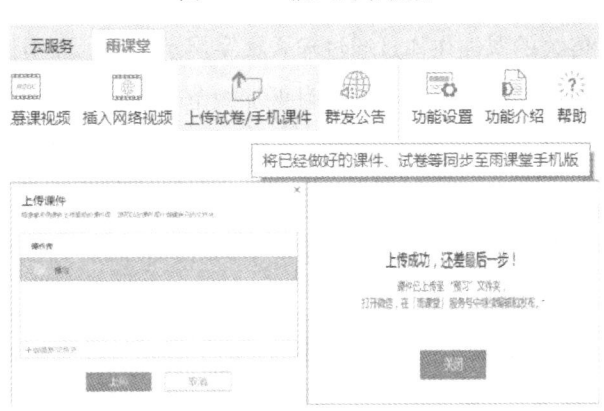

图 3.1.9 插入网络视频

图 3.1.10 上传课件

Step5. 接下来需要进入微信端进行操作，将课件上传至文件夹后，手机将会收到提示，进入雨课堂服务号。点击"已将 PPT 同步到手机，快来预览吧"，进入课件预览界面，在此处点击"按住说话"可为每页 PPT 配上讲解。完成后点击"发布"，即可将课件发布到班级，如图 3.1.11 所示。

图 3.1.11 发布课件

案例3：习题试卷的编制

雨课堂可以编制出单选题、多选题、主客观题、投票题等多种类型的测验习题，学生可以通过附件作答、拍照上传、语音回复等多种形式回答，以满足不同作业的需求。

在教学活动中，除了教师的讲解还需要设计一些习题来测验学生是否已掌握知识，传统的课件往往是通过输入文字展示习题，而雨课堂为每种题型提供了对应的格式模板，使题目更加规范。

打开PPT，点击顶部导航栏中的"雨课堂"进入雨课堂插件，依据自身需求可自由选择题目类型（图3.1.12），单击"单选题""多选题""投票""主观题"中的某一个可新增一个幻灯片，之后可在题目模板的基础上进行操作。

图 3.1.12　新建题目界面

Step1. 图3.1.13为单选题界面，单击"此处添加题目描述"和"此处添加选项内容"可对题干和选项进行编辑，在右侧可完成对题目分值、答案、增添选项和答案解析的设置。

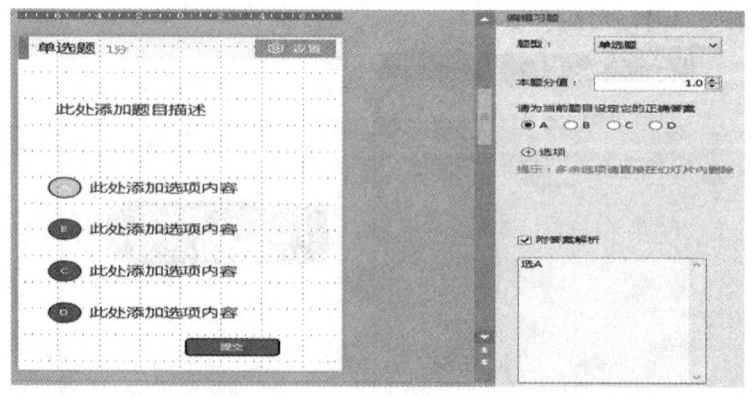

图 3.1.13　设置单选题界面

Step2. 多选题界面与单选题类似，单击"此处添加题目描述"和"此处添加选项内容"可对题干和选项进行编辑，但在右侧操作中，除了可对题目分值、答案、增添选项和答案解析进行设置外,还可以选择多选题的判分规则:少选不给分数/少选给部分分数。

Step3. 投票的设计与上述方法类似,单击"此处添加投票内容"和"此处添加选项内容"可对题干和选项进行编辑,在右侧操作中,可规定投票的选择模式为单选或是多选,同时可以增添选项或是设置匿名投票。

Step4. 主观题的设置与上述操作类似,单击"编辑题干"可输入题目内容,在右侧可设置题目分值、作答方式和答案解析。注意主观题默认学生可以用文字和图片作答,若需要学生上传音频,要勾选"允许学生上传音频"选项。

上述为编制单个题目的方法,若想要制作一份试卷,需要在点击 PPT 顶部导航栏中的"雨课堂"进入雨课堂插件后,单击"新建试卷"按钮,此时会新建一个 PPT 文件(图 3.1.14)。试卷封面会自动给出,在封面页点击"标题文字"可填写试卷标题,注意不要删除封面页,否则将无法上传至试卷库。封面页完成后添加菜单栏任意题型即可制作试卷,重复习题编制操作即可。

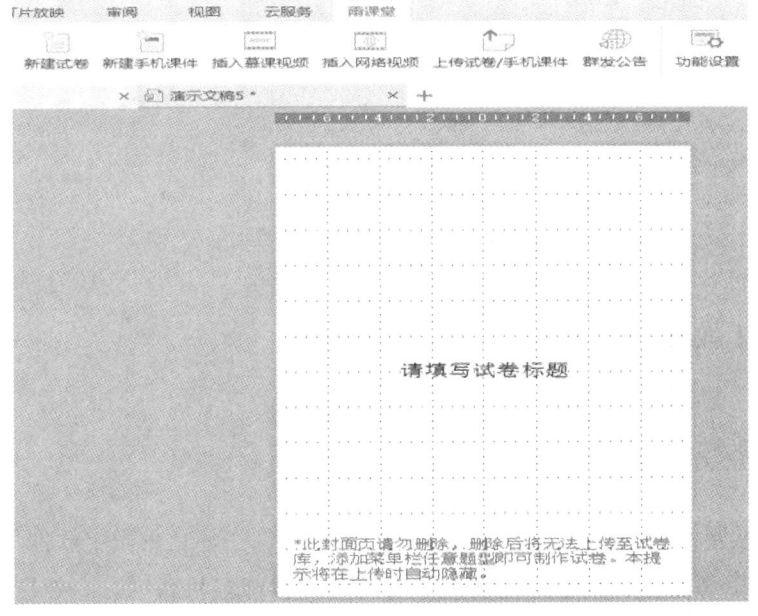

图 3.1.14 "新建试卷"界面

案例 4：群发公告

使用雨课堂群发公告功能可以向班级成员群发送文字、图片、链接及附件，可以在课前向学生们传达预习作业、课前准备要求、学习材料等重要通知。

打开 PPT，点击顶部导航栏中的"雨课堂"进入雨课堂插件，单击"群发公告"按钮，此时会弹出雨课堂发布公告的网页，在网页内点击"添加班级"可选择发送公告的班级，在输入框中可编辑通知的标题和内容，如图 3.1.15 所示。

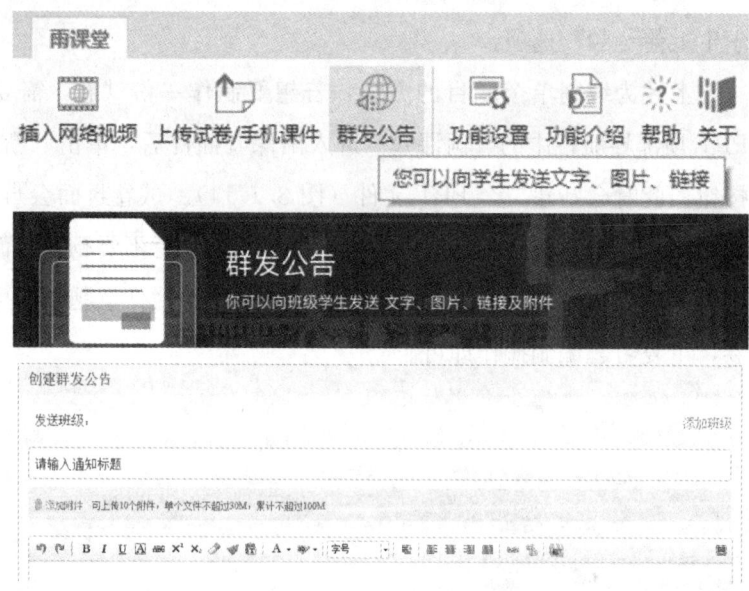

图 3.1.15　"群发公告"界面

3.2　101 教育 PPT

3.2.1　101 教育 PPT 相关知识

101 教育 PPT 是一款专业服务于教师的备授课一体化的教学软件，它的教学资源丰富、教学互动多元，可以辅助教师轻松备课、高效授课。在备课阶段，它提供丰富的 PPT 课件资源和便捷的学科工具，可以帮助教师缩短备课时间；在授课中，它为教师提供了多样化的课堂互动工具并且包含移动授课功能，可以帮助教师活跃课堂气氛，提高授课效率。因此，这款工具在教师中口碑不俗，受到很多教师的青睐。

101教育PPT具有以下特色：

（1）优质资源多

101教育PPT汇聚了全球优质教学资源，满足K12全学段教师教辅需求，让教师可以自由选择需要的教学资源。

（2）一站式备授课

101教育PPT集丰富的教学资源、多元的教学互动功能于一体，可以让教师摆脱繁杂的备课过程，营造更具互动性的课堂。

（3）极易上手

101教育PPT沿袭了Office PPT的界面与风格，教师可以很快熟悉软件的界面与操作，轻松上手使用。

（4）手机操控

教师通过101教育PPT的手机端APP，能够远距离操控电子白板，使其能够脱离讲台束缚，走动教学，拉近与学生的距离，成就精彩课堂，真正实现互动教学。

（5）学情报告

101教育PPT可以记录教学数据、学生表现、班级学情数据，形成课堂评价报告，帮助教师根据学生情况进行针对性指导，以提高教学水平，提升教学效果。

在教学应用案例上，101教育PPT提供了涵盖多个学段、多个学科的课件库和便捷的学科工具，教师在备课时可以参考其中的课件资源，使用学科工具、多媒体和3D资源等快捷地制作出精美的课件。

此外，该软件还支持手机端控制课件演示等辅助上课的功能，详见其后相关章节内容。

3.2.2 101教育PPT软件界面

（1）手机端界面

由于在教学中，101教育PPT手机端需配合电脑端一起使用，所以打开101教育PPT软件后,初始界面为扫描二维码连接电脑端的引导性内容,如图3.2.1所示。

图 3.2.1　初始界面　　　　图 3.2.2　侧边栏

点击初始界面左上角的 按钮,即可弹出如图3.2.2所示的侧边栏,其中包含有"点我登录""101课件库""文件互传""传图识字"等常用功能选项可供选择。101课件库中包含有多个学段、多门学科的丰富课件资源,可供教师下载参考;文件互传功能可以在连接电脑和学生端之后用于教学文件的传输共享;传图识字功能可以快速识别并转化图片中的文字,便于教师完成文字的提取。

(2)电脑端界面

101教育PPT电脑端中内嵌了PPT,因此需要安装PowerPoint或WPS后才能使用。其界面主体同PowerPoint相似(图3.2.3),是一个PPT制作界面,其中一些功能也反映出了101教育PPT的特色。

在标题栏中,点击 按钮可进行登录操作;点击 按钮可进行PPT中图片、视频、音频及动画的快捷插入;点击 按钮可基于图3.2.4所示的模板快速新建多种题型的习题;点击 按钮可扫码连接手机,与局域网内的学生端进行文件传输操作；如果是认证过教师资格证的用户，还可以点击 直播Beta 按钮使用直播功能。

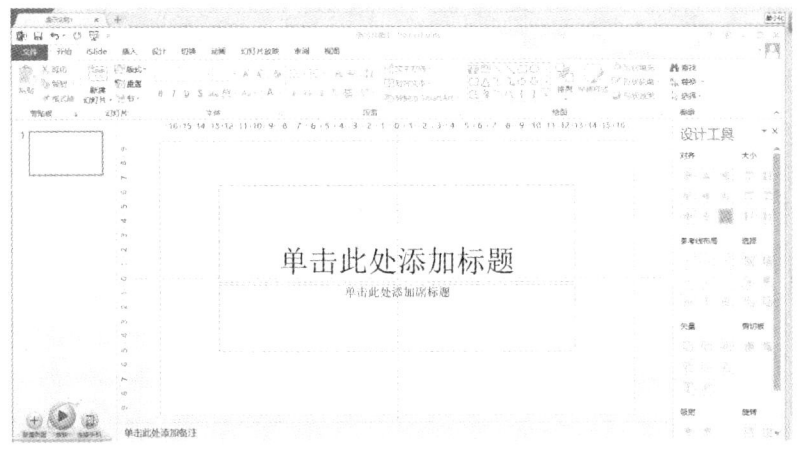

图 3.2.3　电脑端主界面

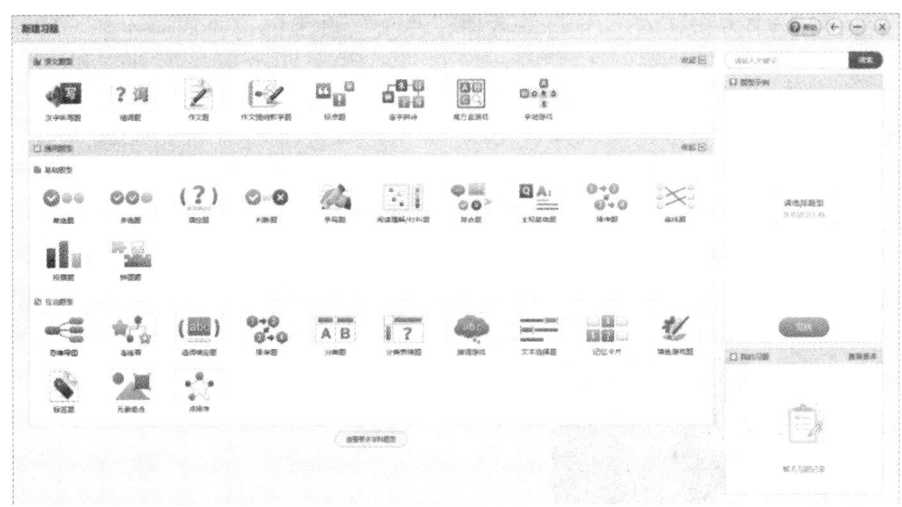

图 3.2.4　"新建习题"界面

在侧边栏中，点击 搜索 按钮，可以在 101 教育资源库中搜索高品质教学资源，如图 3.2.5 所示。

点击 章节选择 按钮，可以设置自己想要搜寻的课件的学段、学科等信息，随后 101 教育 PPT 会在侧边栏下方为你精准地推荐你可能需要参考的课件、学科工具、多媒体教学资源等，如图 3.2.6 所示。

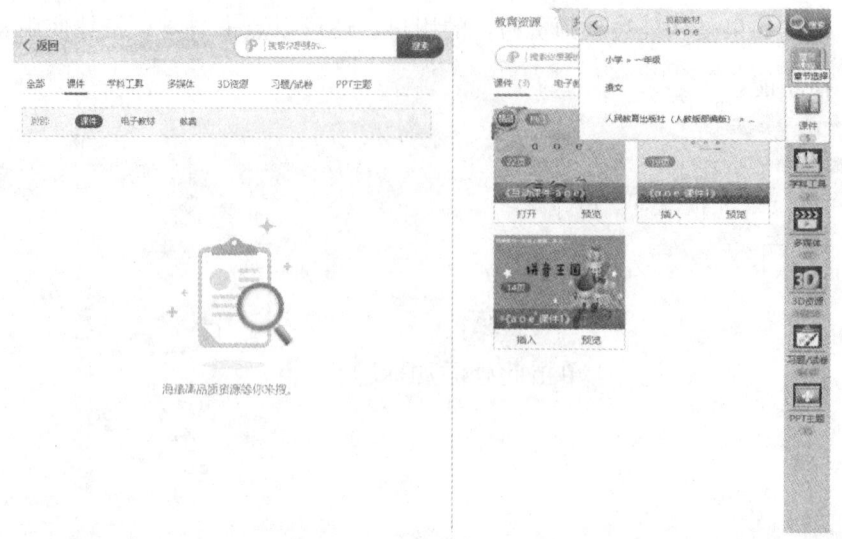

图 3.2.5 "搜索"界面　　　　图 3.2.6 "资源"界面

在侧边栏下方,还有一个 ![按钮] 按钮,登录后点击即可进入一个属于自己的网盘空间,教师可以在其中存放自己的课件等教学资源,如图 3.2.7 所示。

图 3.2.7 "我的网盘"界面

101 教育 PPT 的获取与安装方式如下:

(1) 手机端

使用手机浏览器访问 101 教育 PPT 官网（https://ppt.101.com/），点击"立即打开"按钮即可进行下载安装，如图 3.2.8 所示。

图 3.2.8　101 教育 PPT 手机端官网

(2) 电脑端

使用电脑中的浏览器访问 101 教育 PPT 官网，点击教师端"电脑版下载"按钮即可进行下载安装，如图 3.2.9 所示。

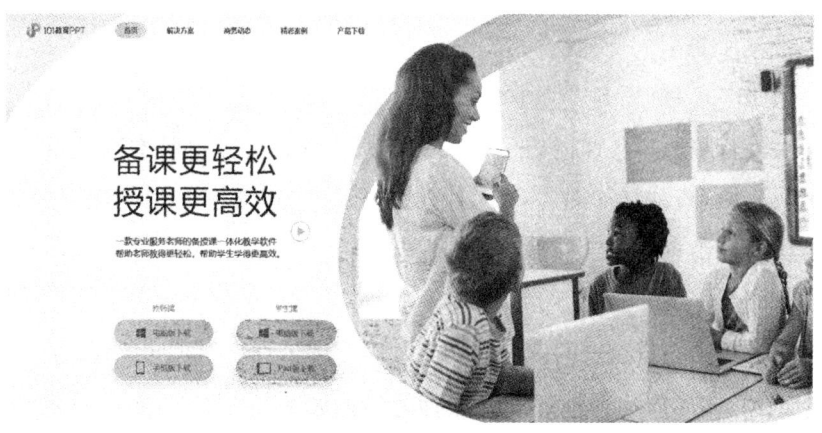

图 3.2.9　101 教育 PPT 电脑端官网

3.2.3 教学应用案例

案例1：查找课件资源

101课件库中有丰富的课件资源，参考这些课件资源，教师可以更加轻松地备课。使用101教育PPT电脑端和手机端均可实现备课功能，这里以手机端为例进行讲解，电脑端操作与此类似。

Step1. 打开手机端101教育PPT软件，点击初始界面上的 按钮，在弹出的侧边栏中选择"101课件库"，如图3.2.10所示。

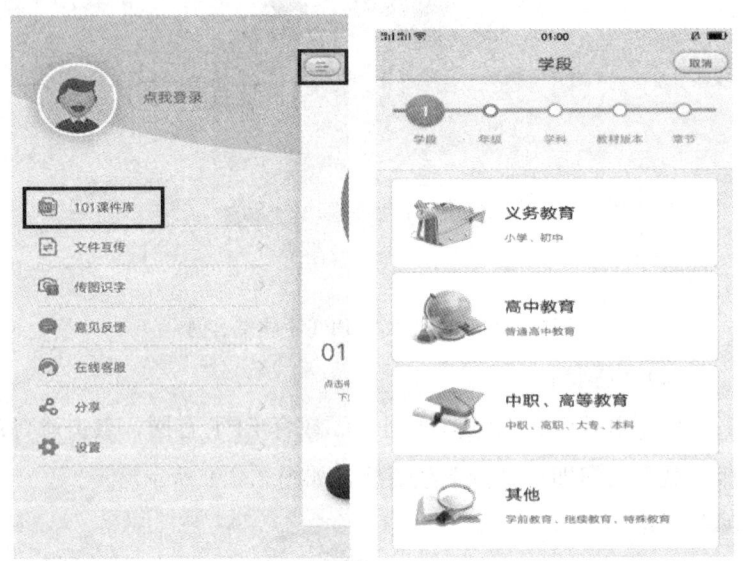

图 3.2.10 选择"101课件库"　　图 3.2.11 内容选择

Step2. 逐步选择备课内容的学段、年级、学科、教材版本以及章节，进行资源的查找，如图3.2.11所示。

Step3. 点击查看各个课件资源，从中选取对自己有参考价值的课件，如图3.2.12所示。

Step4. 单击查看选取的课件，如对其满意即可点击右上角的 按钮下载保存，将其作为自己的上课课件使用，如图3.2.13所示；若要在其基础上进行修改，点击右上角的 按钮可以将该课件同步到电脑端网盘中，在电脑端教师可以对该课件进行编辑，形成符合自己讲课风格的课件（该操作需要在手机端和电脑端登录相同账号）。

图 3.2.12　资源选择　　图 3.2.13　查看课件

案例 2：利用学科工具备课

在教授某些学科的知识时，教师通常需要借助一些工具来帮助学生更好地理解学科内容，这些工具就是我们常说的学科工具。101 教育 PPT 提供的学科工具覆盖语文、数学、英语、物理等学科的教学重、难点，原本 2~3 张 PPT 才能讲明白的问题，现在只需要演示一下学科工具就能让学生轻松理解。

Step1. 打开 101 教育 PPT 电脑端，点击右侧的 [资源选择] 按钮，输入教材信息和章节信息后，在课件资源中选取并插入要参考的资源（以人教版《物理》必修 1 第一章第二节"时间和位移"为例），如图 3.2.14 所示。

Step2. 查看课件资源，将课件翻到位移知识的相关页面并点击右侧的"学科工具"按钮，在"学科工具"中找到"位移工具"，点击"插入"按钮，如图 3.2.15 所示。

Step3. 101 教育 PPT 会自动新建空白页面并插入位移工具，而后点击左下角的"放映"按钮，即可查看插入"位移工具"后的效果，如图 3.2.16 所示。

图 3.2.14　插入课件资源

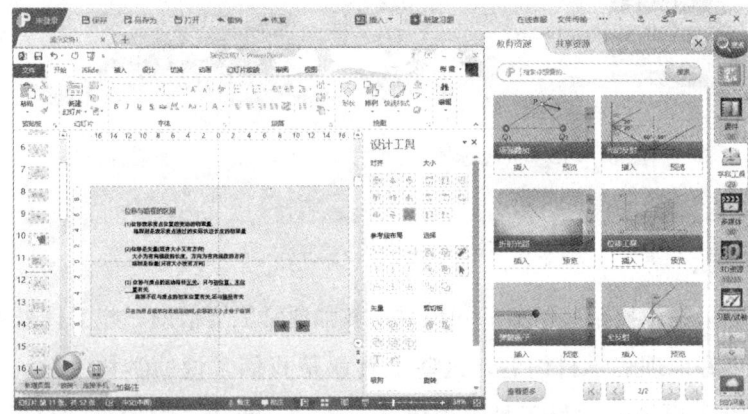

图 3.2.15　插入"位移工具"

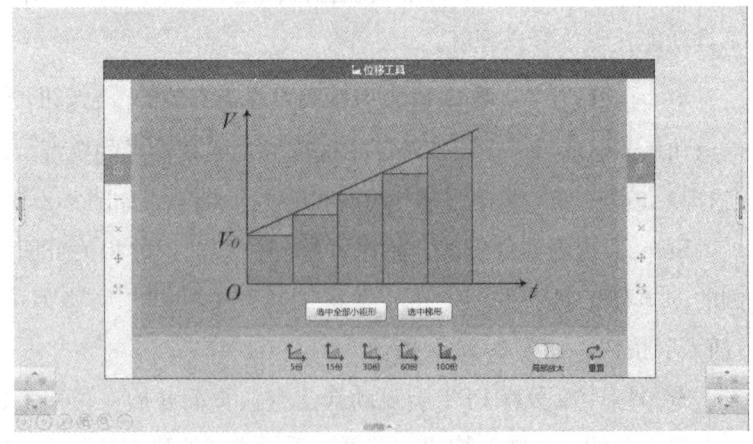

图 3.2.16　插入"位移工具"后的效果图

案例3：利用3D资源备课

在地理、数学等课程的教学中，教师常常需要引导学生在三维视角下思考空间内的物体状态。对于这些内容，学生往往需要付出较多的思考时间才能理解和掌握。此时，借助101教育PPT电脑端提供的丰富的3D教学资源，则可以轻松解决这些问题。

Step1. 打开101教育PPT电脑端，而后选取要讲解的课件并打开（以人教版《地理》必修1第一章第一节"宇宙中的地球"为例），如图3.2.17所示。

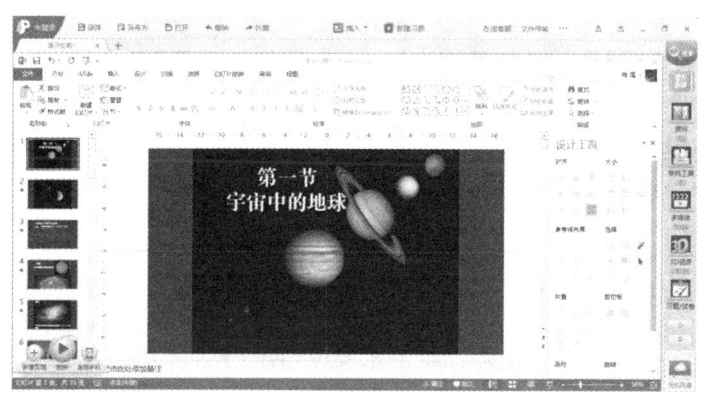

图3.2.17　打开课件

Step2. 查看课件资源，在课件适当的位置点击右侧的"3D资源"按钮，在其中搜索"地球"，选择合适的地球3D模型并单击"插入"按钮，如图3.2.18所示。

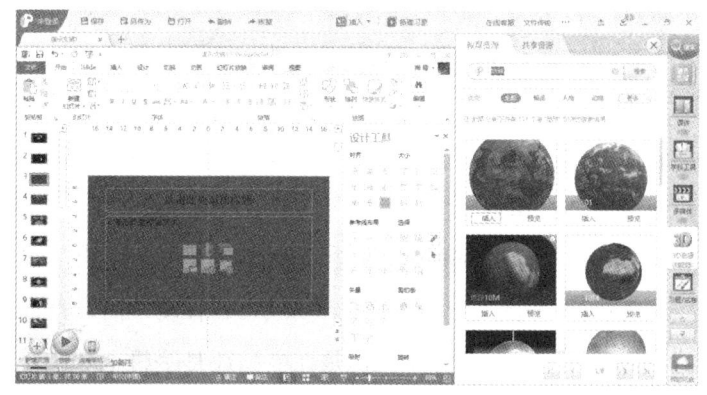

图3.2.18　插入地球3D模型

Step3. 插入完成后，点击右下角的"放映"按钮即可查看地球的 3D 模型，并可自由对其进行旋转来全方位地向学生展示地球的面貌，如图 3.2.19 所示。

图 3.2.19　地球 3D 模型

3.3　WPS 移动端

3.3.1　WPS 移动端相关知识

WPS 移动端是一款可以在手机上实现 Word、Excel 和 PPT 等应用的一体化软件。此外，WPS 移动端还兼备语音播报文档、手机投屏、论文查重等功能。即便没有电脑在身边，WPS 移动端也可以帮助用户轻松办公。

尽管 Microsoft 也推出了 Word 等移动端软件，但它们是各个独立的软件，如果用户既要使用 Word，又要使用 Excel 和 PPT，那就得在手机上下载 3 个软件，这不仅麻烦，还占用大量手机内存空间。

WPS 移动端能够将 Word、Excel、PPT 和 PDF 融合为一体，同时还提供了大量的预设模板，用户选择一款符合自己所需的模板便可以轻松创建文档，而且不需要花费大量时间进行美化。

同时，WPS 移动端可以将操作过的文档保存至本地，用户可以在 WPS 移动端上找到所有被操作过的文档。登录 WPS 移动端后，可以将操作过的文档上传至云空间，这样，无论是在电脑还是手机上登录，都能查看自己的文档，就算是两年前所创建的文档也能被找到，无须使用

U盘等工具进行拷贝保存。

对于教师来说，与Word、Excel和PPT打交道是不可避免的。教师无法每时每刻都带着厚重的笔记本电脑，那么应用WPS移动端对教师来说就非常方便了。

除了最基本的文档创作之外，WPS移动端还可以为教师提供以下帮助。

拍照扫描。教师在制作文档过程中没有时间或能力将教材或者网页上的图表或文字全部重做，这时候使用"拍照扫描"功能就能通过拍照后选择图片将其转换成文字，同时还可以拍摄证件的正面和反面并将其合成一张图片。

投影文档。教师可通过插线、无线或安装WPS投影宝的方式将文档投影到大屏幕上。

长图分享。教师可以将自己的文档以长图的形式发送给学生或其他人，同时支持底部签名，不需要担心自己的文档被他人使用，侵犯自己的劳动成果。

文档"瘦身"。在不破坏文档内容的情况下缩小文档尺寸，使其更利于传输。

听文档。教师如果没有时间看一份文档，可以打开"听文档"功能，但是"听文档"功能仅支持Word和PDF文档。

论文查重。对于需要申报项目或者发表论文的教师来说，"论文查重"是一个十分实用的功能。其利用国内知名高校论文检测查重资料库，可以快速准确地进行检测，输出详细的修改意见。

3.3.2 WPS移动端软件界面

WPS移动端的底部导航栏有五个导航标签页，中间的"＋"为新建文档，其他四个标签页分别为"首页""文档""稻壳文库"和"我"（图3.3.1）。"首页"中可以看到最近打开的文档，点击上方的展开图标，就可以看到WPS提供的各类工具，如图3.3.2所示。

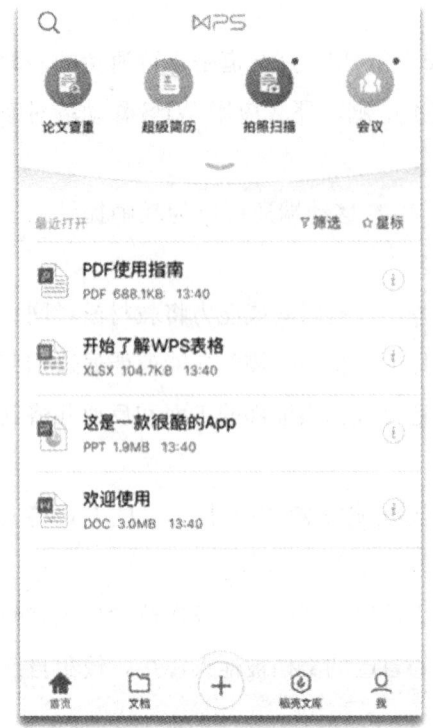 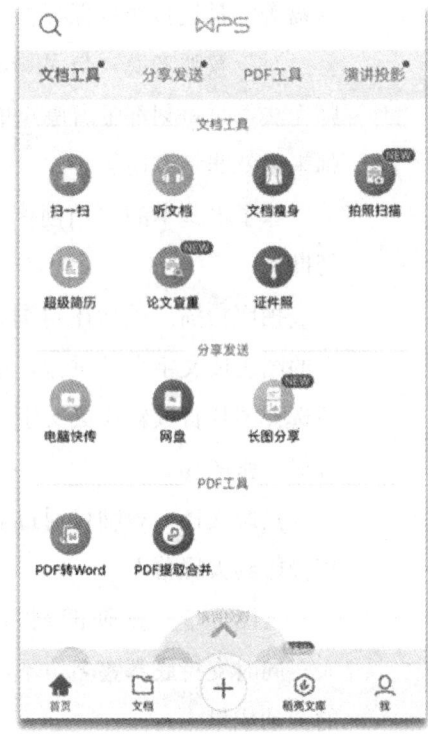

图 3.3.1　WPS 移动端首页（一）　　图 3.3.2　WPS 移动端首页（二）

"文档"标签可以帮助用户整理自己的文档，其按照"时间""格式""类型"（包括云文档和本机文档）对文档进行筛选。用户点击"新建文件夹"可为本机文档或云文档创建文件夹。

"稻壳文库"标签中有大量的模板，部分功能需要注册成为 VIP 后才可使用。

"我"标签页中是有关用户的所有信息。WPS 移动端可以使用多种社交账号登录，包括 QQ、微信、微博等。

安卓系统用户在应用宝或软件商店中搜索"WPS"，iOS 系统用户在 App Store 中搜索"WPS"即可下载。

3.3.3　教学应用案例

案例 1：利用 WPS 移动端创建教学文档

利用 WPS 移动端创建文档比较方便灵活，电脑端的常用命令如

"字体修改""查找""撤销""插入"等命令，移动端上都有。下面以创建 PPT 演示文档和 WPS 表格文档为例进行简要介绍。

1. 创建 PPT 演示文档

Step1. 打开 WPS 应用，点击底部的"＋"，选择"演示"，点击"新建空白"，创建一个空白的演示文档，如图 3.3.3 所示。在页面顶部与底部均有一些功能按钮，其介绍如图 3.3.4 所示。

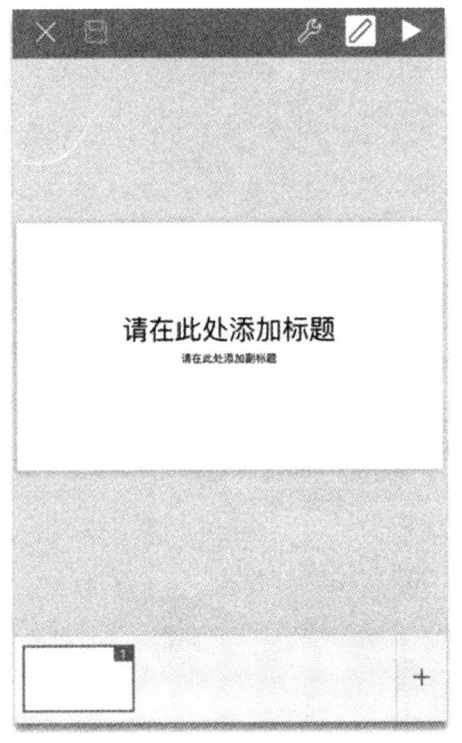 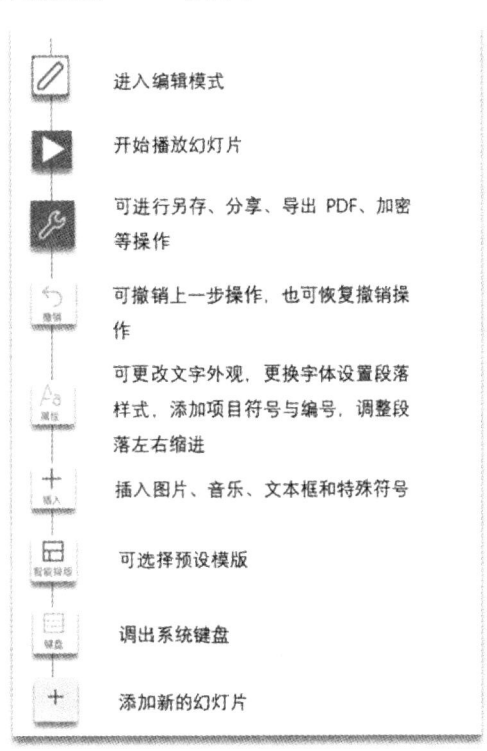

图 3.3.3　新建空白 PPT　　　　　图 3.3.4　功能按钮介绍

Step2. 如图 3.3.5 所示，先选择"智能排版"，选中一个版式后，点击"保存效果"，如图 3.3.6 所示。例如，选择"企业员工入职培训"版式，再点击"保存效果"。

Step3. 点击"＋"可以插入一页新的 PPT，如图 3.3.7 所示，同时设置页面布局，即从配套模板中选择"配套版式"或"默认版式"，如图 3.3.8 所示。

图 3.3.5 智能排版　　　　图 3.3.6 插入所选模板

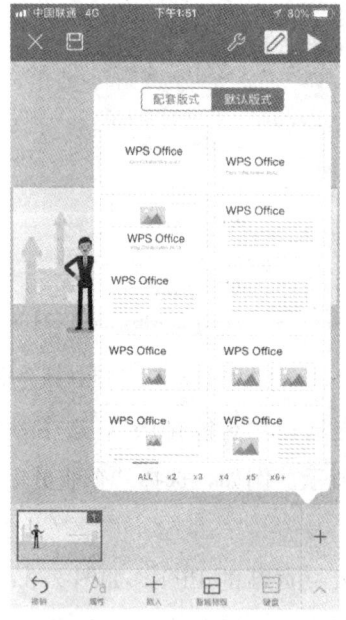

图 3.3.7 插入新页　　　　图 3.3.8 选择"配套版式"

Step4. 根据实际需要进行页面编辑。例如，更改首页标题和目录页，首先将内容（contents）标题改为"移动场景下的常用教学软件"，然后选择配套版式中的目录页，选中目录页中的三个小标题，可以编辑文字、更改数量和样式，如图 3.3.9、图 3.3.10 所示。

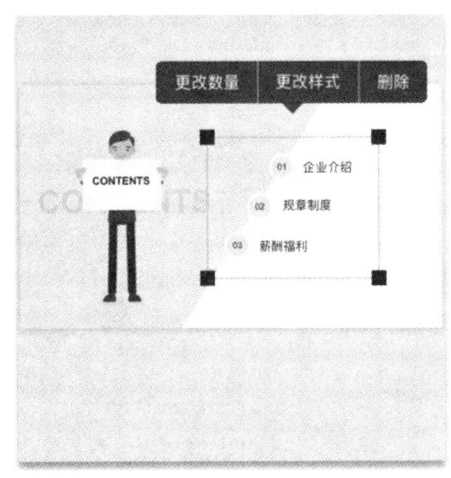

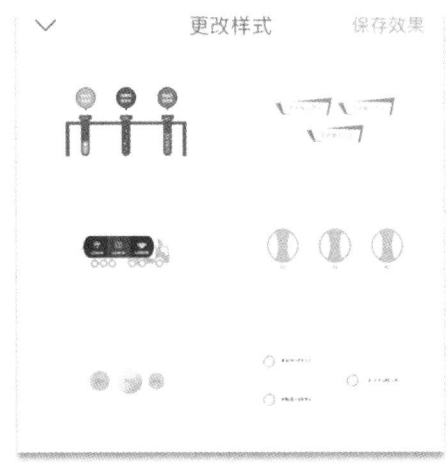

图 3.3.9　版式更改　　　　　　　　图 3.3.10　样式更改

Step5. 接下来可以对幻灯片的内容进行设计和修改，包括输入文字，设置字体属性，插入图片、音乐、视频等，如图 3.3.11、图 3.3.12 所示。

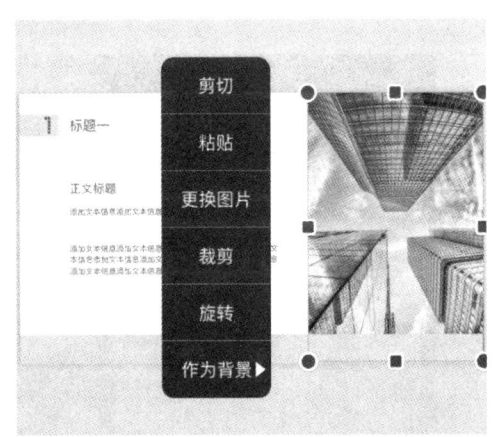

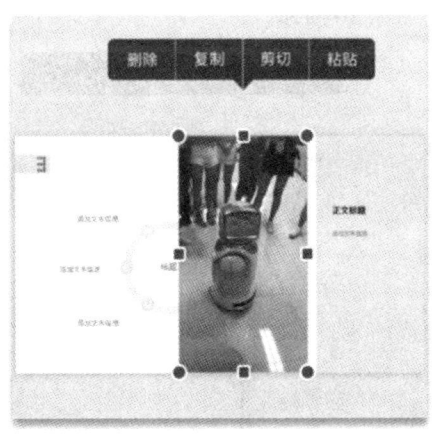

图 3.3.11　图片操作　　　　　　　　图 3.3.12　插入视频

Step6. 在设计过程中，也可以随时选择"智能排版"功能更换显示效果，对 PPT 进行美化，美化前后的效果如图 3.3.13、图 3.3.14 所示。

Step7. 在编辑过程中，点击底部页面缩略图栏，可以对幻灯片进

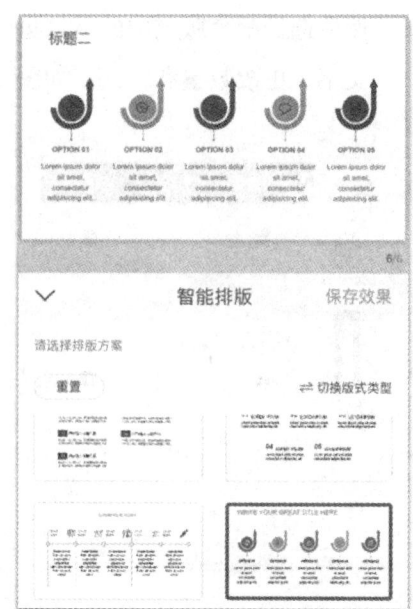

图 3.3.13　智能排版前效果　　　　图 3.3.14　智能排版后效果

行复制、粘贴、删除等操作。编辑完成之后，可以点击保存到本机，也可以对整个文档分享或保存成长图进行朋友圈分享等，如图 3.3.15、图 3.3.16 所示。

图 3.3.15　保存长图操作-选页　　　　图 3.3.16　保存长图操作-选主题

Step8. 保存长图操作如下：首先从 PPT 文档中选择要保存的页，再选择主题进行美化保存，同时可以根据需要添加二维码、水印等，如图 3.3.17、图 3.3.18 所示。

图 3.3.17　保存长图操作-添加二维码　　　图 3.3.18　保存长图操作-添加水印

2. 创建 WPS 表格

Step1. 以创建学生成绩表为例，在如图 3.3.19 所示界面点击"+"，选择"表格"，点击"新建空白"。

Step2. 选择一个单元格插入文字时，键盘有"TAB""fx∑""123""ABC"四个按钮，如图 3.3.20 所示。"TAB"可以跳到同行下一个单元格，"fx∑"可以做数学运算，"123"是数字键盘，"ABC"是拼音键盘。

Step3. 完成如图 3.3.21 所示学生成绩的录入。录入过程中，学生学号如果是连续编号，可以使用"常用"栏下的"自动填充"功能，然后拖动向下标志即可。

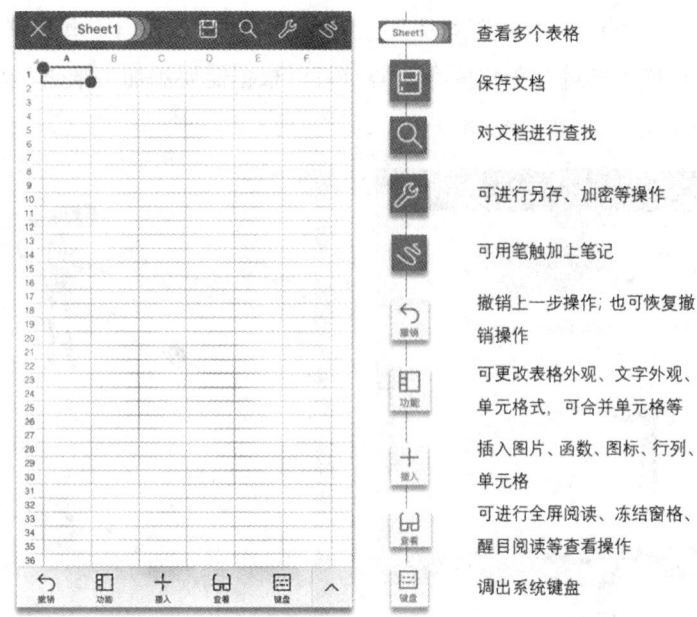

图 3.3.19　WPS 移动端"表格操作"界面

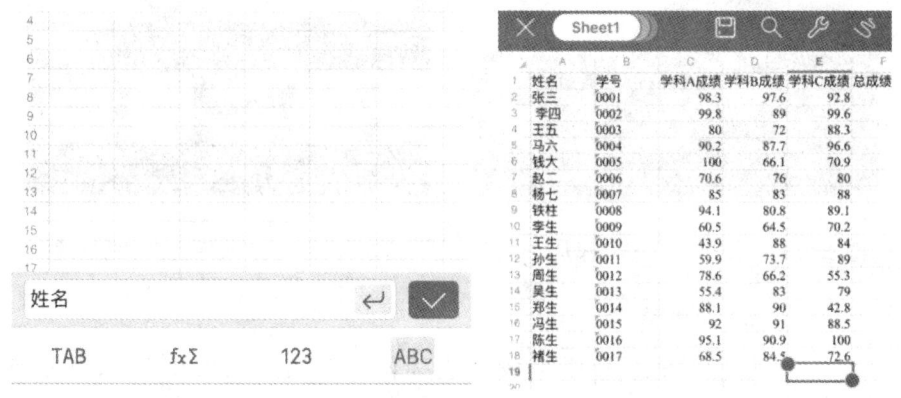

图 3.3.20　表格"键盘"选项　　　　图 3.3.21　学生成绩表

　　Step4. 标记特殊分数。例如要将 98 分以上标为绿色，60 分以下标为红色，则可进入"功能"中的"字体"一栏，选择要标记的字体，修改字体颜色，如图 3.3.22 所示。

　　Step5. 设置表格中的文字居中对齐。选中表格区域，点击"功能"中的"字体"一栏，将对齐格式改为居中，如图 3.3.23 所示。同样还可以修改字体、设置缩进、修改大小等。

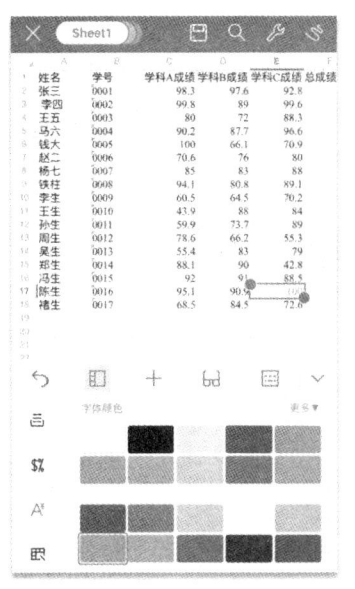
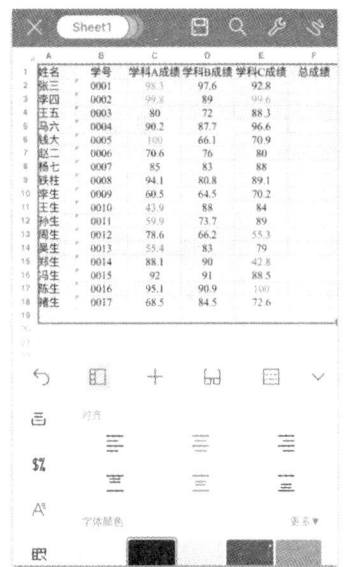

图 3.3.22　标记特殊分数　　　　图 3.3.23　居中对齐

Step6. 计算每个学生的总成绩。首先选择第一行成绩，然后选择"常用功能"中的"自动求和"，如图 3.3.24 所示。第一位学生的成绩计算完毕之后，只要选中总成绩的第一个单元格，点击"自动求和"，然后往下拖动，就可以得出剩下学生的总成绩，如图 3.3.25 所示。

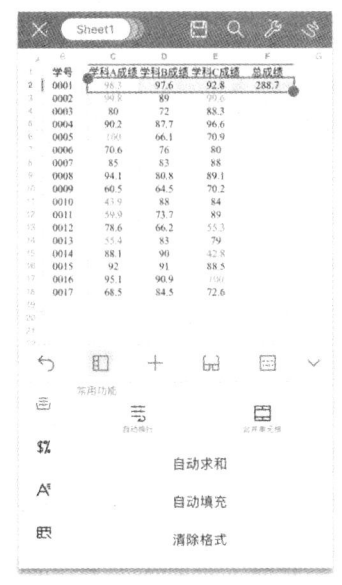
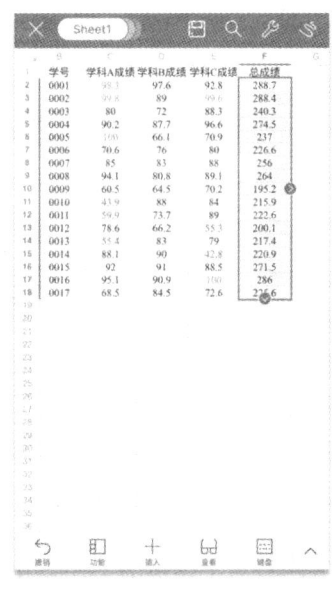

图 3.3.24　"自动求和"计算总成绩　　图 3.3.25　使用"自动填充"

Step7. 按成绩排序。若要将学生的成绩按降序排列，并插入“名次”列，则可先选中“总成绩”这一列，然后点击“查看”中的“降序”，再选择“姓名”这个单元格，选择“插入列，左侧”，按照“自动填充”的方法填充“名次”列，如图 3.3.26 所示。

名次	姓名	学号	学科A成绩	学科B成绩	学科C成绩	总成绩
1	张三	0001	98.3	97.6	92.8	288.7
2	李四	0002	99.8	89	99.6	288.4
3	陈生	0016	95.1	90.9	100	286
4	马六	0004	90.2	87.7	96.6	274.5
5	冯生	0015	92	91	88.5	271.5
6	铁柱	0008	94.1	80.8	89.1	264
7	杨七	0007	85	83	88	256
8	王五	0003	80	72	88.3	240.3
9	钱大	0005	100	66.1	70.9	237
10	赵二	0006	70.6	76	80	226.6
11	褚生	0017	68.5	84.5	72.6	225.6
12	孙生	0011	59.9	73.7	89	222.6
13	郑生	0014	88.1	90	42.8	220.9
14	吴生	0013	55.4	83	79	217.4
15	王生	0010	43.9	88	84	215.9
16	周生	0012	78.6	66.2	55.3	200.1
17	李生	0009	60.5	64.5	70.2	195.2

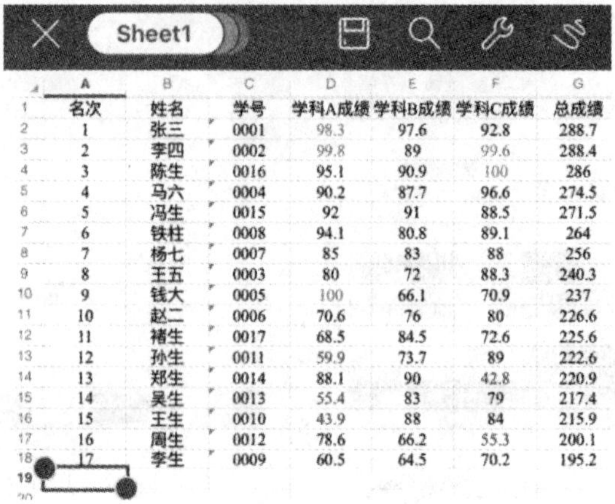

图 3.3.26　按总成绩降序排序

Step8. 比较排名和上一次成绩的排名。先将上一次成绩的排名数据（例如 H 列）填入表中，然后在 I2 这个单元格中输入公式“＝H2－A2”（图 3.3.27），按下回车键即可。之后再使用“自动填充”的方法求出剩下的数据，如图 3.3.28 所示。

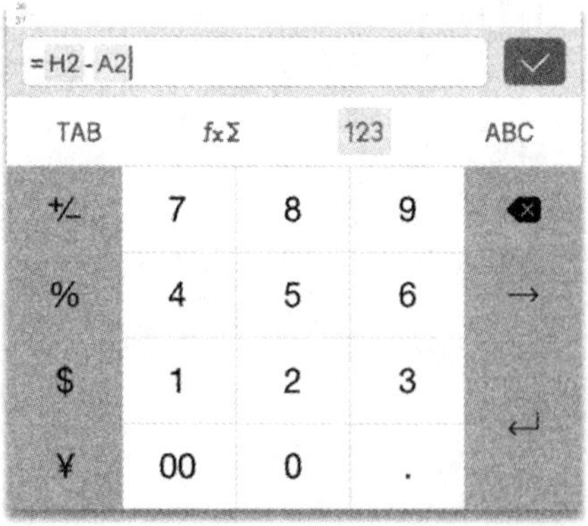

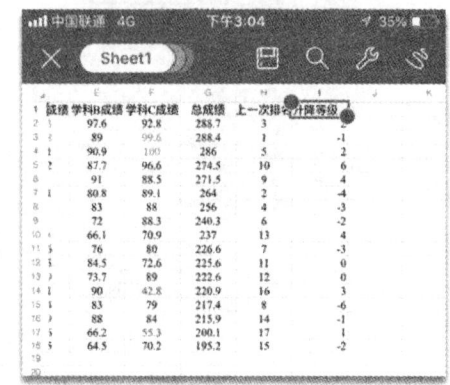

图 3.3.27　输入函数计算排名

学科B成绩	学科C成绩	总成绩	上一次排名	升降等级
97.6	92.8	288.7	3	2
89	99.6	288.4	1	-1
90.9	100	286	5	2
87.7	96.6	274.5	10	6
91	88.5	271.5	9	4
80.8	89.1	264	2	-4
83	88	256	4	-3
72	88.3	240.3	6	-2
66.1	70.9	237	13	4
76	80	226.6	7	-3
84.5	72.6	225.6	11	0
73.7	89	222.6	12	0
90	42.8	220.9	16	3
83	79	217.4	8	-6
88	84	215.9	14	-1
66.2	55.3	200.1	17	1
64.5	70.2	195.2	15	-2

图 3.3.28　排名变化后的结果

Step9. 计算平均成绩。若要在总成绩左侧插入一名为“平均成绩”的列，则可先选中“总成绩”这个单元格，再点击“插入”中的“插入列，左侧"，然后选择 G2 这个单元格，点击"插入"中的"插入函数"，选择"AVERAGE"，再选中 D2、E2 和 F2 三个单元格，按下回车键，最后用"自动填充"的方法求得剩下学生的平均成绩，如图 3.3.29 所示。

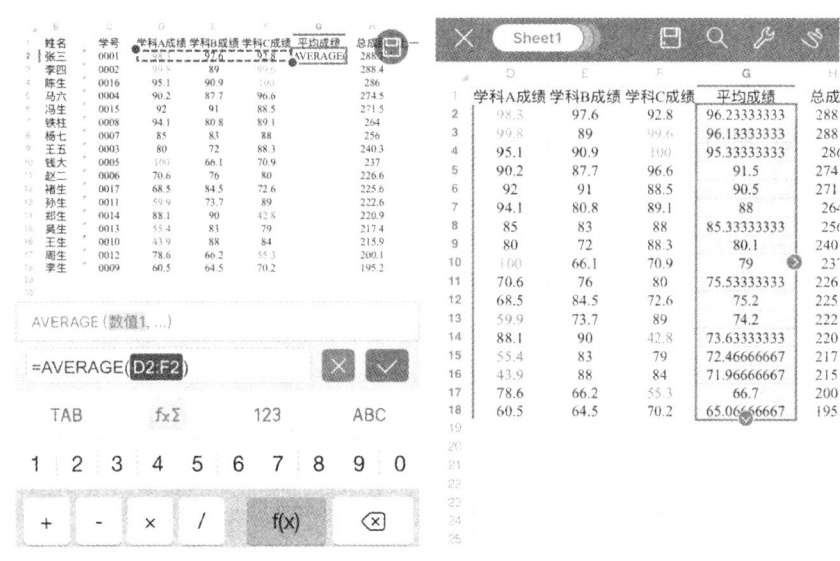

图 3.3.29　使用 Average 函数计算平均值

Step10. 格式化成绩显示。前一步中算出的平均成绩，默认有 8 位小数，若需要将此单元格的数据设置成显示 2 位小数，则选中"平均成绩"列，点击"功能"中的"数字格式"，选择"数值"，将小数位数设置为"2"即可，如图 3.3.30 所示。

图 3.3.30　将小数位数设为"2"

Step11. 美化表格。接下来再对学生成绩表进行简单美化，加入表头和表格线框等。点击第一行任意一个单元格，选择"插入"中的"插入行，上方"，将 A1 至 J1 的单元格选中，选择"功能"中的"合并单元格"，输入表头"学生成绩表"，将字号设为 14 号、字号加粗。再将整个表格选中，选择"功能"中的"边框样式"，点击"粗外边框"，将表格的第一列选中，选择"外边框"，这样就完成了对一个表格的简单美化，如图 3.3.31 所示。

名次	姓名	学号	学科A成绩	学科B成绩	学科C成绩	平均成绩	总成绩	上一次排名	升降等级
1	张三	0001	98.3	97.6	92.8	96.23	288.7	3	2
2	李四	0002	99.8	89	99.6	96.13	288.4	1	-1
3	陈生	0016	95.1	90.9	100	95.33	286	5	2
4	马六	0004	90.2	87.7	96.6	91.50	274.5	10	6
5	冯生	0015	92	91	88.5	90.50	271.5	9	4
6	铁柱	0008	94.1	80.8	89.1	88.00	264	2	-4
7	杨七	0007	85	83	88	85.33	256	4	-3
8	王五	0003	80	72	88.3	80.10	240.3	6	-2
9	钱大	0005	100	66.1	70.9	79.00	237	13	4
10	赵二	0006	70.6	76	80	75.53	226.6	7	-3
11	褚生	0017	68.5	84.5	72.6	75.20	225.6	11	0
12	孙生	0011	59.9	73.7	89	74.20	222.6	12	0
13	郑生	0014	88.1	90	42.8	73.63	220.9	16	3
14	吴生	0013	55.4	83	79	72.47	217.4	8	-6
15	王生	0010	43.9	88	84	71.97	215.9	14	-1
16	周生	0012	78.6	66.2	55.3	66.70	200.1	17	1
17	李生	0009	60.5	64.5	70.2	65.07	195.2	15	-2

图 3.3.31　添加表头和表格边框

案例 2：应用 WPS 移动端阅读文档

WPS 移动端不仅有强大的创建文档功能，也具有良好的阅读体验。WPS 移动端兼备横屏阅读和竖屏阅读功能，不仅可以兼容绝大部分的文档，还支持文档笔记、PPT 播放等操作。

1. 阅读 Word 文档

Step1. 任意打开一个 Word 文档，此时 处于未选中状态，所以该模式为阅读模式。在阅读模式下，底部工具栏变为了"适应屏幕""墨迹""朗读""阅读设置"和"分享与发送"，页面顶部工具和编辑模式是一致的（图 3.3.32）。点击"适应屏幕"，Word 文档会自动匹配屏幕大小（图 3.3.33），如同电脑端的"阅读视图"效果。向左滑回到上一页，向右滑到下一页。当页数特别多时，还可以拖动进度条直接跳至某页。

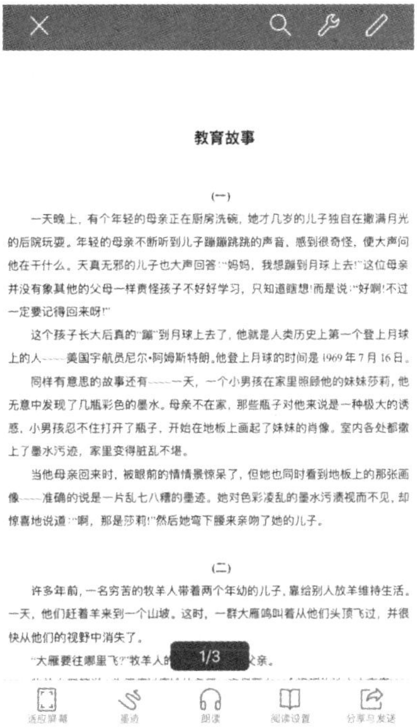

图 3.3.32　阅读设置

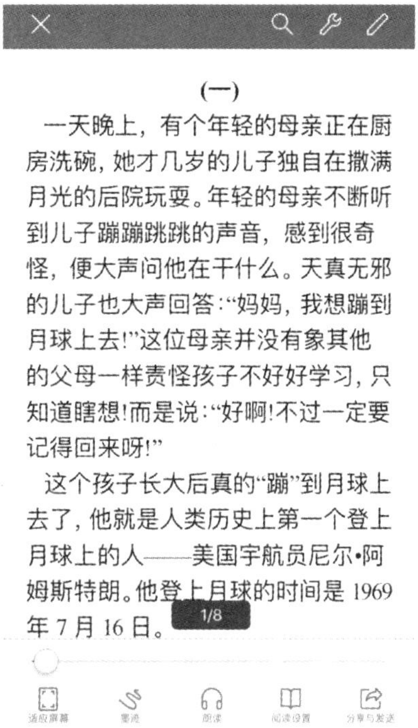

图 3.3.33　适应屏幕

Step2. 再次点击"适应屏幕"回到原始视图，我们可以对文档进行标记。点击"墨迹"，"墨迹"视图的页面底部有"墨迹""高亮""删除线""下划线""橡皮擦"和"清屏"等功能选项。"墨迹"就是笔触，我们可以用手指在屏幕上写字、做标记等。"高亮"就是电脑端的"文本突出显示颜色"功能，我们选择某个颜色，用手指涂抹要突出显示的文字即可，如图 3.3.34 所示。

图 3.3.34　使用"高亮"涂抹文字

Step3."删除线"和"下划线"等也可以用于标记文档,其使用方法与"高亮"使用的方法类似。同样地,点击调色板图标就可以选择其他颜色(图3.3.34)。

Step4."橡皮擦"可以清除页面中所有的标记,包括笔/笔刷墨迹、高亮显示、删除线和下划线。"清屏"只能将页面中的笔/笔刷墨迹一键清除。

Step5. WPS还提供文档朗读功能,可以点击"设置"(图3.3.35),调节朗读语速、切换朗读语言等。在进行朗读时,会高亮显示正在朗读的句子,方便阅读和理解。

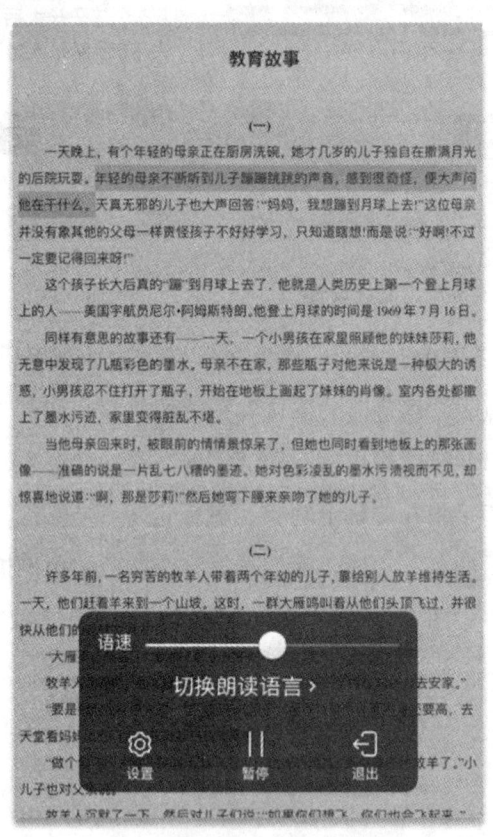

图3.3.35 朗读设置

Step6. WPS还提供了一些人性化的功能,如"夜间模式""背景色"和"页边距"的设置。通过"分享与发送",可以将文档用常见的社交软件(如QQ、微信、TIM)或邮件等进行分享。

2. 阅读与放映 PPT 文档

Step1. 打开一个 PPT 文档（图 3.3.36）。页面底部有"墨迹""放映选项""美化"和"分享与发送"等功能按钮。

Step2. 点击"墨迹"（图 3.3.37）时，只有"笔/笔刷墨迹""橡皮擦"和"清屏"三个功能，与 Word 文档相比少了"高亮"等功能。

图 3.3.36　PPT 阅读页面　　　　图 3.3.37　使用"墨迹"

Step3. 在"放映选项"中可设置"从头播放""从当前页播放"或者"自动播放"等。启动放映后（图 3.3.38），点击屏幕任意位置，页面右上角会显示已放映的时间，还可以用"墨迹"做标记，以及邀请 QQ、微信好友参加会议等。

图 3.3.38　PPT 放映状态

3. 阅读 Excel 文档

与 Word 文档、PPT 文档的阅读设置有所不同，Excel 的阅读设置没有编辑模式和阅读模式。Excel 的阅读设置包含在"查看"功能里，可设置"全屏阅读""冻结窗格""醒目阅读""筛选""排序""显示批注"等，同时，页面顶部有"墨迹"，点击可以进入涂鸦模式。

Step1. 打开先前创建的学生成绩表。

Step2. 点击界面下方工具栏的"查看"中的"全屏阅读"按钮即可进入全屏模式，点击页面右上角的"退出全屏"按钮即可退出全屏模式。在此状态下，可以隐藏标题栏和各种跟阅读无关的功能入口。在横屏状态下，会自动切换为全屏阅读。

Step3. WPS 的"醒目阅读"可将选中的单元格所在的行/列通过绿色"高亮"来突出显示（图 3.3.39）。找到"查看"中的"醒目阅读"，点击按钮即可成功开启"醒目阅读"模式。

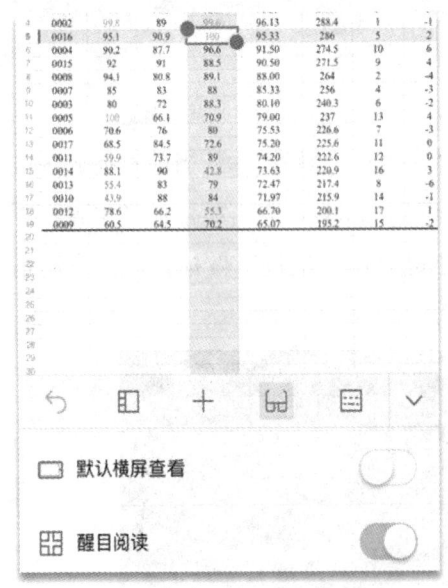

图 3.3.39 醒目阅读

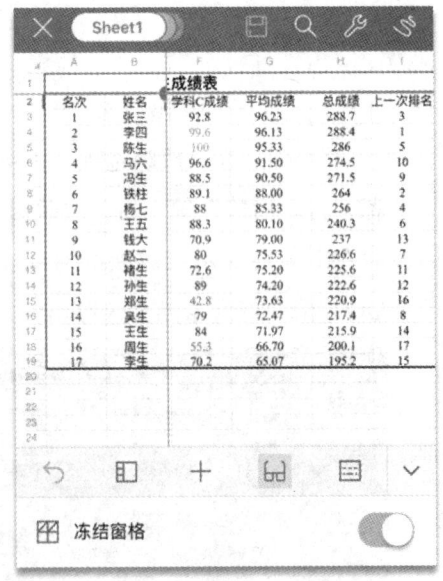

图 3.3.40 冻结窗格

Step4. WPS 移动端提供了与电脑端类似的"冻结窗格"功能。例如，在竖屏模式下，可以看到表格较宽，超过了竖屏显示的可视范围，可以通过左右滑动查看全部信息。若想在滑动的时候让"姓名"这一列不因跟随页面滑动而隐藏，可以使用"冻结窗格"功能（图 3.3.40）。

选择"姓名"列右边的"学号"列中任一单元格,将"查看"中的"冻结窗格"开关打开即可。

Step5. 假设现在只看总成绩在 240 分以下的学生成绩信息,则先选中"总成绩"这一列,再将"查看"中的"筛选"开关打开(图 3.3.41),这样,在"总成绩"这个单元格右侧会出现一个向下的三角形标志,点击此标志,将 240 分以下的分数选中,即可完成筛选,筛选后的结果如图 3.3.42 所示。

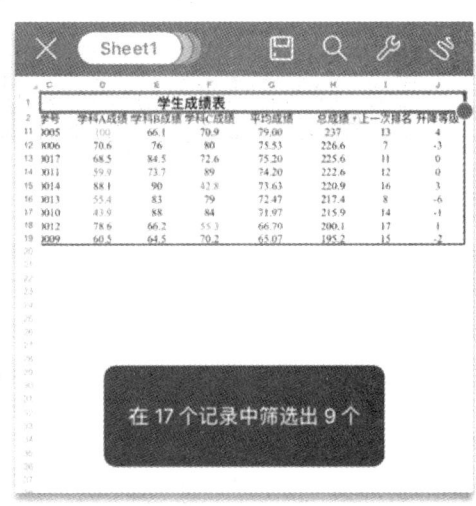

图 3.3.41　使用"筛选"功能　　　　图 3.3.42　筛选后的结果

Step6. 在电脑端,WPS 表格中每个单元格都可以添加批注,移动端的 WPS 支持查看添加的批注,只需要点击"查看"中的"显示批注"按钮,点击单元格,就会显示该单元格的批注内容。

4. 阅读 PDF 文档

Step1. 打开 PDF 文档,进入阅读界面(图 3.3.43)。在单页阅读 PDF 文档时,用一根手指滑动可以翻页;开启涂鸦模式后,可以用两根手指滑动翻页。

Step2. 长按 PDF 文档中的文字,可以进行复制、搜索、高亮显示、词典搜索等操作。关于 PDF 文档转 Word、PDF 文档提取合并的操作,后面有详细介绍,这里不再赘述。

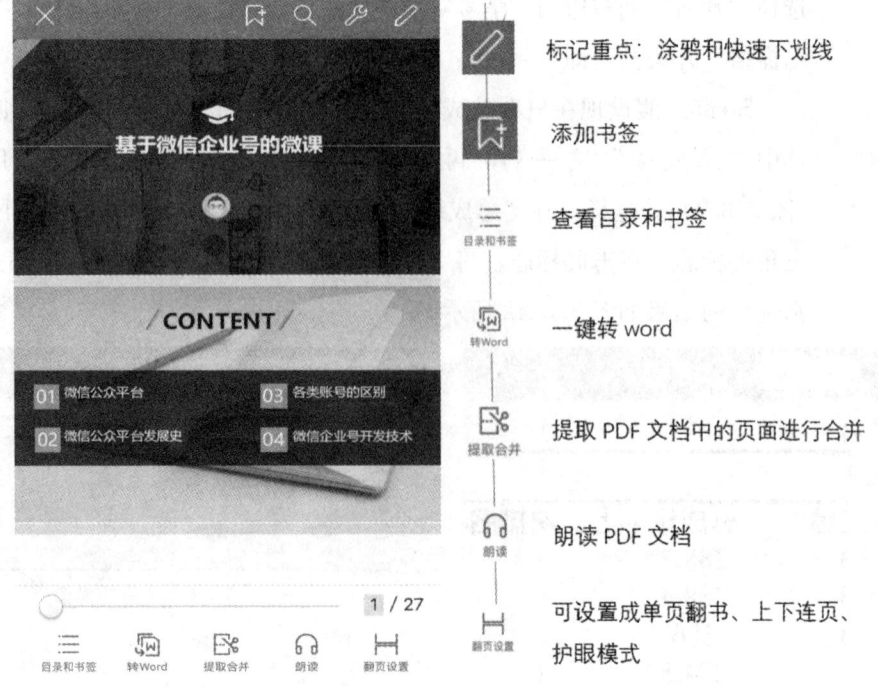

图 3.3.43　PDF 阅读界面

案例 3：WPS 移动端的其他功能应用

WPS 移动端有如下四个功能。

文档工具：扫一扫，听文档，文档"瘦身"，拍照扫描，超级简历，论文查重，证件照。

分享发送：电脑快传，网盘，长图分享。

PDF 工具：PDF 转 Word，PDF 提取合并。

演讲投影：演讲实录，投影文档，会议。

长按任意一个功能图标都可以将其放在手机桌面上。

1. 识别教学文档

首先点击"拍照扫描"，拍摄所需要的文字的图片（图 3.3.44），然后进行裁剪（图 3.3.45），点击"图片转文字"即可完成图片的文字识别，所转成的文字也会保留图片上原来的格式，如图 3.3.46 所示。

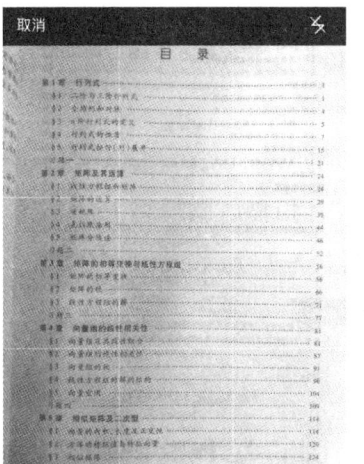 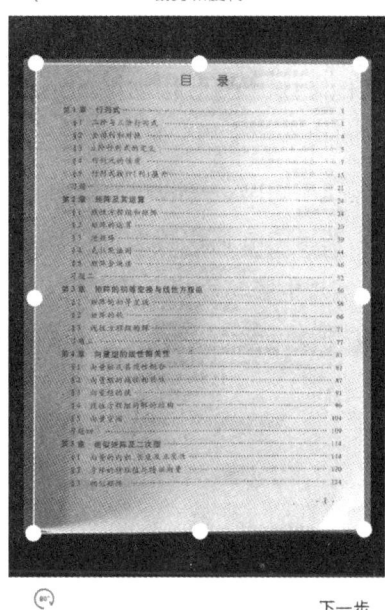

图 3.3.44　拍摄书本　　　　图 3.3.45　裁剪照片

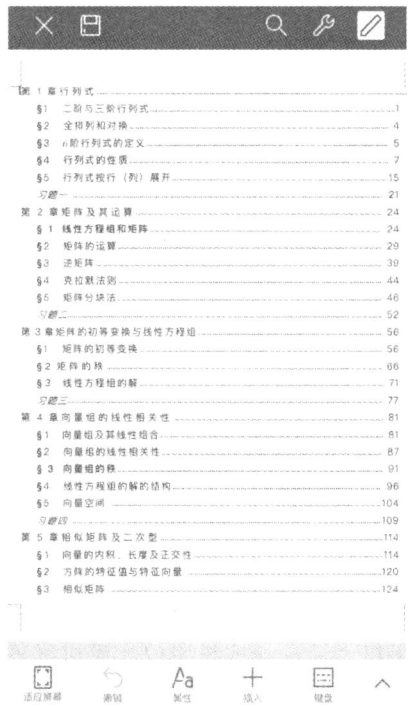

图 3.3.46　扫描识别结果

2. 电脑快传

WPS 提供了电脑快传功能，仅需通过手机扫码就可以快速实现电脑与手机互传文件。WPS 移动端的电脑快传可支持大文件传输，所接收的文件还可以在"文档"页面进行整理。

Step1. 在电脑浏览器的地址栏输入 chuan.wps.cn。

Step2. 选择"电脑快传"或"扫一扫"，扫描电脑屏幕上的二维码，就可以实现电脑与手机互传文件，如图 3.3.47 所示。

图 3.3.47　电脑与手机互传文件

3. 投影文档

选择首页工具中的"投影文档"，可以将手机文档投影到智能电视或投影仪上，且手机上的通知和提醒不会出现在大屏幕上。

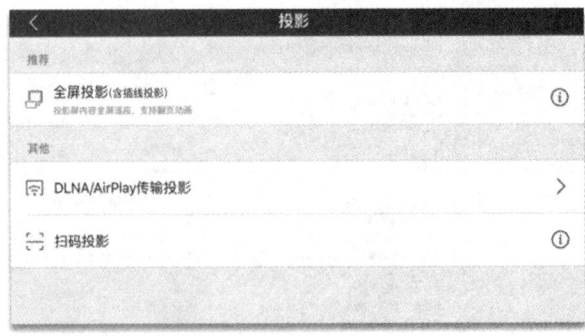

图 3.3.48　投影选项

投影文档有如下三种方式（图 3.3.48）。

全屏投影（含插线投影）。插线投影需要 Lightning 数字影音转换器，将这根线的一端连手机，另一端连投影仪，手机屏幕就会被同步投到大屏幕上。

DLNA/Airplay 投影。DLNA/Airplay 投影需要手机和投影设备在同一个局域网，利用 DLNA/Airplay 传输技术，可以让无线投影在更多的大屏幕上实现。

扫码投影。在智能电视或投影仪上安装 WPS 投影宝，打开投影宝后，用手机扫一扫即可投影。

此外，WPS 还对 PDF 文档保持了较好的兼容性，不仅支持阅读较大的 PDF 文档，而且还提供了一些方便的 PDF 工具。如：PDF 页面提取工具，可以从原始的 PDF 文档中提取需要的某些页面，并保存为新的文档；文档合并工具，可以将多个 PDF 文档合并为一个新的 PDF 文档；PDF 转 Word 工具，可以将 PDF 文件一键转成 Word 文件。不过，部分高级功能需要开通会员后方可使用。

4 备课辅助类工具

如今,扫二维码成了获取信息的最流行、最方便的方式之一,这种快捷的手机操作方式使电子支付、SNS 社交活动等变得简单好用,深受欢迎。教师的教学方式也应该与时俱进,教学手段和技术也需要尽快升级。

教师可以利用各种二维码制作工具,快速生成相关教学资源的二维码,然后通过学生熟悉的各种社交平台进行分享传播,方便学生充分利用碎片化时间,快速获取教学资源或进入教学活动入口,进行网络学习,实现教学资源的高效传输。本部分介绍三种与二维码相关的工具,让教学资源的传播不再需要记忆复杂的 URL(统一资源定位器,即网址),不再需要苦苦等待,不再需要各种复杂的硬件资源支撑。此外,易企秀是一款制作 H5(HTML5,即超文本 5.0)微场景的软件,教师可以应用易企秀将教学内容转换成可以交互的 H5,学生通过扫描二维码就能获得学习资源。草料二维码生成器和联图网也可以提供在线生成二维码功能,并链接上适当的教学资源,学生扫描二维码就能得到相关的课件。

二维码传输教学资料,节省了时间和空间,让学生能更快地得到学习资源,满足了其学习需要。

4.1 Office Lens

4.1.1 Office Lens 相关知识

Office Lens 是微软发布的一款移动端拍摄及文字识别软件,可广泛使用于各类型智能手机。该软件能识别包含中文、英文在内的 48 种语言文字,还可以修正或增强白板和各种文档的图片,并将图片直接保存或以 PDF 格式保存在手机。如果登录了 Microsoft 账号,用户还可以将图片保存在 Word 或者 PowerPoint 中,也可以将图片发送到 OneNote、OneDrive 等多个地方进行保存。此软件除了具有优秀的

OCR（Optical Character Recognition，光学字符识别）功能之外，还有以下显著特点：Office Lens 能方便拍摄白板或黑板的图片并加以裁剪，使这些图片更容易阅读，但它对背景有一定要求，背景过于花哨不容易找出被拍摄物品的四个端点；Office Lens 拥有多种保存图片的方式，可以将图片转换至需要的格式，同时在登录时可以联网上传，方便用户跨设备查看。

日常教学中，Office Lens 除了可以帮教师拍摄书本中有用的资料信息并将其快速转换为电子文字信息外，还可以帮助教师快速分享图片及文字。此外，Office Lens 还可以帮助教师在听讲座、演讲、参加会议时，快速方便地拍摄有用信息，并用图片、PDF 等文件格式快速分享。

4.1.2　Office Lens 软件界面

以 iOS 版本为例，打开软件，可以看见主界面和相机类似（图 4.1.1）。右上角第一项是使用闪光灯的模式，包含不开、选开和常亮三种模式。第二项是查看历史文件、发送反馈以及账户设置（图 4.1.2）。

图 4.1.1　Office Lens 主界面

图 4.1.2　主界面中的"更多选项"

左下角的  图标为选择导入本地图片进行编辑操作。右下角的"白板""文档""名片""照片"分别对应 Office Lens 的几种拍摄模式，用户可根据拍摄的不同需求选择相应模式。

苹果手机可在 App Store 直接搜索获取应用，安卓手机在各大应用市场直接搜索 Office Lens，然后选择安装即可。

4.1.3 教学应用案例

案例 1：拍摄 PPT

在快节奏的会议或演讲中，演讲人快速翻动 PPT 讲述自己的内容，教师需要将自己所需的东西快速记下，只是往往苦恼于无法跟上演讲人翻动 PPT 的速度，导致许多重要内容记不完全。这时 Office Lens 的优势就显现出来了，教师完全可以拍摄 PPT，通过将拍摄的照片转正，从而保证在会议或者演讲后，对其内容进行重新整合和笔记的补全，如图 4.1.3、图 4.1.4 所示。

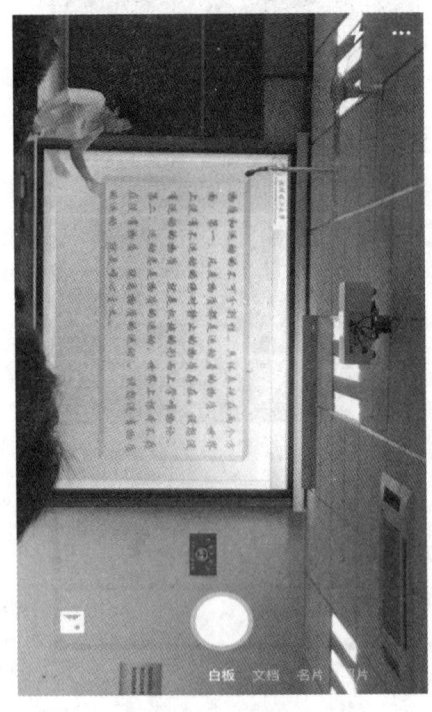

图 4.1.3　拍摄 PPT

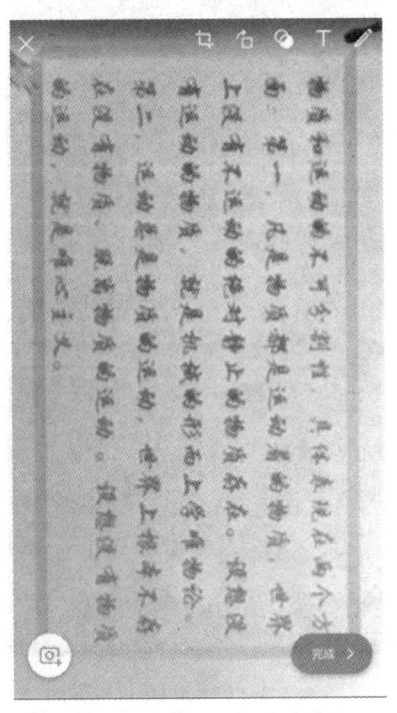

图 4.1.4　PPT 识别结果

案例 2：拍摄书本文件

为了提高自身的教育水平，教师经常相互分享和交流教学资料以互相检查和开拓自己的教学思路和方法，这时候如何对文件的内容进行传递就显得尤为重要了。

将打印出来的文档或书籍平铺放好，打开 Office Lens 拍照就可以了（图 4.1.5），拍照过程中会有虚拟的边界框用来标识文档的边界。为了便于 Office Lens 快速识别，最好将文档放置于对比比较明显的背景中，切记不要将白色的文档放入白色的背景中。

拍照后，就可以获得一份规规整整的文档扫描件了（图 4.1.6），此时还可以通过上方的工具按钮进行裁剪、旋转等常规操作。

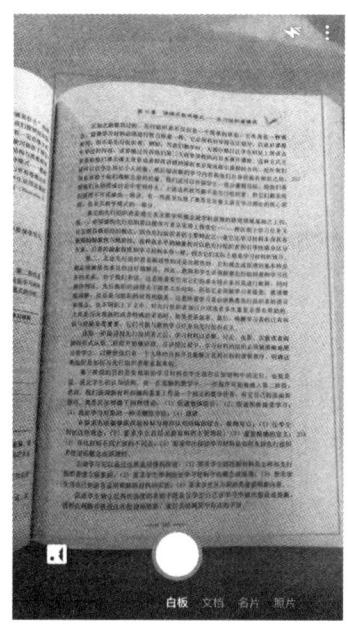
图 4.1.5 拍摄书本

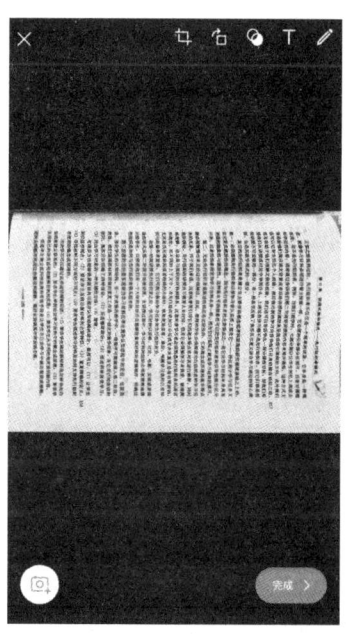
图 4.1.6 拍摄结果

下一步就可以将扫描的结果导出来了，可以导出为图书、PDF、PPT、Word 等文件。

选择导出为 OneNote、OneDrive、Word、PowerPoint 等文件，需要登录微软账号，直接存储为图片或 PDF 文件则不需要登录微软账号，如图 4.1.7、图 4.1.8 所示。

图 4.1.7　保存照片路径选项（一）　　图 4.1.8　保存照片路径选项（二）

导出为 Word 时，可以通过后台的文字识别（图 4.1.9），自动将图片文档中的文字识别出来，方便我们快速地复制和编辑。

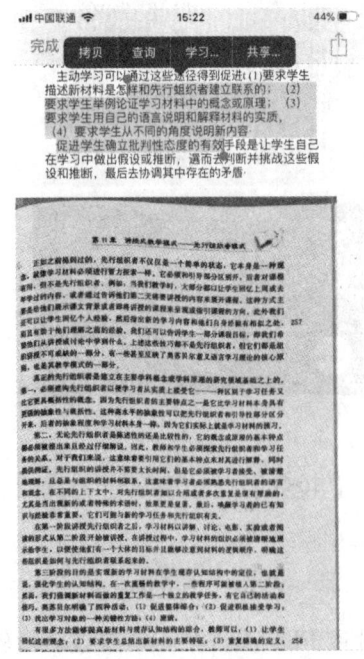
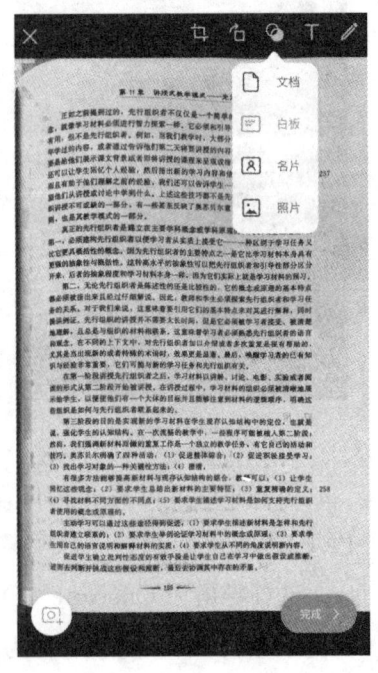

图 4.1.9　文字识别　　　　　　　图 4.1.10　文档扫描效果

Office Lens 的使用场景集中于对白板、文档图片的修正和增强，即通过拍照的方式获得扫描的效果（图 4.1.10）。

4.2 草料二维码生成器

4.2.1 草料二维码生成器相关知识

草料二维码是国内专业的二维码在线服务平台，提供二维码生成、美化、印刷、管理、统计等服务。草料二维码生成器支持文本、图片、文件、音频、视频等多种格式，可免费建码并在二维码图案不变的条件下随时修改内容，且二维码长期有效。用户可使用微信扫码，手机端添加记录信息，同步后台；可填写文本、上传图片、手机定位、记录信息。生成的二维码可用于会议签到、物资领用、货物流转等应用场景。用户可先用生成器生成空码，提前打印，在使用时再扫码编辑内容，随时在移动端修改，并且可以灵活配置编辑权限，编辑历史可追溯，保障安全。生成器可针对小程序管理员提供指定页面小程序的参数二维码，无需对接接口就可生成任意页面的带参数的二维码，并且支持导入 Excel 批量生成带参数的二维码。草料二维码生成器操作简单，功能多样，无需安装，节省时间、空间，使用极为广泛。

草料二维码生成器可以将学生信息、教学资料、名师课程、学校教务通知、学校微网站等内容制作成二维码，实现简便高效的信息储存与传输，极大地节省储存空间与传输时间，实现随时随地浏览二维码所储存的信息的功能。微课、报表等文件不再需要长时间传输，多环节下发，占据储存空间，只需一张二维码就能轻松搞定。

4.2.2 草料二维码生成器软件界面

电脑端：进入草料二维码电脑端官网（图 4.2.1），点击左上端的"网址"进入"网址"界面（图 4.2.2），可根据需要，将文本、网址、文件、图片、音频、视频、名片、微信公众号和个人账号制作成二维码，在二维码生成后，还可以在右侧区域根据个人喜好美化二维码。

图 4.2.1　电脑端官网首页

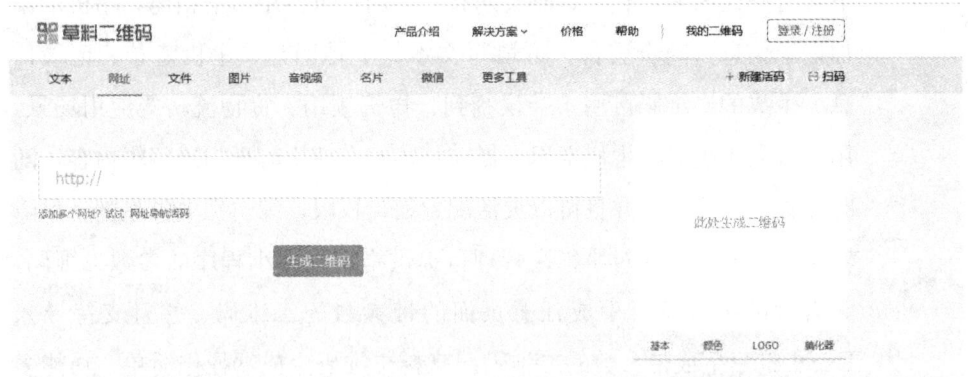

图 4.2.2　电脑端官网首页—"网址"界面

音频、视频生成二维码可免费体验，但要真正广泛使用就必须付费。

用户可以在"我的二维码"板块编辑并实时监控自己已生成的二维码。

移动端：草料二维码生成器的移动端功能比起电脑端略有不足，但根据文本、网址生成二维码（图 4.2.3、图 4.2.4），生成、编辑活码，监控已生成二维码等主要功能还是可以轻松实现的。

电脑端：登录官网（http://cli.im），点击"登录/注册"，如图 4.2.5 所示。若没有账号，可以点击下方"没有账号，立即注册"，通过手机接收短信验证码注册登录，也可以直接用微信扫描二维码后登录。

图 4.2.3　立即生码　　　图 4.2.4　创建二维码名片

图 4.2.5　官网登录页面

移动端：微信扫描二维码，进入草料二维码的微信公众号，如图 4.2.6 所示。

点击"关注"，关注公众号，如图 4.2.7 所示。点击"cli.im"进入官网，如图 4.2.8 所示。在手机版官网中可以导入文本、网址或填写名片，生成二维码，如图 4.2.9 所示。

关注公众号，手机端生码

图 4.2.6　微信公众号

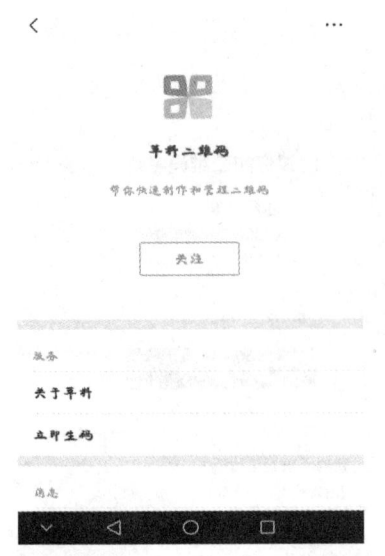
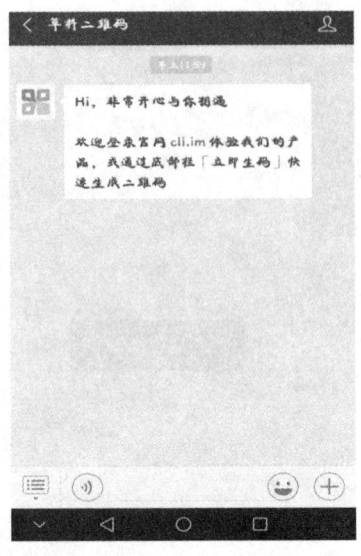

图 4.2.7　草料二维码公众号关注界面　　图 4.2.8　进入草料二维码公众号

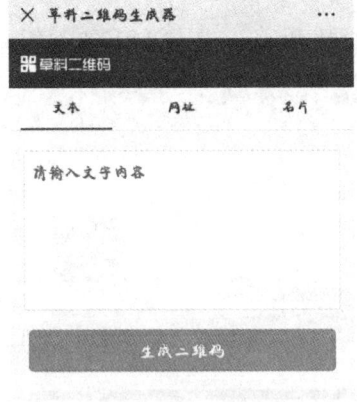

图 4.2.9　生成二维码

4.2.3　教学应用案例

案例：教学资料的储存、整理与传播

当有大量的教学资料需要储存或传播时，使用二维码有明显优势。

Step1. 在"文件"栏中点击"新版活码"，如图 4.2.10 所示。

Step2. 生成活码，删除示例文档，如图 4.2.11 所示。

Step3. 点击"文件"，在磁盘中找到想要添加的文件，如图 4.2.12

所示。

图 4.2.10　新版活码

图 4.2.11　生成活码

图 4.2.12　添加文件

Step4. 将想要添加的文件拖至相应区域并点击"上传",如图 4.2.13 所示。

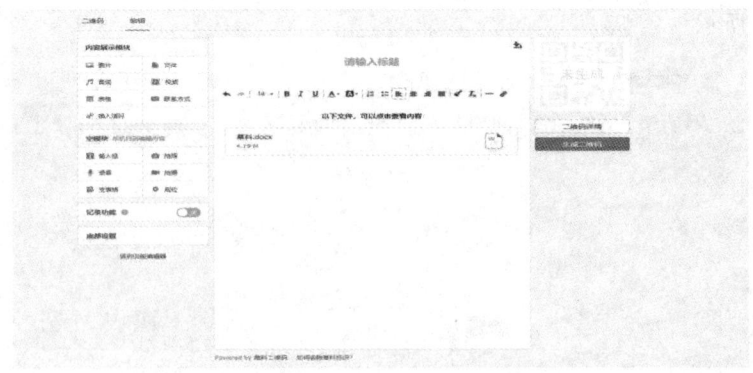

图 4.2.13　上传文件

Step5. 如果文档数量较多，点击左下角的"旧版编辑器"，双击"文件"，如图 4.2.14 所示。

图 4.2.14　批量添加文件

Step6. 进行拖曳添加，如图 4.2.15 所示。

图 4.2.15　批量上传文件

Step7. 插入文本或图片的方法同上，如图 4.2.16 所示。

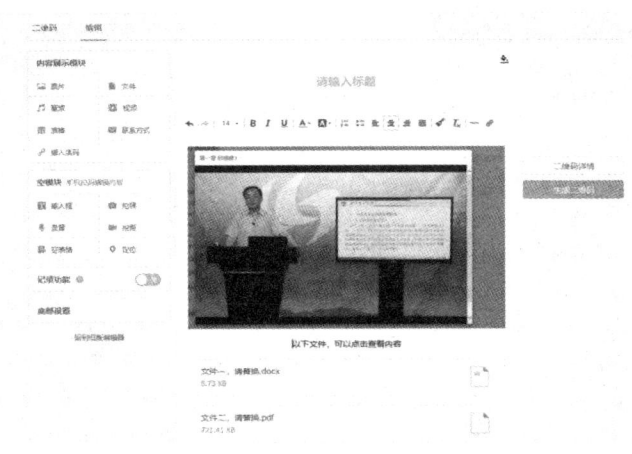

图 4.2.16　上传图片

Step8. 点击右侧的"生成二维码"，二维码就生成了，如图 4.2.17 所示。

图 4.2.17　生成二维码

Step9. 点击"以下文件，可以点击查"右侧铅笔头标志可重命名，如图 4.2.18 所示。

Step10. 点击"编辑"可重新编辑内容，点击"下载其他格式"可选择下载格式，如图 4.2.19 所示。

Step11. 用户可以修改二维码的权限，移动页面到下方可以查看扫描量统计，如图 4.2.20、图 4.2.21 所示。

图 4.2.18 二维码重命名

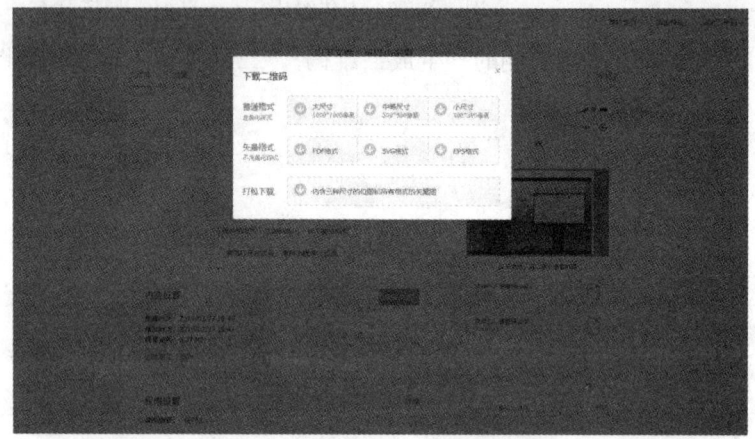

图 4.2.19 二维码下载格式设置

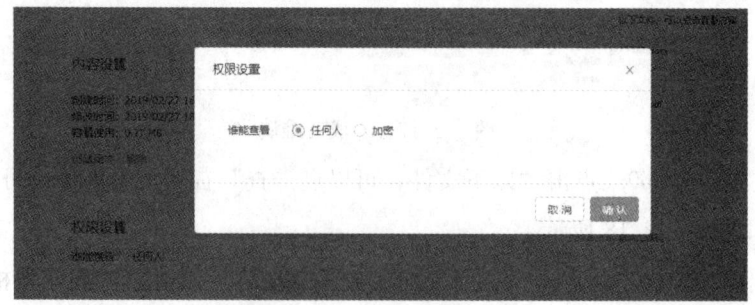

图 4.2.20 二维码权限设置

Step12. 如果想美化二维码，需要在首页中点击"快速美化器"，如图 4.2.22 所示。

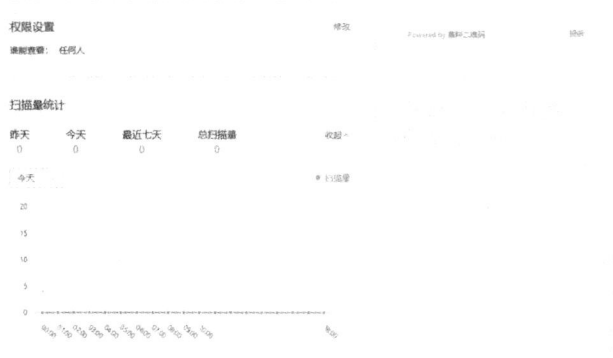

图 4.2.21　二维码扫描量统计

图 4.2.22　二维码"快速美化器"

Step13. 使用"快速美化器"生成自己喜欢的样式并设置为默认，这样以后所有生成的二维码均会生成默认样式，如图 4.2.23 所示。

图 4.2.23　设置默认样式

Step14. 点击"旧版高级美化器",可以设置更加个性化的细节,如图 4.2.24 所示。

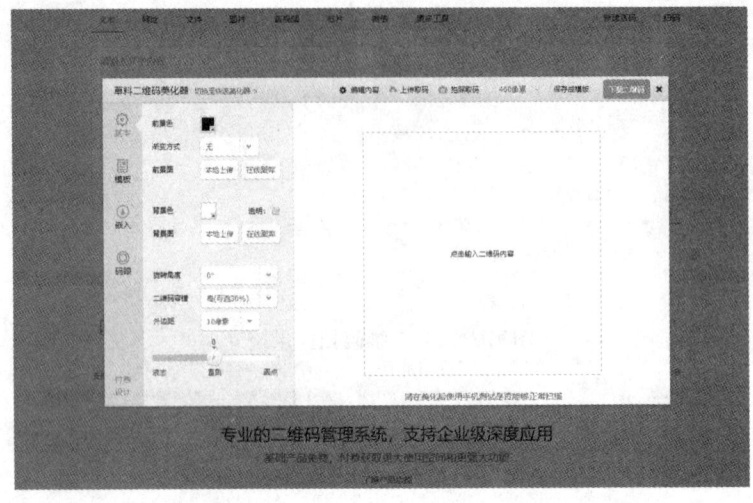

图 4.2.24　旧版高级美化器

和草料二维码功能类似的还有联图网。联图网提供免费的在线二维码生成服务,可以把电子名片、文本、WiFi 网络、电子邮件、短信、电话号码、网址等信息生成对应的二维码。除此之外,它也支持活码、平台码等动态码。无论是在移动端或是电脑端,都可以通过浏览器进入联图网官方网站(http://www.liantu.com/)。联图网的使用和草料二维码的使用类似,在此就不赘述了。

4.3　易企秀

4.3.1　易企秀相关知识

易企秀是专业的 H5 微场景制作工具。H5 是 HTML5 的简称,HTML 是超文本标记语言的英文缩写,大多数网页是由 HTML 写成的。H5 的设计目的是在移动设备上支持多媒体,真正改变用户与文档的交互方式。H5 可以多设备跨平台使用,自动更新,无需下载,随点随用,且与微信后台无缝衔接。易企秀与 PowerPoint 十分类似,都可以添加文本、图片、音乐、动画效果，具有操作简单、易于上手的特点。易企秀微场景制作在电脑网站和手机客户端上均可进行，能通过组件表单与场景观看者互动，完美体现出 H5 的便利与优势。修改已发布的场景后不需要重新扫描二维码，再次打开会自动更新，利于资料的实时更新。

易企秀可以用来实时更新、推送教学资料。教师不用拷贝 PPT，只需要一张二维码就能让学生观看微场景，节省了时间和空间。

易企秀具有以下特点：

（1）一键生成：教学资料都可以一键生成，摇一摇可以更换模板，还可以分享至微信朋友圈、微博、QQ 群和 QQ 空间等。

（2）海量模板素材：现已有 20 多万模板素材，请帖、贺卡、电子相册、邀请函等均有模板提供。

（3）随时随地查数据：动态图表展示 H5 场景的浏览次数，实时掌握学生提交的信息。

（4）手机与电脑跨平台操作：手机与电脑的场景数据互通，登录 APP 可分享、管理电脑上的场景。

易企秀虽然是一款针对企业营销的产品，却也不妨碍其成为教师辅助教学的工具。相比传统教学方式，H5 更具趣味性，更能吸引学生注意力，增强教师与学生之间的互动，教师可以借助易企秀的 H5 技术设计出更新颖的教学活动。

4.3.2 易企秀软件界面

打开易企秀 APP 后进行注册、登录，可以用微信或 QQ 快速登录，也可以以手机号注册之后登录，如图 4.3.1 所示。

在"创作"界面中可以选择自己需要的模板下载，如图 4.3.2 所示。

在"场景管理"界面中可以编辑管理已购买或已创建的模板，如图 4.3.3 所示。

"编辑"页面中有相关功能按钮的介绍，如图 4.3.4 所示。

图 4.3.1 "登录"界面　　　　图 4.3.2 "创作"界面

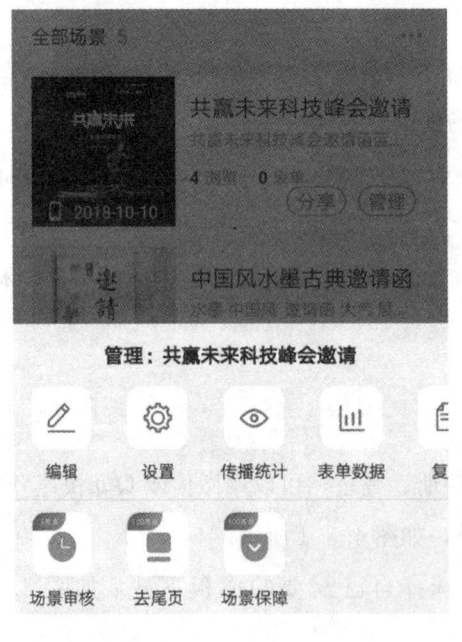

图 4.3.3 "场景管理"界面　　　　图 4.3.4 "编辑"页面

点击 可以选择创建各种模板，包括企业类模板以及个人类模板。

点击 ![+文字] 可以编辑文字,包括插入、删除、改变字体和样式等操作。

点击 ![+图片] 可以插入图片,可上传本地图片,也可以直接下载易企秀中的图片。

点击 ![+组件] 可以在其中添加视频、链接、地图、留言板。

点击 ![特效] 可以加入特效,包括指纹、环境、涂抹、互动四种类型的特效。

场景制作完成后可以编辑场景信息并直接分享,如图4.3.5所示。

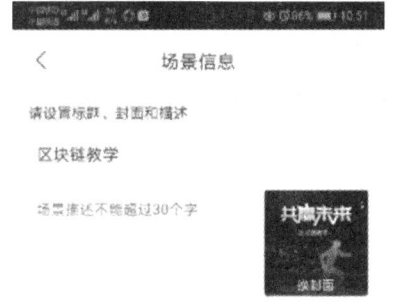

图4.3.5　场景信息

4.3.3　教学应用案例

案例:制作教学微场景

使用易企秀制作H5教学微场景,可以让教学焕然一新。此处以易企秀手机端为例演示其基本用法。

Step1. 挑选模板。下载易企秀APP,打开并登录自己的账号(若没有账号需先注册)。进入主界面,点击最下方的 ![我的作品] 按钮,跳转至下个页面后点击右下角的 ![+] 按钮,进入"模板选择"界面,如图4.3.6所示。点击任一模板预览图片进入"模板详情"界面,进入后点击右下角的

使用 按钮（使用部分模板会收取一定费用），跳转至"模板编"辑界面。

图 4.3.6　模板选择

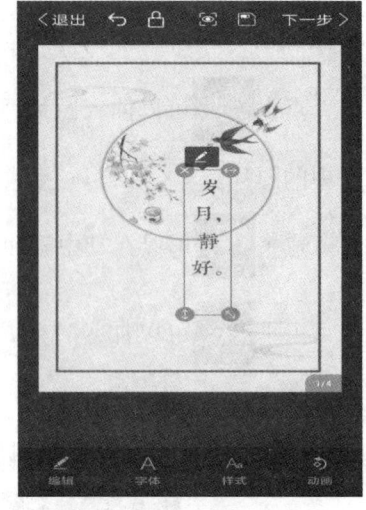

图 4.3.7　编辑文字

Step2. 制作封面。进入"模板编辑"界面，选中（直接点击即可，下同）模板首页的文字"岁月，静好。"，并点击左下角的 按钮（图 4.3.7），删除原有文字后再输入课程名称，如"宋词名家之李清照"，点击 ✓ 按钮即可完成本次文字编辑（下同）。回到模板首页，可看见首页文字已被修改为输入的新内容，此时可再次选中这部分文字，进行大小、位置、字体、样式的调整，如图 4.3.8 所示。

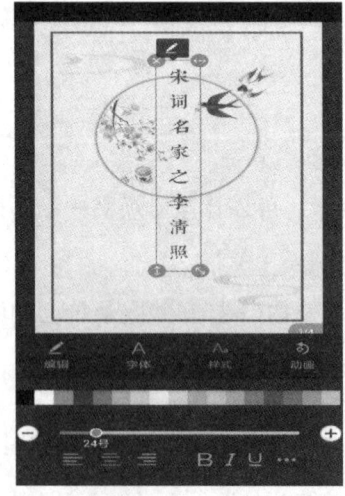

图 4.3.8　调整标题

图 4.3.9　添加目录

Step3. 添加目录。向右滑动屏幕进入模板第二页，将页面中的部分素材删除，留出足够空间。接着点击"模板编辑"界面下方的 ![文字] 按钮（下同）以文字形式添加目录。完成编辑后可略做调整使之更美观，如图 4.3.9 所示。

Step4. 编辑内容。进入模板第三页，添加若干李清照的基本信息，之后点击同样位于界面下方的 ![图片] 按钮，添加一幅李清照的画像（需先将该图片下载至手机）。同样，我们可以对文字、图片进行适当的调整，使页面更美观、整洁，如图 4.3.10 所示。

Step5. 接下来要添加更多课程内容，有两种方法可以实现。第一种方法：直接点击位于"模板编辑"界面左下方的 ![+模板] 按钮，然后选择任意一种模板并点击 ![✓] 按钮，得到一页标准的模板。第二种方法：在当前页面点击下方的 ![页面管理] 按钮，然后点击 ![复制本页] 按钮，得到与复制的页面完全一致的新页面。将一部分素材删除，以文字形式添加一首李清照的词，如图 4.3.11 所示。

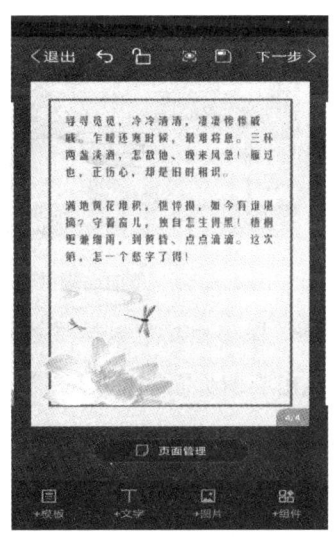

图 4.3.10　添加画像及信息　　图 4.3.11　添加作品

Step6. 添加动画效果。在完成课程内容的编辑后，可对各个页面上的元素（图片、文字）添加适当的动画效果，让微场景"动起来"。

页面动画的添加方法为：选中任意页面上的一个元素，点击下方的 按钮，可看到多种动画效果，点击其中一种（如"淡入"）可预览动画效果，再次点击可对动画的延迟时间以及动画时间进行调整。我们为除封面外的所有文字都添加"淡入"效果，延迟时间和动画时间不做调整，如图4.3.12所示。

Step7. 选择音乐与翻页方式。完成所有页面内容编辑后，点击"模板编辑"界面右上角的 按钮，跳转至下一页面，分别点击左下角的 按钮以及 按钮，可对微场景的背景音乐和翻页方式进行设置，设置方法和添加动画效果相似，这里不再介绍。

图4.3.12 添加动画效果

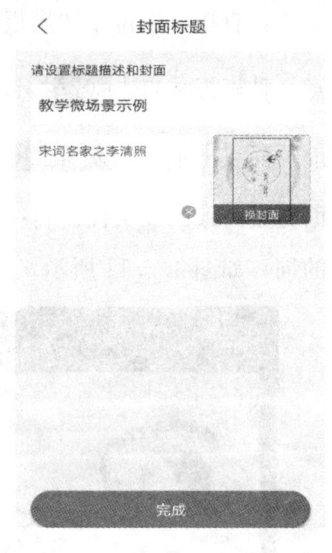

图4.3.13 设置标题描述和封面

Step8. 保存和发布教学微场景。选择了合适的背景音乐和翻页方式后，点击当前页面右下角的 按钮，跳转至下一页面，在标题文字框内输入"教学微场景示例"，在作品描述文字框内输入"宋词名家之李清照"（图4.3.13）。封面可替换成与课程内容相关的封面，也可直接点击页面下方的 按钮结束全部编辑，软件会自动保存该微场景。之后，可直接将其发布至微信、QQ等社交平台，或是以生成的二维码、图片或链接的形式发布。

第三部分

上 课 篇

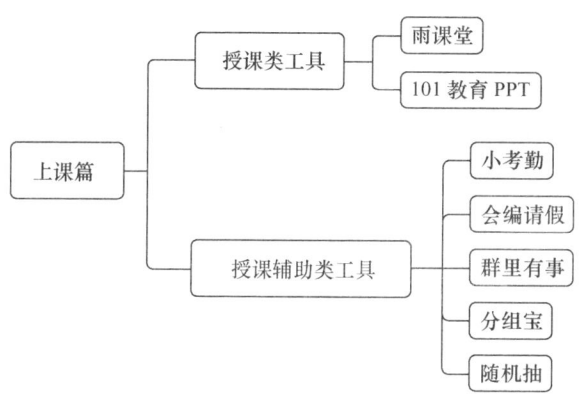

上好每一堂课,是教师义不容辞的责任。

按照现代教育理论的观点,上课的过程就是教师围绕特定的教学内容,发挥自我的独特优势,引领学生主动学习和获得知识的过程。一堂好课,需要有清晰的教学目标、合理的内容设计、精彩的课堂教学和及时的课后反思,其中最直接和最重要的部分,是与学生面对面的这几十分钟。教师不仅要对上课的内容成竹在胸,还要采用各种手段和方法,调动起学生的听课兴趣和学习积极性,激起学生的求知欲、探究欲。在此过程中,各种教学软件和工具可以作为有效的辅助教学手段,使课堂组织方式更为丰富,授课形式更为生动活泼。

2018年,教育部颁布了《教育信息化2.0行动计划》,提出到2022年要基本实现"三全两高一大"的发展目标。其中,"三全"指教学应用覆盖全体教师、学习应用覆盖全体适龄学生、数字校园建设覆盖全体学校;"两高"指信息化应用水平和师生信息素养普遍提高;"一大"指建成"互联网+教育"大平台。该计划开启了加快教育现代化、建设教育强国的新征程,推动我国教育信息化从1.0时代进入2.0时代。

如今,信息化技术已经渗透到教育领域的各个方面,"互联网+教育"的新征程已开启,教育信息化2.0时代更对广大教师的信息素养提出了更高的要求。教师首先要转变观念,要以学为中心,将信息技术有效地融于课堂教学过程,从而达到促进学习者综合能力提高的目的。在此过程中,教师需要考虑传统教学媒体与现代教育技术的结合与创新,"因时制宜"地将各种教学媒体应用于教学实践,以开展丰富有效的教学活动,从而提升课堂教学效果。对于从事一线教学的教师而言,他们更加期待能将信息技术与教学巧妙地融合。因此,本章将选取几个课堂教学中用到的工具或软件,介绍其使用方法,供教师参考。

雨课堂是一款基于微信平台和PowerPoint插件构建的支持课前课后师生互动的软件平台。前面我们着重介绍了雨课堂的备课功能,下面介绍其上课功能。在上课前,教师可以先把制作好的PPT课件发送到微信;在上课时,学生可以用手机扫描二维码同步显示屏幕上的课件。该软件支持实时习题反馈、弹幕等互动功能,可以为课堂教学活动提供双向交互，学生不仅可以从课件中获取信息，也可以参与课堂互动，甚至可以自主控制和安排学习过程，实现自主学习。我们主要选取了课堂测验、师生互动、数据查收、学生分组和课堂讨论几个教学案例来展示其应用。

101 教育 PPT 是一款优秀的备授课软件，它含有丰富的教学资源和课件素材，可实现一键备课。此外，它还提供了教师授课辅助工具，支持手机客户端直接操控大屏幕上的 PPT 课件，同时调用软件内置的课堂互动工具、学科工具等。课堂互动工具能有效调动课堂气氛，提高学生参与度，创造公平有效的课堂环境和提高课堂效率。在这一节中，我们主要选取了课件演示工具、授课互动工具、作品点评、手机投屏、文件互传及班级创建和管理等进行介绍。

此外，我们还选取了几个有特色的微信小程序进行介绍，供广大教师参考。小考勤可进行常规课程签到、随堂点名以及活动考勤等，教师可以快速查点出勤情况；会编请假是一款简单易用的请假小程序，它简化了请假流程，同时还能保存请假记录；随机抽可用于丰富课堂活动，如随机抽取学生回答问题、检查作业、派发奖励等；群里有事支持向全体成员发布每日作业、推送重要通知、进行小组评比等；分组宝主要提供随机分组功能，教师可以用于实验分组、学习小组分组等。

5 授课类工具（一）——雨课堂

5.1 雨课堂

5.1.1 雨课堂相关知识

雨课堂是学堂在线与清华大学在线教育办公室共同研发的智慧教学工具，其目的是全面提升课堂教学体验，让师生互动更多、教学更为便捷。它通过技术手段，连接了两个应用最为广泛的软件：PPT和微信，将技术带来的便利引入到课堂教学中。PPT是目前应用最广泛的课件制作工具；微信宣称提供"连接一切"的能力，拥有庞大的用户群体，是青少年最钟爱的社交软件之一。雨课堂旨在有效连接师生的智能终端，为学校教育提供课前、课堂、课后的教学支持。在课堂上，师生之间可以通过多种方式进行沟通及时反馈，比如实时答题、实时调查、弹幕互动等，充分调动学习者的积极性，提高教学质量。

在备课篇中对雨课堂已经作了详细的介绍，故在此不再赘述，若想了解雨课堂的基本功能、特点、界面及软件获取等内容，可在备课篇中查阅。在本章中，将以实际的教学应用案例的形式介绍雨课堂的课堂测验、师生互动、数据查收、学生分组和课堂讨论等功能。

5.1.2 教学应用案例

案例1：课堂测验

传统的课件往往通过投影单向展示题目，使用雨课堂则可将嵌入到课件中的题目一键发送给学生，可限时可续时，随时讲、随时测，学生完成题目的数据结果也可即时传递给教师，加强了交互设计和过程监控，促进了教师与学生的互动。

在课堂上,教师在讲解之外也需要布置题目来检测学生是否掌握知识,而这时常常面临的一个问题是教师很难得知每个学生的回答,作答过程较难监控,而雨课堂可以提供解决方案。

打开 PPT,点击顶部导航栏中的"雨课堂"进入雨课堂插件(图 5.1.1),将课件中的题目设置好后,单击"开启雨课堂授课"按钮,选择课程和班级,点击确定"开启雨课堂"即可开启授课,学生可扫描二维码或通过输入课堂暗号的方式加入本次课程(图 5.1.2)。学生进入课程后点击"开始上课",则课件开始放映,进入到题目所在幻灯片,点击"发送题目"并设置好答题时间后,题目将发送到学生手中,学生可使用微信中的雨课堂答题(图 5.1.3、图 5.1.4)。如果设置了答题时间,幻灯片右上角将会显示倒计时(图 5.1.5),教师可根据学生实际答题情况提前收题或延时收题。点击"显示答案",教师可了解学生的答题情况,根据学生正答率和选项分布情况,有针对性地进行

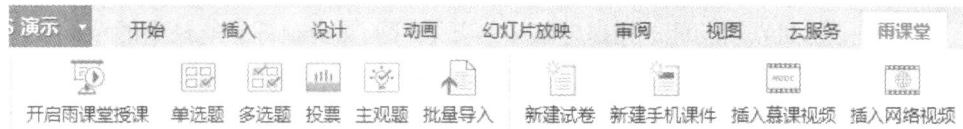

图 5.1.1　开启雨课堂授课

图 5.1.2　加入课堂

图 5.1.3　发布题目

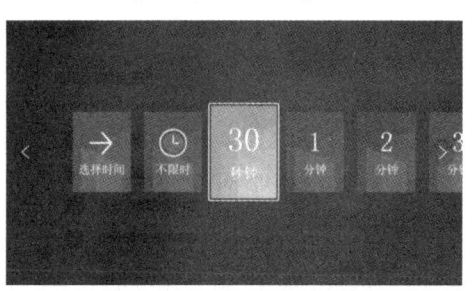

图 5.1.4　设置答题时间

图 5.1.5　答题倒计时

讲解。另外，在雨课堂开启授课后，教师手机便成为遥控器，除了可用电脑操控外，也可用手机操控。

案例2：师生互动

雨课堂创新多样的师生互动模式可以让教师和学生之间有更深入的交流，可以及时反馈教学效果，让老师及时、充分地了解学生的认知水平和难点，从而有针对性地设计教学方法，打造出以学生为中心的、有趣的互动课堂。

在课堂上，教师除了要关心自身的讲解外，也要注意学生的接受情况，根据学生的实际状况调整教学节奏。雨课堂在传统的提问互动的模式之外，新增了随机点名、弹幕、投稿、课堂红包等互动方式，使大班教学也能人人发言。教师在上课时使用新型互动方式，可以更方便地倾听学生的声音，使课堂更灵动。

第一是随机点名功能。先在电脑端打开PPT，点击顶部导航栏中的"雨课堂"进入雨课堂插件，单击"开启雨课堂授课"按钮，选择课程和班级，单击"开启雨课堂"。这时教师的手机也可对其进行操控，点击右下角"更多"中的"随机点名"便可进入随机点名界面，发出"开始"命令便开始随机挑人，发出"停止"命令便可随机抽出一位学生，此时大屏上会显示这位学生的名字，点击"继续滚动"可再次选人（图5.1.6）。

第二是弹幕功能。先在电脑端打开PPT，点击顶部导航栏中的"雨课堂"进入雨课堂插件，单击"开启雨课堂授课"按钮，选择课程和班级，单击"开启雨课堂"。这时教师可用手机进行控制，点击"课堂动态"中的"弹幕"开启弹幕功能，那么在使用雨课堂授课的过程中，学生都可以使用自己的手机发送弹幕。当收到弹幕时，教师可点击"弹幕"按钮查看弹幕内容，点击"投屏"还可在大屏上显示这条弹幕（图5.1.7、图5.1.8）。

第三是投稿功能。投稿功能与弹幕功能的操作方法类似。先在电脑端打开PPT，点击顶部导航栏中的"雨课堂"进入雨课堂插件，单击"开启雨课堂授课"按钮，选择课程和班级，单击"开启雨课堂"。在使用雨课堂授课的过程中，学生可以使用自己的手机投稿。投稿与弹幕的不同之处在于投稿可以添加图片，且投稿是实名的，而弹幕是匿名的。

图 5.1.6　随机点名

图 5.1.7　移动端查看"弹幕"和"投稿"

当收到投稿时,教师点击"投稿"按钮可查看投稿内容(图 5.1.7、图 5.1.8),点击"投屏"可在大屏上显示这条投稿,教师也可将优秀投稿发送至全班同学。

图 5.1.8　电脑端查看"弹幕"和"投稿"

第四是课堂红包功能。此功能承接课上测验环节,在给学生发送题目、学生作答结束后,教师的手机端可收到班级成员的作答情况,点击右下角的"课堂红包"即可跳转至发红包界面,教师可根据人数合理选择红包个数并设置红包金额(图 5.1.9),点击"打赏",学生便可领取红包。

图 5.1.9　选择红包个数并设置金额

案例3：数据查收

雨课堂作为数字化教学工具，可以为教学提供数据支持。教师可以通过丰富的数据了解课堂情况，并据此进行总结和反思。数据使教学问题更具象，有助于提高课堂质量。

在课堂这短短的几十分钟内教师无法做到面面兼顾，而雨课堂作为教学助手可以为教师提供数据辅助。教师在上完课后，可通过雨课堂提供的关于学生习题得分、答题用时、课件查看率、互动总次数、签到情况等多方面的数据描述，在课下仔细分析课堂情况，从而更全面地了解学生学习情况，进一步完善课堂教学过程。

结束授课后，雨课堂会通过系统自动推送课后小结，教师可以再次查看本堂课所有数据，包括课堂人数、学生数据、习题数据、课件数据、教学内容、教学设计与备忘等，如图5.1.10所示。

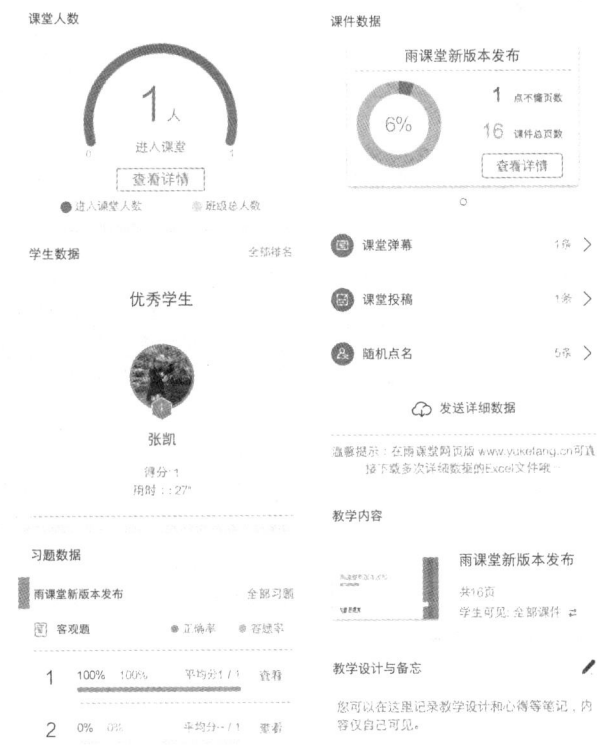

图5.1.10 课程结束后自动生成的课程数据

如果还想了解更多通过雨课堂创建的教学活动（课堂情况、课件推送、试卷）的数据情况，可以使用雨课堂的"批量数据导出"功能，以 Excel 格式导出学生学习数据。具体操作为：使用电脑进入雨课堂网页版（https://www.yuketang.cn/web），扫码登录，选择需要导出数据的班级，进入教学日志列表页面，点击页面右侧的"批量导出数据"功能按钮，进入相应页面，勾选需要导出的教学任务，点击页面右上角的"批量下载"按钮即可，如图 5.1.11 所示。提示：如果只需下载单次的教学活动数据，可直接选择某一次教学活动，并点击列表右侧的"导出本次数据"按钮即可，如图 5.1.12 所示。

图 5.1.11 批量导出数据

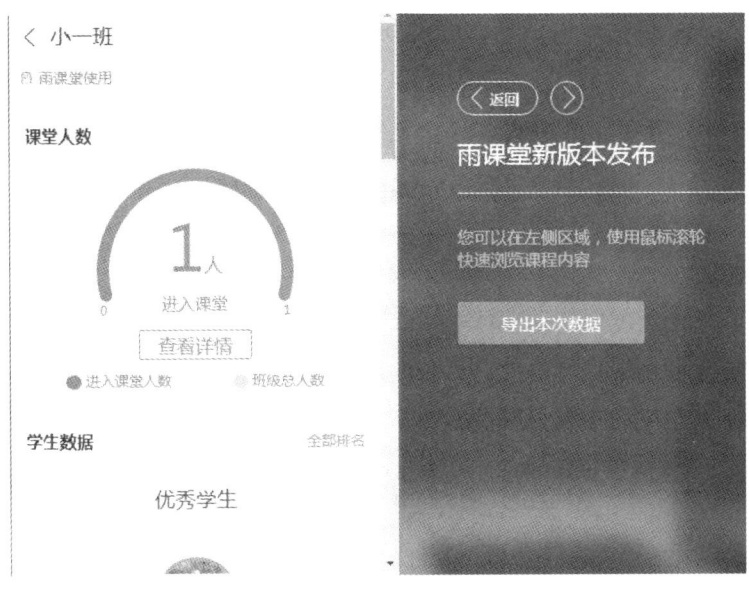

图 5.1.12 单独导出数据

导出的数据包含汇总表格、课堂情况、课件推送、试卷等。

汇总表格：汇总统计是将老师在导出数据时选定的教学任务汇总并分析，给出一定的参考数据，具体包括习题总得分、课件查看率、课堂情况、互动总次数等，如图 5.1.13 所示。

学号	姓名	汇总									预习课件-习题试卷-课堂情况-20雨课堂新版本发布-课			
		总分(满分1	观看总页数	签到次数	到课率	弹幕总次数	投稿总次数	阅读公告数	观看页数/总	得分 (总1	签到方式	得分 (总2	签到方式
012141364	张凯	1	0	1	50%	1			0	0	未上课	1	"正在上课"

图 5.1.13 汇总表格

课堂情况：课堂情况统计表包含了学生的签到信息、课堂互动信息、题目信息及得分统计，其中签到信息会包括学生签到的方法和时间，以便老师统计学生出勤情况，如图 5.1.14 所示。

雨课堂新版本发布-课堂情况-2018-07-08 21:33:42									
		签到信息		课堂互动信息		题目信息	题目信息-雨课堂新版本发布		
学号	姓名	签到方式	签到时间	投稿次数	弹幕次数	累计得分	总分	第1题 A 1.	第2题 A 1.
012141364	张凯	"正在上课"	2018-07-08		1	1	1	未答题	A

图 5.1.14 课堂情况

课件推送：课件推送一般用于预习或复习课件，统计表记录了本次推送学生查阅课件的情况，具体包括学生查阅课件用时、查阅课件总页数，以及具体看了哪些页课件。若推送课件中含有习题，表格还将给出习题得分情况，包括学生选择的选项和主观题得分情况，如图 5.1.15 所示。

学号	姓名	观看信息		总时长	完成时间
		观看总页数	看了哪些页		
012141364	张凯	0	未预习	--	未预习

预习课件-课件推送-2018-07-06 17:26:54

图 5.1.15　课件推送

试卷：试卷一般应用在考试或作业中，导出的统计表包含了学生作答试卷的总分和用时，以及此试卷各个题目的选项和主观题得分情况，便于老师了解学生的掌握程度，如图 5.1.16 所示。

学号	姓名	得分（总：100分）	总用时	交卷时间	第1题 D 50分	第2题 A 50分
214136401	张凯	50	0时00分29秒	2018/8/20 22:11	D	B

图 5.1.16　试卷得分情况

案例 4：学生分组

雨课堂作为贴心的数字化教学工具，在细节方面也下足了功夫，对于教学过程中的小细节也提供了技术支持，学生分组就是其中的一例。

在课堂上，小组讨论不失为一种很好的学习形式，教师将课题任务布置给学生后，让学生进行小组学习，这既可以增进同学间的交流，又可以促进其互相学习。要达成良好的小组学习效果，合理的分组很重要。而随着教学主题和教学情境的不同，分组方式和组别成员也应随之变化，为此，雨课堂提供了随机分组、教师指定分组、学生自由分组等多种分组方式来应对不同的情况。

教师使用手机进入雨课堂小程序，进入相应课程界面，点击"分组"进入分组页面，点击"新建分组"即可选择随机分组、教师指定分组或学生自由分组等。随机分组和教师指定分组需要教师设置总组别数或每组人数，而学生自由分组需要教师发布分组规则，由学生自主上报。新建分组成功后便会出现分组界面，如图 5.1.17 所示。对已经建成的组别也可再次编辑管理（图 5.1.18），如添加组员、移出组员、修改组名、删除分组等。

图 5.1.17　新建分组

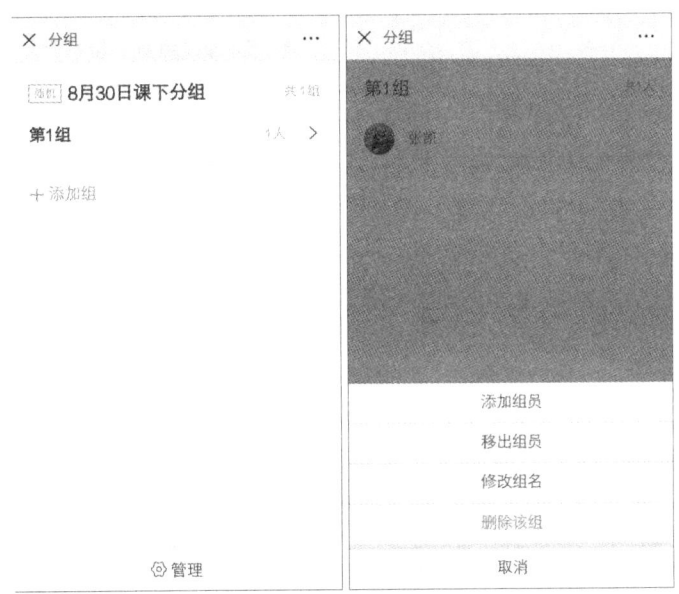

图 5.1.18　管理分组

案例 5：课堂讨论

发现问题和解决问题是学习过程中重要的环节，雨课堂开设了讨论区，以便教师和学生间就问题展开深入讨论。

探究性学习是当下使用较多的一种学习方式,学生在学科领域内或现实生活情境中选取某个问题作为突破点,通过发现和分析研讨来解决问题,通过表达与交流来获得知识,其以学生为中心,能够很好地调动学生学习的主动性。而雨课堂的讨论区为探究性学习提供了一个平台,教师布置学习任务后,学生可自主在讨论区就课题进行探讨,彼此交流,互相启发。

教师使用手机打开雨课堂小程序,进入相应课程界面,点击"讨论区"跳转到课程讨论页面进入讨论,在该页面可查看其他同学的发言。学生也可对他人的发言进行点赞或回复。点击右下角铅笔图标的按钮,可发布文字或图片格式的讨论内容,与同学们一起学习,共同成长,如图 5.1.19 所示。

图 5.1.19　课程讨论

6 授课类工具（二）——101教育PPT

6.1 101教育PPT

6.1.1 101教育PPT相关知识

101教育PPT是一款优秀的教学辅助类软件。在前面，我们已经介绍了它的课件制作功能以及丰富的数据资源，这些教育资源可以应用于课堂教学，帮助学生理解和体会。此外，软件还提供了一些辅助授课的互动工具、3D资源等，可以为教师课堂教学提供诸多便利。

101教育PPT软件可在手机端和电脑端使用，且可以通过手机扫描电脑端生成的二维码实现两者的连接。在上课时，教师在电脑上打开101教育PPT并通过手机连接后，即可通过手机对PPT演示进行远端操控，并可以利用其提供的互动工具来辅助教学。

利用101教育PPT的文件互传功能，教师可以很方便地在手机端和电脑端之间传递文件，管理自己的教学资源。此外，利用电脑版101教育PPT的班级管理功能，教师可以创建线上班级，更便捷地了解班级学生的学习情况。

6.1.2 教学应用案例

案例1：利用手机端控制课件演示

101教育PPT支持通过扫描二维码的方式连接手机端和电脑端，用手机操控电脑端PPT的播放，由此教师不再拘于三尺讲台，可以更自如地与学生进行互动。

Step1. 打开教室电脑端的101教育PPT软件，调出要讲授的课件，如图6.1.1所示。

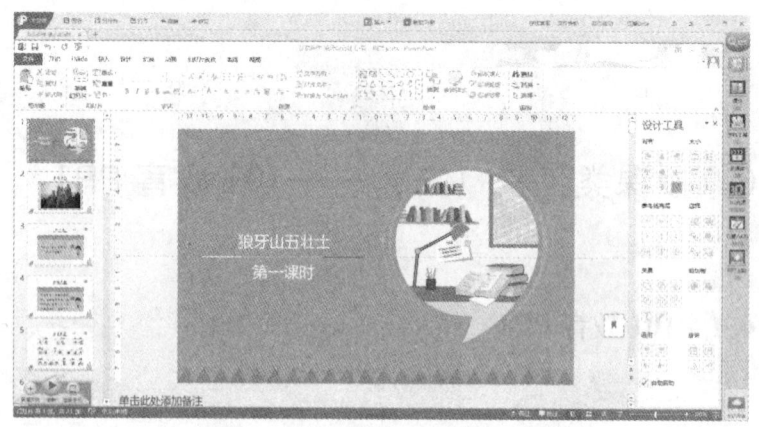

图 6.1.1　电脑端 101 教育 PPT 界面

Step2. 打开手机端 101 教育 PPT 软件，然后点击电脑端左下角的连接手机标志，扫码连接手机，如图 6.1.2、图 6.1.3 所示。

图 6.1.2　电脑端二维码图　　　　图 6.1.3　手机端扫码界面

Step3. 连接完成后，点击手机页面下方的放映按钮即可用手机端控制课件的播放。

Step4. 进入放映状态后，点击手机页面左右两边的箭头或选择页面上方对应的 PPT 缩略图，即可实现 PPT 的翻页操作。

案例 2：利用工具辅助课堂教学

101 教育 PPT 提供了许多便捷的教学工具，在课堂讲解 PPT 时，利用这些工具往往能取得更好的教学效果。如使用放大镜工具或聚光灯工具，可以对选中内容强调突出，以达到增强显示效果、加深学生印象的目的。

Step1. 连接 101 教育 PPT 手机端和电脑端，打开要讲授的课件。

Step2. 手机端下方可以看到 101 教育 PPT 软件提供的常用工具栏，使用放大镜工具可以放大选中区域（图 6.1.4）；聚光灯工具可以使其他区域变暗，将光线聚焦在选中区域（图 6.1.5）；激光笔工具可以生成一束"激光"，借助挥动手机和在手机上滑动两种方式操纵（图 6.1.6）；画笔工具可以用于在屏幕上勾画，引导学生观察（图 6.1.7）；AI 助教工具可以生成一个 AI 助教，执行教师的一些语言命令（图 6.1.8）。

图 6.1.4　放大镜工具　　图 6.1.5　聚光灯工具　　图 6.1.6　激光笔工具

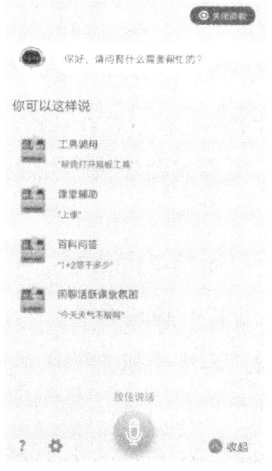

图 6.1.7　画笔工具　　　图 6.1.8　AI 助教工具

Step3. 点击下方的学科工具栏，可以看到 101 教育 PPT 提供的学科工具"思维导图"。点击该工具可以在电脑端打开一个思维导图，为学生梳理知识脉络，如图 6.1.9、图 6.1.10 所示。

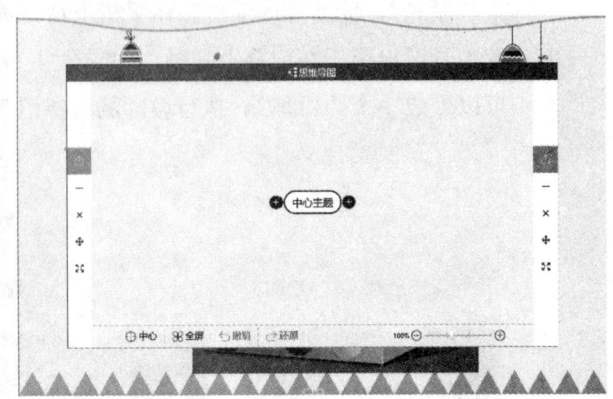

图 6.1.9　手机端思维导图工具　　　　图 6.1.10　电脑端思维导图工具

Step4. 点击手机端 APP 下方的互动工具栏，可以看到 101 教育 PPT 提供的鼓励、黑屏、黑板等互动工具，通过在手机上点击使用这些工具，教师可以很好地与学生互动。

案例 3：对学生作品进行实时点评

在教学中，教师常常会发现某名同学的作品非常有讲授的价值，希望向全班同学展示、点评，传统课堂很难满足教师的这种需求，而 101 教育 PPT 提供的图片快传功能则可以轻松地帮助老师对学生作品进行实时点评。

Step1. 使用手机拍下学生作品（图 6.1.11），然后打开 101 教育 PPT 手机端和电脑端并进行连接。

Step2. 点击手机端 101 教育 PPT 底端的工具箱图标，打开其中的"图片快传"功能（图 6.1.12），选择学生作品进行上传（图 6.1.13）。

Step3. 上传后，点击"开始放映"按钮，手机端和电脑端会出现上传的学生作品，教师可以很方便地向大家展示作品并进行点评。

图 6.1.11 学生作品

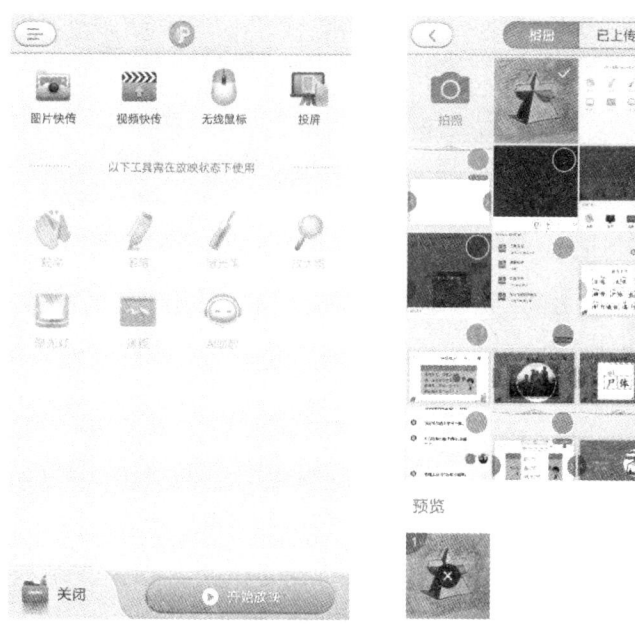

图 6.1.12 图片快传　　　　图 6.1.13 选择作品

案例 4：利用手机投屏功能展示微信文章

在教学中，教师有时需要展示手机上保存的一篇文章或一段音频、视频，这时往往需要拷贝或在电脑端重新上网搜索，较为麻烦。而 101 教育 PPT 提供的手机投屏功能可以将手机端屏幕投影在电脑端，让教师便捷地展示手机上存储的教学资料。

Step1. 打开 101 教育 PPT 手机端和电脑端并进行连接，而后打开手机端左下角工具栏,点击"投屏"按钮,如图6.1.14所示。

 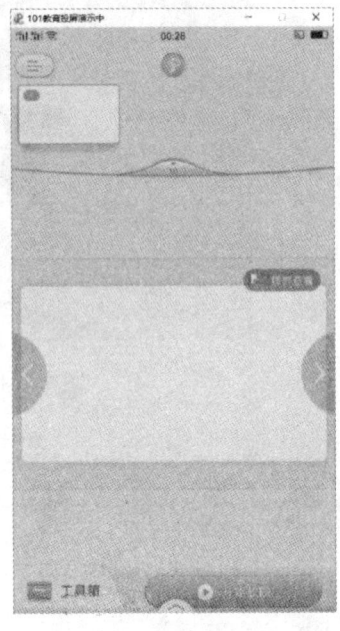

图6.1.14 投屏　　　　　　　图6.1.15 电脑端投屏效果

Step2. 点击页面下方的"开始投屏"按钮,即可开始手机的投屏,电脑端显示效果如图6.1.15所示。

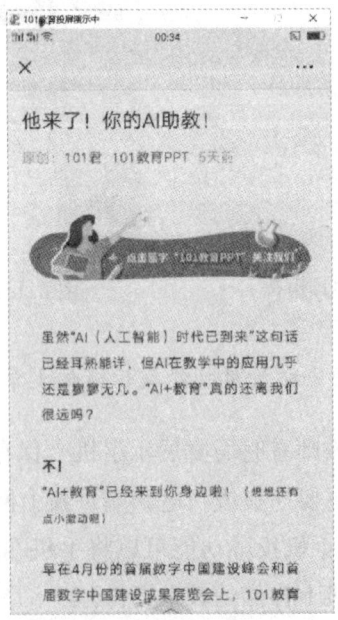

图6.1.16 文章展示

Step3. 操作手机，打开保存的文章，即可进行展示，如图6.1.16所示。

案例5：文件互传

101教育PPT提供文件互传功能，方便教师在手机端和电脑端轻松传递教学资源。

Step1. 打开101教育PPT并连接手机端和电脑端，而后点击打开手机端侧边栏（图6.1.17），找到"文件互传"按钮。

图6.1.17　手机端侧边栏　　　图6.1.18　文件互传界面

Step2. 点击"文件互传"按钮进入文件互传界面（图6.1.18），选择要上传的文件类型并勾选要上传的文件（图6.1.19）。

Step3. 点击"确定"按钮，即可将文件传递到101教育PPT电脑端（图6.1.20）。

Step4. 电脑端向手机端传递文件与前面的操作相类似，点击电脑端101教育PPT软件顶部的"文件传输"按钮，在弹出的页面中点击下方的"传输本地文件"或"传输当前文件"（当前电脑端若有正在编辑的文件可选此项），而后选择对应文件即可向手机端传输（图6.1.21）。

图 6.1.19　文件选择　　　　图 6.1.20　手机端文件互传

图 6.1.21　电脑端文件互传

案例 6：班级创建与管理

为方便教师进行教学管理，营造智慧课堂环境，101 教育 PPT 还提供了班级管理功能。教师可以基于 101 教育 PPT 实现班级搬家，并便捷地通过 101 教育 PPT 查看班级学员表现情况。

Step1．打开电脑端 101 教育 PPT，点击左上角登录后，在教学管理界面单击"班级管理"按钮，而后在弹出界面点击"创建班级"按钮（图 6.1.22）。

图 6.1.22 "创建班级"界面

Step2. 在弹出的创建班级栏中输入班级名称并完善班级信息，而后点击保存（图 6.1.23）。

图 6.1.23 完善班级信息

Step3. 完成班级创建后，在弹出的班级页面中点击"添加学生"按钮，录入学生信息（图 6.1.24）。

Step4. 在添加学生时，可以通过输入学生信息单个添加，也可以通过 Excel 表格批量导入。如学生已有 101 教育 PPT 账号，可以点击"添加已有账号学生"按钮来进行其信息的录入。这里选择通过 Excel 表格批量导入。下载模板表格并填写（图 6.1.25），而后选择该文件，单击"添加"按钮即可（图 6.1.26）。

图 6.1.24　录入学生信息

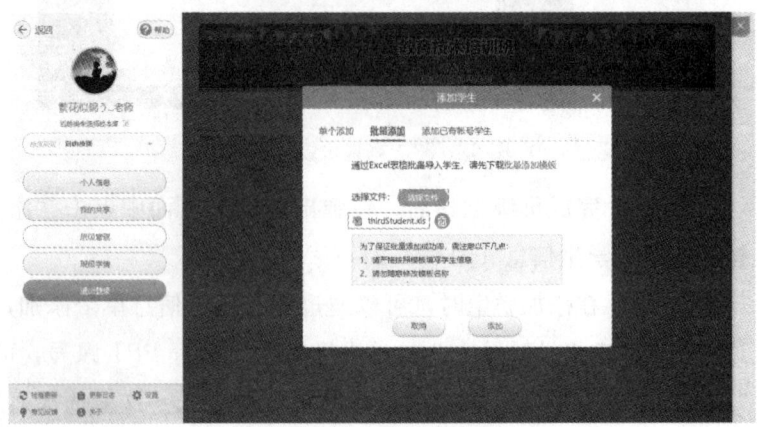

图 6.1.25　学生信息表格

图 6.1.26　批量添加学生

Step5. 点击页面上方的"分组"按钮可以对学生进行分组，如图 6.1.27 所示；此外，点击"老师"按钮可以进行班级教师信息的添加，如图 6.1.28 所示。

图 6.1.27　对学生分组

图 6.1.28　添加教师信息

7 授课辅助类工具——小程序

随着移动学习成为时代潮流，移动教育领域涌现出很多可供选择的授课辅助类应用（即 APP）。这些工具一般需要用户安装，有时候还需要进行版本升级，对授课教师会造成一定的负担。本章介绍一种无需安装，扫码就可直接使用的辅助类工具软件，即微信小程序。

微信小程序是近两年发展起来的一种创新型应用，它是在当前轻量化应用的潮流下，基于微信公众号的成功和微信良好的生态系统推出的一种不需要下载安装即可使用的应用程序。对于用户来说，它不需要安装，即开即用，可以节省流量和安装时间，同时应用界面与操作方式与微信相似，可以在很大程度上降低用户的使用难度。

下面我们将选取几款比较有特色的微信小程序，以提高教师的教学和管理效率。

7.1 小考勤

7.1.1 小考勤相关知识

小考勤是一款用于点名签到的微信小程序。它操作简单易懂，支持上下班考勤、外出拍照考勤、学生上课考勤、会议出席考勤等。每个考勤可以设定一个或多个考勤地点，也可以设定多个时间，结合微信自带的位置功能，能有效避免代签情况。该小程序也自带即时点名功能，教师可以利用其功能进行常规课程签到、随堂点名以及活动考勤等，可以快速查点出勤情况。

想要使用该小程序，可以通过微信扫描小考勤二维码或通过搜索"小考勤"进入软件使用界面。该应用底部有"考勤""签到""发现"

和"我"四个页标签(图7.1.1),分别对应四个操作界面。

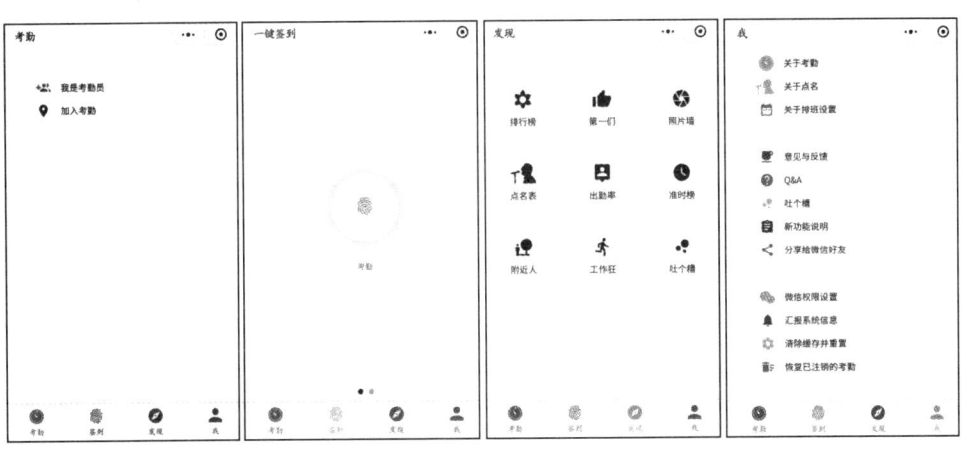

图 7.1.1　小考勤软件界面

"考勤"界面:该界面中教师可以创建考勤,学生可以选择加入考勤。

"签到"界面:点击中间指纹图标按钮,可实现签到功能。

"发现"界面:可显示附近签到情况。

"我"界面:可查看个人签到情况及进行其他个性化设置。

通过这四个基本界面,可以快速了解和使用小考勤的常用功能。

7.1.2　教学应用案例

在课堂上,教师想了解出勤情况,可以使用这款小程序快速核查人数。

Step1. 创建考勤。在"考勤"界面,点击"我是考勤员"创建考勤,自行填写考勤名称,再点击"选择第一个考勤点"设置考勤地点,此步骤将会弹出腾讯地图进行位置定位,然后点击"开始考勤"创建考勤任务(图7.1.2)。成功创建后,如图7.1.3所示。

Step2. 考勤参数设置。在图7.1.3中,点击右上部的"齿轮"图标,将进入"考勤设置"(图7.1.4)。在"考勤设置"界面,可以设置提醒、定时点名次数和时间等。点击"考勤员管理",可以修改考勤名称,导出考勤和点名记录等(图7.1.5)。教师可根据实际需要,设置相应参数。

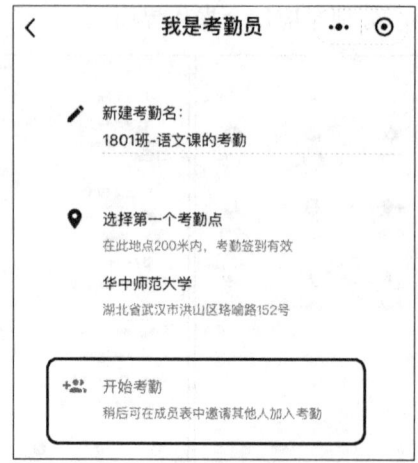
图 7.1.2 创建考勤

图 7.1.3 考勤创建完成

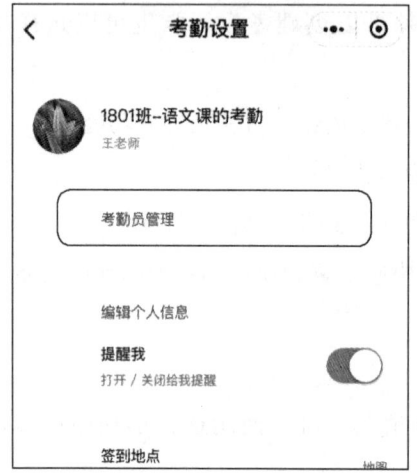
图 7.1.4 考勤设置

图 7.1.5 考勤员管理

Step3. 邀请学生。参数设置完成后，可以邀请学生加入考勤。该软件允许成员之间相互邀请加入，教师也可根据实际情况，一次邀请所有学生，或者仅邀请班长、学习委员、课代表等，再由他们邀请其他学生加入即可。可按如下提示操作，回到图 7.1.3 界面，点击"成员表"进入成员列表，然后点击"邀请其他人加入考勤"，接下来点击"创建新的聊天"（图 7.1.6），勾选要邀请的学生，按提示操作即可。

Step4. 邀请发出后，被邀请的对象将收到微信消息提醒（图 7.1.7）。点击查看该消息，将会进入小考勤的小程序，点击"加入

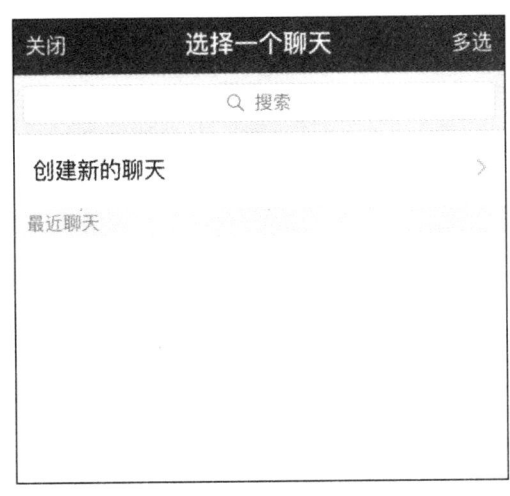

图 7.1.6　邀请他人加入

该考勤"即可加入考勤（图 7.1.8）。新成员加入后，可按以上步骤邀请他人加入。

图 7.1.7　邀请消息　　　　　　　图 7.1.8　加入考勤

Step5. 成员加入后可以按考勤参数设置定时签到。教师也可以从图 7.1.3 界面点击"点名"按钮，进行随堂点名（图 7.1.9），学生将即时收到一条微信点名提示（图 7.1.10），点击消息，按提示操作即可。

目前每个考勤员最多允许创建 5 个考勤群，每个群允许有 10 个考勤地点，每天可以设定 5 个固定考勤时间，同时还支持临时点名。因此，教师可以根据实际情况，灵活设置考勤。

图 7.1.9　教师点名　　　　图 7.1.10　学生收到点名消息

7.2　会编请假

7.2.1　会编请假相关知识

会编请假是一款简单易用的请假审批小程序，它提供了一种基于微信联系人的请假审批模式，简化了请假流程，同时还可以保存请假记录。

如前面所述，要想使用会编请假小程序，可以通过微信扫描相应二维码或通过搜索"会编请假"进入软件使用界面。该应用底部有"发起""审批"和"我的"三个页标签（图7.2.1）。

"发起"界面：该界面用于填写请假事由和请假时间。

"审批"界面：用于审批对应的请假。

"我的"界面：显示与个人相关的请假的审批状态和请假历史。

在应用的右上角有两个按钮，左边的 按钮是菜单，点击该按钮可以查看小程序相关信息或添加小程序到常用列表，点击右边的 按钮可以退出小程序。

图 7.2.1 "会编请假"界面

7.2.2 教学应用案例

会编请假简单易用，下面以学生向老师请假为例，介绍其使用方法。

Step1. 学生按要求填写请假事由，点击"提交申请"并"转发领导审批"（图 7.2.2），此时将弹出微信联系人选择界面，选择某位领导（老师）后将弹出确认界面（图 7.2.3），点击"发送"提交请假申请。在该请假未审批之前，仍然可以修改或撤回请假申请。

图 7.2.2 填写请假信息　　图 7.2.3 转发给领导（老师）审批

Step2. 领导（老师）将收到一条请假推送（图 7.2.4），点开消息，将转到请假审批界面，可根据实际情况选择审批意见（图 7.2.5）。

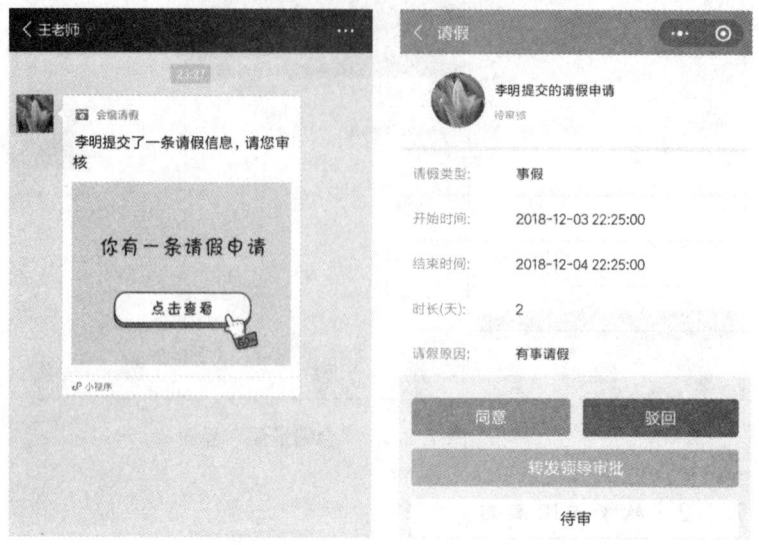

图 7.2.4　请求审核　　　　图 7.2.5　审核请假信息

Step3. 审核完成后，请假人将收到一条消息回复，获知请假结果。也可以到"我的"标签页下查看请假状态和请假历史记录（图 7.2.6）。

图 7.2.6　请假记录

7.3 群里有事

7.3.1 群里有事相关知识

群里有事是一款基于微信平台的小程序，用于发布群活动、群通知等。发起者可以快速收集活动报名者信息或查看群成员是否已经阅读通知。群里有事小程序具有获取方便、画面简洁、短小精悍等特点，使微信群聊更便捷。

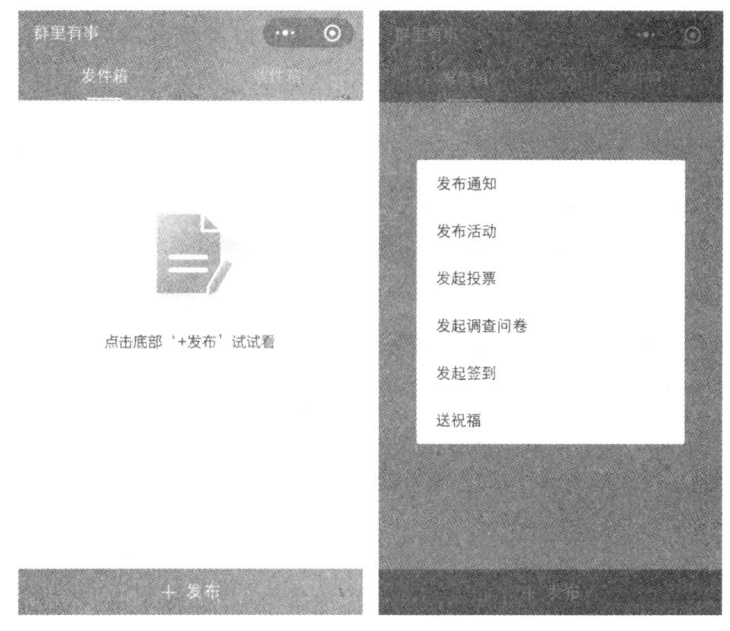

图 7.3.1　群里有事软件界面

群里有事小程序主要包含以下核心功能：发布通知、发布活动、发起投票、发起调查问卷、发起签到、送祝福。教师在班群内可使用该小程序向全体成员发布每日作业、重要通知、进行小组评比等。

打开微信，点击界面右上角放大镜图标进入搜索界面，输入"群里有事"，在搜索结果中点击"群里有事"小程序，同意微信授权即添加成功。首次添加完成后，再次进入可在消息界面向下滑，在顶端出现的小程序图标中选择即可进入，或从"发现"界面最底部"小程序"栏进入。

进入群里有事小程序，主界面为"发件箱"和"收件箱"，存放发布和接收的公告，点击下方的"发布"按钮，可发布通知、发布活动、发起投票、发起调查问卷、发起签到、送祝福等。

7.3.2 教学应用案例

案例1：发布作业通知

微信群聊只有发起群聊的人才能发布针对所有人的通知，但现实教学活动中需要发布群通知的可能有多位老师，而且群聊中包含许多日常聊天，当发布重要通知时，想要在混乱的信息中聚焦重点内容并不容易。此外发布群通知后，被多少人阅读了也不得而知，群里有事小程序可以较好地解决这些问题。

教师在完成课堂内容讲解后，往往需要布置课后作业，有时学生可能在学校没有记清楚作业，或者家长也希望能够了解当日作业以监督孩子的作业完成情况，这时教师可使用群里有事小程序，在班级群聊内发布作业通知，使班级成员更清晰地明确作业任务。

进入小程序后，在主界面点击"发布"按钮，选择"发布通知"，进入"发布通知"界面，在标题和正文输入框中可输入内容。点击"更换模板"可更换抬头样式，点击"＋"可添加图片，编辑完成后点击"确定"并分享到班级群聊即可。发布作业通知完成后进入通知界面（图7.3.2），可以将此通知再次分享到其他群聊或对通知进行编辑，通过下方的"已查看"和"未查看"可以了解有哪些成员已阅读了本条通知。

案例2：发布活动通知

群里有事小程序中的群活动在群通知的基础上，丰富了更多选项的功能，如人数限制、活动地址以及报名信息等。

符合主题的丰富的教学活动也是教学的重要组成部分，有意义的活动（如诗歌朗诵、情景剧表演等）可以创设合适的教学情境，提升教学

图7.3.2 发布作业通知

效果。使用群里有事小程序可以将活动的详细内容分享到群里，使学生和家长更加了解活动详情，同时小程序还为收集活动参与成员的信息提供了方便。

与发布通知操作类似，进入小程序后，在主界面点击"发布"按钮，选择"发布活动"，进入"发布活动"界面（图7.3.3）。在标题和正文输入框中输入内容，点击"更换模板"可更换抬头样式，点击"+"可添加图片。与发布通知不同的是，活动通知下方有更多的选项，可以设置报名截止时间、报名人数、活动地址以及报名人信息等，填写好具体要求后点击"确定"，分享至群聊即可。

值得一提的是，成员点开地址时，会进入微信自带的地图界面，也可以将该地点用安装好的地图应用打开。成员在浏览活动后，可以点击"我要报名"参加活动。如果活动发起人编辑前选择"需要报名人信息"，报名的成员则需要填写姓名等信息。报名人提交信息后，活动详情界面下方会显示已经报名的成员。

案例3：发起投票

群里有事小程序具有发起投票的功能，方便教师收集意见。除了常

图 7.3.3 发布活动

规的标题、补充内容以及投票选项外，还支持投票是否多选、是否匿名以及投票截止日期等更多选项功能。

学校班级往往人数众多，想要了解每位学生的意见并不容易，使用群里有事小程序的发起投票功能可以方便地收集学生的想法。例如，在班委选举、比赛投票、班服样式选择等情境下，投票功能都可以充分发挥其作用。

与发布通知和活动的操作类似，进入小程序后，在主界面点击"发布"按钮，选择"发起投票"，进入"发起投票"界面（图 7.3.4）。可选择"文字投票"或"图片投票"，在标题、补充内容（选填）选项中可输入内容，在"更多"选项中可设置多选、匿名等。填写好题目要求后点击"确定"，分享至群聊即可。

投票通知被成员打开后，点击投票选项即可完成投票，当选择不支持匿名的时候，投票成员的微信头像将会显示在选项下方，点击头像即可显示其微信昵称。此外，为了防止相互干扰，当成员未投票时将无法看到投票结果，只能看到参与人数。在投票之后，才能看到当前投票各选项的占比，而最终结果需要在投票时间截止后才能看到。

图 7.3.4 发起投票

7.4 分组宝

7.4.1 分组宝相关知识

分组宝是一款用于随机分组的小程序,在日常的工作、学习和生活中我们经常需要用到分组。例如,部门团建要分组,玩游戏要分组,学习要分组,等等,使用分组宝,可以轻松解决随机分组问题。

分组宝的获得十分简单,只需要登录微信,点击搜索"分组宝"进入小程序就可以使用了。

分组宝界面主要有四个板块(图7.4.1)。

我创建的分组:在这里可以看到自己创建的分组。

我参加的分组:在这里可以看到自己参加的分组。

帮助:点击后可以查看分组宝的一些基本介绍和基本使用方法。

"+":点击它可创建一个新的分组。

注意,右上角有两个按钮,点击左边的按钮可以将分组宝添加到桌面,而点击右边的按钮可以返回上一层级。

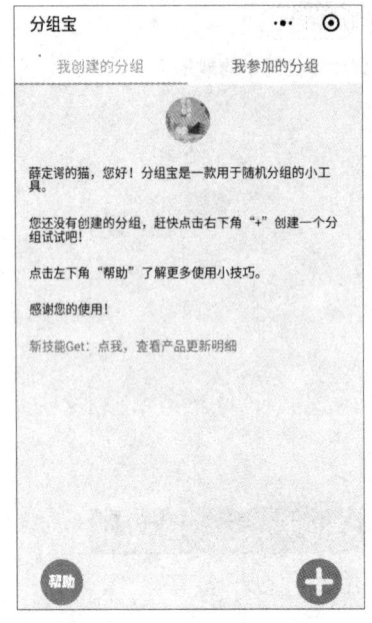 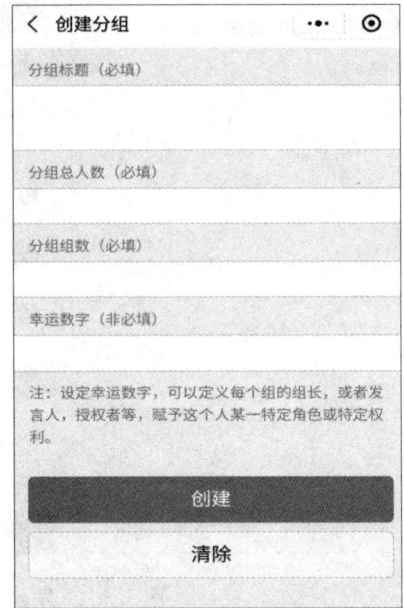

图 7.4.1　分组宝界面　　　　图 7.4.2　创建分组

7.4.2　教学应用案例

案例 1：创建分组

分组宝的核心应用就在于创建分组。

点击主界面的"+"跳转到"创建分组"界面（图 7.4.2），我们可以看到需要填写的分组信息：分组标题、分组总人数、分组组数和幸运数字，在界面中可以清晰地看到幸运数字的意义。当我们将这些信息填写完毕，就可以点击"创建"了。

如图 7.4.3 所示，教师将班级人数、分组组数等信息确定后，就会跳转到如图 7.4.4 所示的界面，这里我们可以看到分组的明细，界面中的四个绿色按钮代表不同的功能。当需要把自己进行分组时，点击"一键分组"就可以了。点击"分享"，可以把这个分组信息分享给所有的学生。

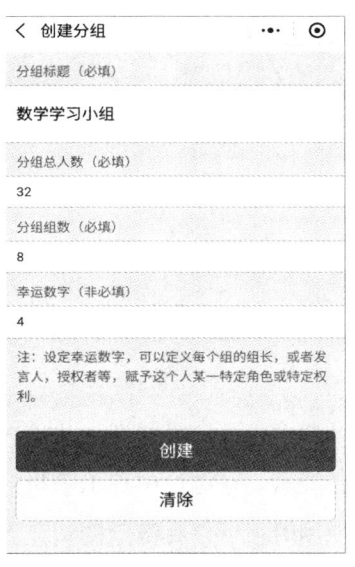

图 7.4.3　填写分组信息　　　图 7.4.4　分组明细

案例 2：查看分组情况

如图 7.4.5 所示，完成了分组的创建后，可以看到"我创建的分组"。点击分组名称可以查看分组明细（图 7.4.6），包括分组标题、分组总人数、分组组数以及每组的人员等详细信息。

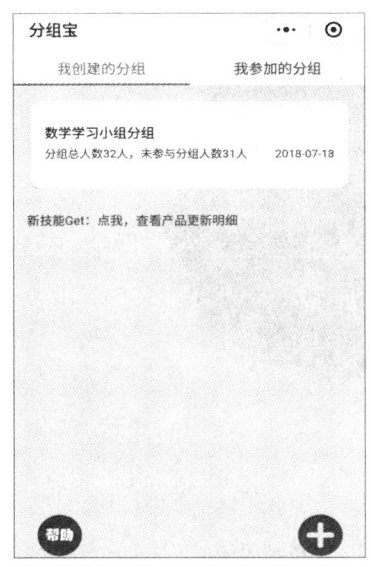

图 7.4.5　我创建的分组　　　图 7.4.6　查看分组明细

7.5 随机抽

7.5.1 随机抽相关知识

随机抽是模拟日常生活中随机抽签或抽奖功能的微信小程序，用于在课堂上随机抽取学生回答问题、随机检查部分学生作业、随机抽取奖品等。

首次使用随机抽小程序，需要打开微信，点击界面右上角放大镜图标进入搜索界面，输入"随机抽"进行搜索，在结果中点击随机抽小程序，同意微信授权即添加成功。再次使用时，可以在微信的消息界面向下滑，从顶端出现的小程序图标中点击进入，或在"发现"界面最底部的"小程序"栏中点击进入。

进入随机抽小程序，首页如图 7.5.1 所示，点击"抽签"或"抽奖"即可开始抽签或抽奖，点击"使用说明"可查看使用方法。

图 7.5.1 随机抽界面

7.5.2 教学应用案例

案例1：抽签

抽签功能可以在几个数字中随机抽取1个或多个不重复的数字，用来比大小或随机按编号选人等。

当教师在课堂上需要随机抽学生回答问题、随机抽查部分学生的作业、随机抽取某位学生完成调查采集时，可使用随机抽小程序的抽签功能。

进入随机抽小程序，点击"抽签"进入抽签界面（图7.5.2），小程序默认为20选1，点击"开始"就开始随机跳动，点击"停止"则到某一数字停止，再次点击"开始"则重新开启新一轮抽签。点击右上方的齿轮图标进入自定义抽签界面，可以在此设置抽取数和总数，点击"确定"进入抽签界面。

 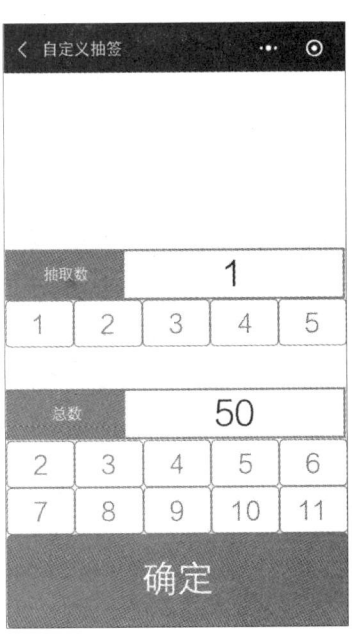

图7.5.2　抽签界面

案例2：抽奖

抽奖功能可以在几个奖品里面随机抽取1个奖品，用来随机抽取礼物、随机赠送礼物等。

奖品可以有效地激励学生产生积极的行为，当学生完成某项值得奖赏的任务时，学生可随机抽取奖励。如：在元旦联欢会上，学生可随机抽取赠送的礼物；当队伍成功完成某项比赛后，也可以随机抽取奖品。

进入随机抽小程序，点击"抽奖"进入抽奖界面（图7.5.3），小程序默认为从8个奖品中选1个，点击中间的"开始"，奖品就开始随机跳动，经过几秒后会自动定格到某个奖品上，再次点击"开始"则重新开启新一轮抽奖。点击右上方齿轮图标进入自定义抽奖界面，可以在此设置奖品数，点击"确定"即可进入抽奖界面。

图7.5.3 抽奖界面

第四部分

教学管理篇

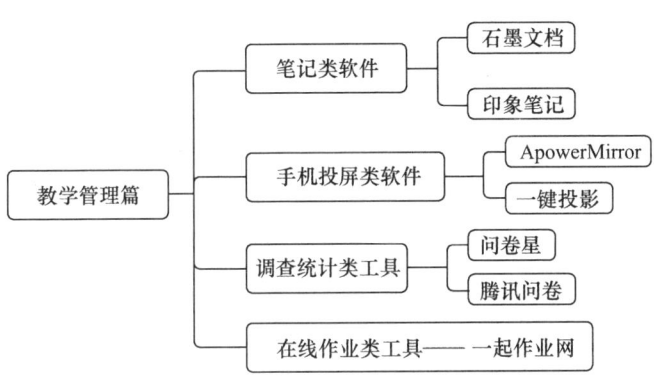

"三分教学，七分管理"。在教学中，教师除了"教"的任务外，还有一个"管"的任务，也就是协调、控制各种教学因素及其关系，使之形成一个有序的整体，以保证教学活动的顺利进行，这里说的"管"就是教学管理。

课堂是教学的主阵地，也是教学管理的主要方面。课堂管理得好，有助于营造一个良好的教学环境，使师生之间的沟通顺畅，教师能够更有效地组织教学，也可以更好地提升课堂教学效率。反之，再充分的教学准备也将是事倍功半，甚至徒劳无功，因此有效的课堂管理是实施有效教学的关键。一线教师是课堂管理的核心，如何有效地管理课堂是每个教师都要面对和思考的问题。

课堂管理的任务比较繁杂。一般认为，课堂管理包括课堂人际关系管理、课堂环境管理、课堂纪律管理等几个方面。课堂人际关系管理指对课堂中的师生关系、同伴关系的管理，包括建立良好的师生关系、确立群体规范、营造和谐的同伴关系等。课堂环境管理指对课堂中教学环境的管理，包括物理环境的安排、社会心理环境的营造等。课堂纪律管理指的是课堂行为规范、准则的制订与实施，应对学生的问题行为等活动。

传统的课堂管理主要依赖于教师的专业水平、个人素质、工作能力、教学态度、组织管理经验等，需要教师花费大量的时间和精力，给教师的教学工作带来了较大的负担。在信息化时代，信息化教学改变了传统的教学模式和教学方法，可以说改变了教学流程中的每个环节，传统的课堂管理方式和手段费时费力，已经越来越不适应信息化教学的需要。

随着教育信息化的不断推进，出现了很多信息化教学管理工具和软件。这些信息化教学管理工具和软件种类丰富、功能齐全，有的可以用于提升课堂中师生沟通效率、改善课堂人际关系，有的可以用于实时分析学生的学习情况、跟踪学生学习过程，还有的可以用于帮助拓展和丰富课堂教学环境，等等。有了这些信息化教学管理工具和软件的辅助，教师可以更有效地进行课堂管理，也可以开展更具个性化的教学，从而提升课堂教学效率。本篇介绍的教学管理工具和软件主要是基于移动终端的，包括笔记类软件、手机投屏类软件、调查统计类工具和在线作业类工具四大类。

笔记类软件可以实现随时随地记笔记、写文章、列任务清单等功能，支持多人在线协作，文档还可以实现云同步。利用笔记类软件，教师可以非常方便地创建个人教学日志，制作教学任务清单，与其他教师进行协同教研，还能记录学生的成绩，扫描课堂板书，帮助教师进行教学过程的管理。

手机投屏类软件可以实现多个电子设备屏幕信息的输出共享，比如将手机内容投影到其他的电子设备屏幕上。利用手机投屏类软件，教师可通过手机对教室内所有电子屏幕进行一键控制，实现同屏教学、多屏互动、一键投影、多屏广播。教师脱离了讲台的约束，可以自由走动，进行互动教学，有效拓展了课堂教学环境。

信息化时代，数据无处不在。方便快捷地获取数据，对数据进行统计和分析必不可少，调查统计类工具提供了非常快捷的数据获取方式和强大的数据处理功能。在教学中，教师可以运用调查统计类软件统计学生的各种信息，调查学生学习风格，创建学生学习档案，分析学生的课堂学习效果，对教学活动和学生行为数据进行收集、分析和反馈，以便进行更有针对性的教学，极大方便了教师的课堂教学管理。

对于一线教师来说，要想获得好的教学效果，课堂教学管理很重要，作为课堂教学管理补充和强化的课外作业管理也同样重要。一起作业网为中小学教师、学生以及学生家长提供了基于互联网的在线作业、考试和专项练习功能等，还可以实现在线互动教学等个性化服务。教师通过该平台可轻松创建网上班级，实现一键布置和检查全班作业，创建个性化的班级组卷，智能生成班级成绩报告，做到对学生知识点的掌握情况一目了然，有效进行课外作业管理，大大减轻教师批改作业的压力。

当然，用于教学管理的信息化工具和软件还有很多，本篇介绍的这些软件只是其中的一部分，这些信息化工具和软件会让教师的教学管理工作更加得心应手。

8 笔记类软件

随着技术的发展，移动端笔记类软件日益增多且功能日趋强大。目前，笔记类软件不仅可以很好地支持学生的学习，也可以为教师的教学管理提供一些帮助。利用笔记类软件，教师们可以轻松记录教学灵感，在线协同探讨各种教学问题，协作完成各种教学任务。常用的笔记类软件有石墨文档、印象笔记和有道云笔记等，这三个笔记类软件各有特色，使用方法大致相似，本章重点介绍石墨文档和印象笔记。

8.1 石墨文档

8.1.1 石墨文档相关知识

石墨文档是一款轻便、简洁的多人在线协作文档工具，在电脑端和移动端均可使用。它支持多人同时对文档进行编辑和评论，用户可以利用该工具轻松完成协作撰稿、方案讨论、会议记录和资料共享等工作，享受更加便捷的协作体验。

作为一款在线协作文档工具，石墨文档可以为教师的教学管理提供诸多便利。比如，利用石墨文档实时协作的特点，教师可以以协作的方式快速统计学生各科成绩，生成学生成绩单。在教学活动的设计上，借助石墨文档这个开放的分享平台，教师们可以集思广益，整理和分享教学思考，在头脑风暴中设计出更具创意的教学活动。

8.1.2 石墨文档软件界面

手机端石墨文档界面简洁，容易上手。打开石墨文档软件，首先呈现的是登录界面，如图 8.1.1 所示。

图 8.1.1　登录界面　　　图 8.1.2　我的桌面

注册登录后，会出现一个名为"我的桌面"的界面，下方有软件自带的简单的使用文档、表格和文档的功能示例文件，如图 8.1.2 所示。页面左上角显示的是用户头像，点击可进行账户信息设置、联系客服及退出登录等操作，如图 8.1.3 所示。点击右上角的 🔍 按钮，可以在文档库中搜索文件和文件夹。点击"＋"按钮，下方会弹出新建文档、新建表格或新建文件夹的功能菜单，如图 8.1.4 所示。点击页面下方的 🔔 图标切换到通知界面，可以查看文档编辑情况等。点击 🕐 图标可以查看最近编辑、阅读过的文档及表格文件。点击 🔖 图标可以切换到收藏界面，在此可查看用户收藏的文件。

想要下载手机端石墨文档，可以进入官网（https://shimo.im/download），点击"下载［石墨文档］APP"（图 8.1.5），即跳转到如图 8.1.6 所示页面，安卓手机或 Pad 点击 Android 客户端下方的下载按钮，苹果手机或 iPad 点击 iOS 客户端下方的下载按钮即可扫码下载安装。此外，在各手机软件商店或苹果 App Store 中也可下载安装。

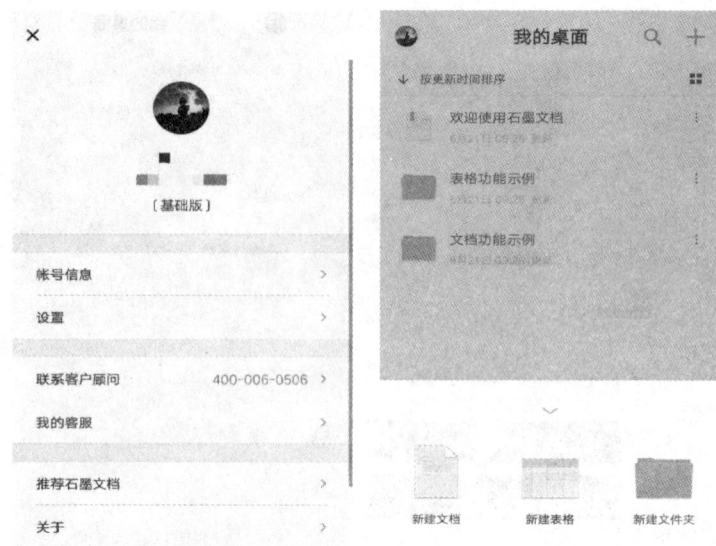

图 8.1.3　账户信息设置　　　图 8.1.4　新建文件菜单

图 8.1.5　石墨文档下载页面

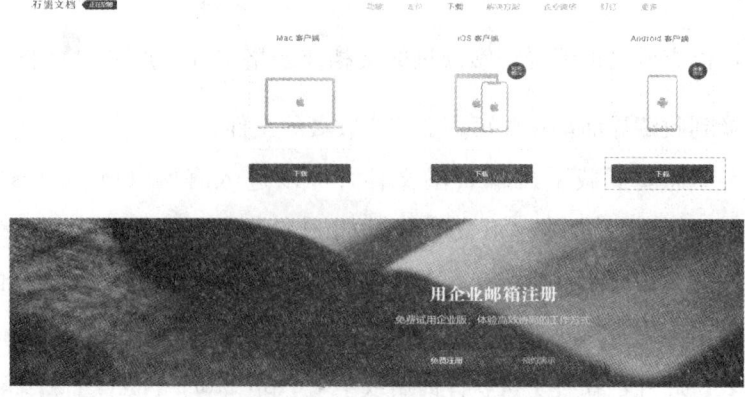

图 8.1.6　石墨文档各版本下载页面

8.1.3 教学应用案例

案例1：生成学生成绩单

在教学中教师通常需要统计某次考试中学生的各科成绩，这个过程常要各科教师分别整理后再由专人进行汇总，而利用石墨文档软件的表格功能，各科教师可以在一个表格内以协同的方式轻松完成这项工作。

Step1. 打开石墨文档，点击右上角的"＋"按钮，在弹出的功能菜单中选择"新建表格"，如图8.1.7所示，并将新建的表格文件命名为"××学校×年级×班期中考试成绩单"，如图8.1.8所示。

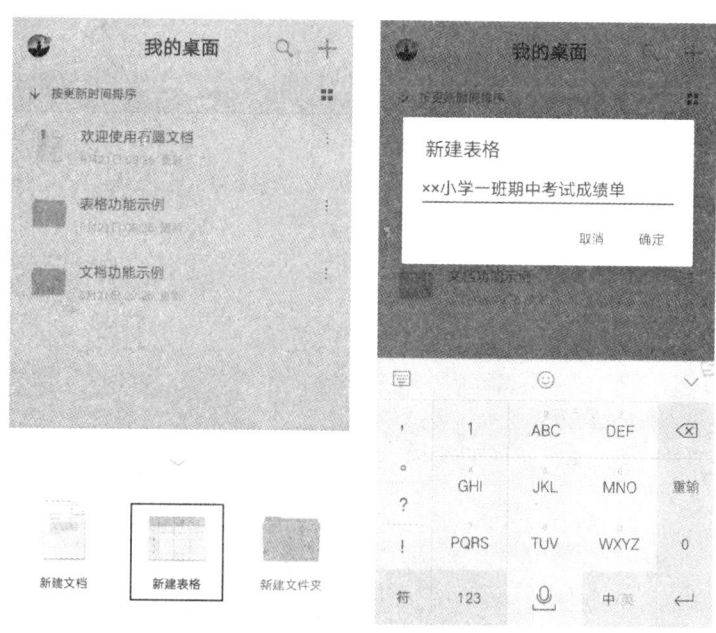

图8.1.7　新建表格　　　　图8.1:8　命名表格

Step2. 在第一行从左到右点击空格输入课程名，如图8.1.9所示，第一列从上至下输入学生姓名，如图8.1.10所示，并在第二列录入学生第一门课的成绩。

Step3. 点击右上角的 按钮，下方会弹出分享菜单，如图8.1.11所示。将分享链接权限设为公开可写，同时可将该链接通过微信、钉钉、QQ 或微博发送给其他学科教师，如图 8.1.12、图 8.1.13、图 8.1.14 所示。

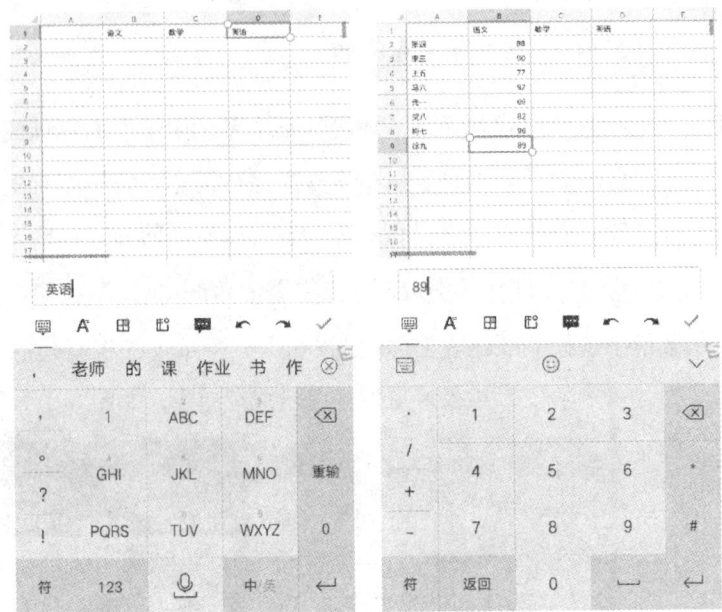

图 8.1.9　输入课程名　　　图 8.1.10　输入学生姓名

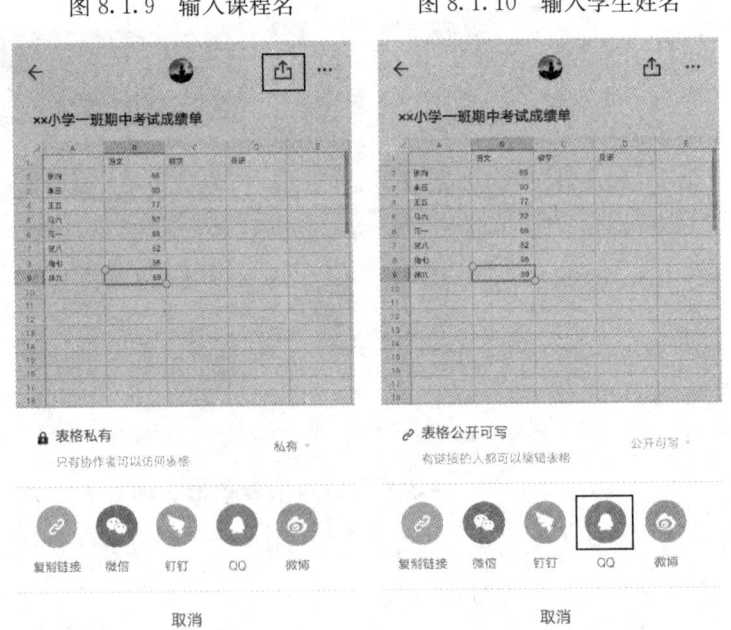

图 8.1.11　分享菜单　　　图 8.1.12　链接权限修改及分享

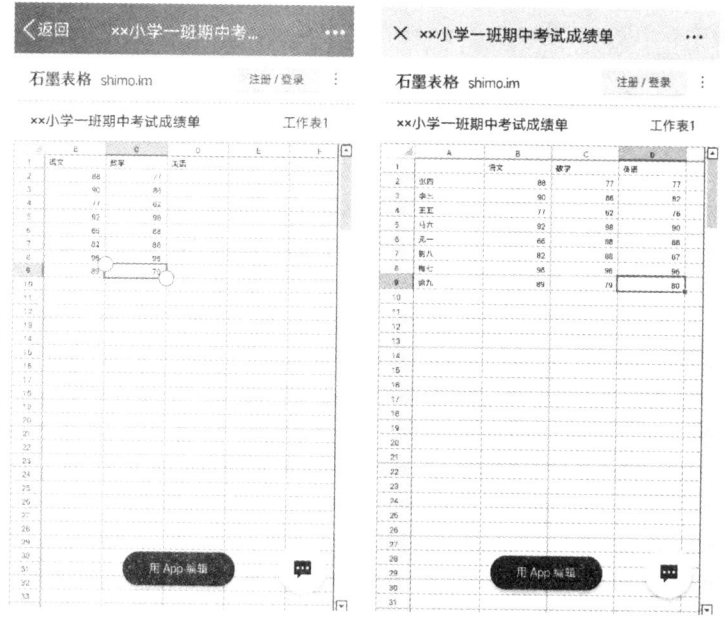

图 8.1.13　QQ 链接编辑页面　　图 8.1.14　微信链接编辑页面

Step4. 各科教师通过点击链接进入表格编辑界面，分别录入所教学科的成绩，即可完成学生的完整成绩单。

案例 2：设计教学活动

在教学中，教师往往需要设计一些有意义的教学活动来调动学生的学习兴趣，但是在设计教学活动时，教师有时会陷入思维困境。石墨文档为教师提供了一个分享交流的平台，可以让教师在思维的碰撞中绽放出无数精妙的创意火花。

Step1. 打开石墨文档，点击右上角的"＋"按钮，在弹出的功能菜单中选择"新建文档"，并将新建的文档命名为"如何设计高效的教学活动"，如图 8.1.15 所示。

Step2. 打开新建的文档，在其中输入自己关于某个教学活动的思考，如图 8.1.16 所示。

Step3. 点击右上角的 按钮，选择分享公开链接，将链接发送给要征询意见的教师，如图 8.1.17 所示。

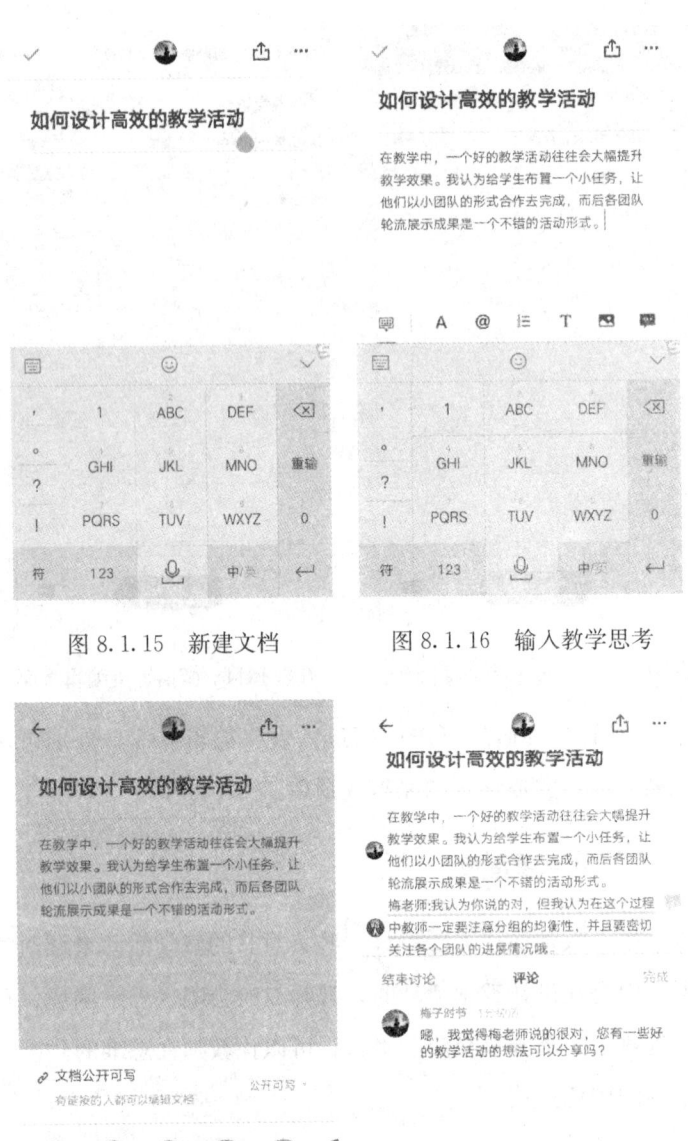

图 8.1.15　新建文档　　　图 8.1.16　输入教学思考

图 8.1.17　分享链接　　　图 8.1.18　编辑或划词评论

Step4. 其他教师点击链接后可进入文档编辑界面，在阅读完他人的思考后可以在下方提出自己的思考，也可以对他人的思考进行编辑或划词评论，如图 8.1.18 所示。

8.2 印象笔记

8.2.1 印象笔记相关知识

印象笔记是一款知名的笔记软件和知识管理工具，它覆盖了电脑端、手机端和网页端，具有强大的云同步功能。使用印象笔记，可以帮助用户轻松实现知识的记录与管理，简化工作、学习和生活。

印象笔记具有以下特色：

(1) UI 简洁，功能多样

软件界面简洁清新，容易上手，同时，简洁的界面下包含了强大的写作功能，足以满足用户的多种需求。

(2) 搜索强大，实时同步

软件具有强大的搜索功能，根据笔记关键字可对内容进行搜索，寻找需要查找的笔记。此外，用户可以随时将笔记内容同步到其他平台，让用户可以在多设备同时使用印象笔记，方便快捷。

(3) 共享知识，协作讨论

印象笔记提供了共享功能，支持朋友、团队间的信息共享，提供了一个开展讨论与协作活动的平台。

印象笔记在教学中可以为教师提供极大便利，不仅可以记录学生的成绩、教学日志等，还能扫描课堂板书，同步保存 PDF、Office 课件。此外，还能与其他教师共享笔记和信息，通过讨论和协作高效完成教学任务。

8.2.2 印象笔记软件界面

首次打开软件时，需要登录账户，如图 8.2.1 所示。如果没有账户，使用邮箱即可创建账户。

登录后，就进入了软件的主界面，点击右下角的"＋"，即可创建笔记，同时主界面上会显示你所创建过的笔记，如图 8.2.2 所示。

图 8.2.1　登录界面　　　　图 8.2.2　主界面

点击界面左上角的 ≡ 按钮，可以打开如图 8.2.3 所示的侧边栏，其中有打开笔记本、查看已共享的笔记、创建工作群聊、探索印象笔记及设置等功能选项可供选择。

图 8.2.3　侧边栏　　　　图 8.2.4　创建工作群聊

点击界面上方的 ⊕ 按钮，可以选择升级印象笔记账户，获取更多功能。点击 按钮，可以快速创建工作群聊，如图 8.2.4 所示。点击 按钮，可以在笔记库中快速搜索想要的笔记。点击右上角的 按钮，会弹出如图 8.2.5 所示的功能列表，可以进行笔记选择、笔记排序方式设置及同步等操作。

图 8.2.5　功能列表　　　图 8.2.6　软件商店

印象笔记的获取与安装途径如下：

在常见的手机应用商店中搜索"印象笔记"，即可下载安装，如图 8.2.6 所示。

访问印象笔记官方网站下载页（https://www.yinxiang.com/download/），如图 8.2.7 所示，点击下载安卓版或前往 App Store，即可下载安装。

8.2.3　教学应用案例

案例 1：创建教学笔记

在日常的教学工作中，教师可以使用印象笔记记录教学日志或者教

图 8.2.7　官网下载页面

学工作安排等。在创建教学笔记时，印象笔记不仅支持文字记录、实时拍照，还支持上传视频、音频或文件到笔记中，帮助教师自由记录丰富的教学活动。

Step1. 打开软件，点击主界面右下角的"＋"，即可弹出如图 8.2.8 所示的选项，教师可以根据自己的需要，选择创建笔记的方式。

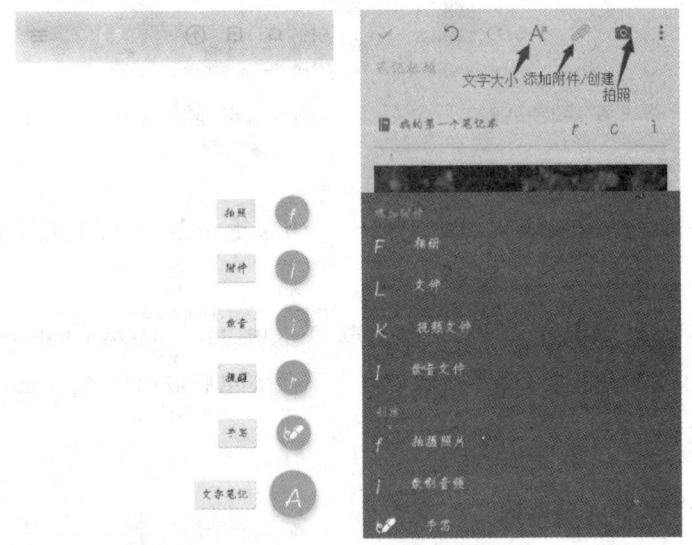

图 8.2.8　选择创建笔记方式　　图 8.2.9　添加图片或视频

Step2. 点击"拍照"，软件会询问是否允许开启调用摄像头的权限，选择"允许"，即可拍照。拍照完成后，仍可以选择继续编辑，如

图 8.2.9 所示，点击右上方的 按钮，即可继续拍照。点击"添加附件/创建"按钮，即可选择添加相册中的图片或视频文件、音频文件等，也可以选择继续拍照或者录制音频，还可以添加文字笔记，这些内容都将存放在这一个笔记中。

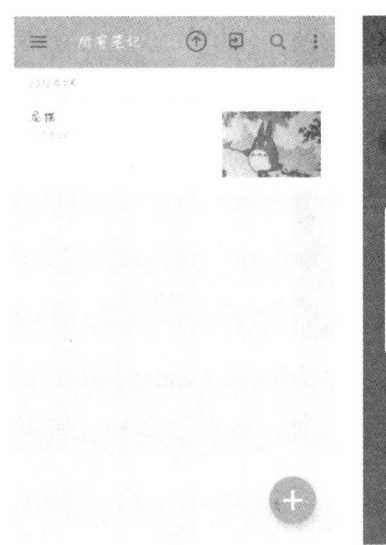 

图 8.2.10　命名笔记　　　图 8.2.11　删除笔记

Step3. 笔记编辑完成后，再为这个笔记起一个标题，保存后就可以在主界面中看到创建的笔记了，如图 8.2.10 所示。

如果认为之前编辑的笔记仍有问题，可以在主界面点击这个笔记，继续编辑。如果想要删除某个笔记，只需要选中这个笔记（长按 2 秒），然后点击右上方的 按钮即可删除，如图 8.2.11 所示。

如果想要还原删除的笔记，只需要点击左上方的 ≡ 按钮，选择"废纸篓"，然后在"废纸篓"中选中需要还原的笔记，点击右上方，选择"还原笔记"，即可还原，如图 8.2.12 所示。注意：如果在"废纸篓"里选择删除笔记，则这条笔记将会被彻底删除，不能被还原。

案例 2：创建提醒

在日常的教学工作中，教师可以使用印象笔记创建提醒，在特定时间提醒自己一些重要的教学工作和教学安排。

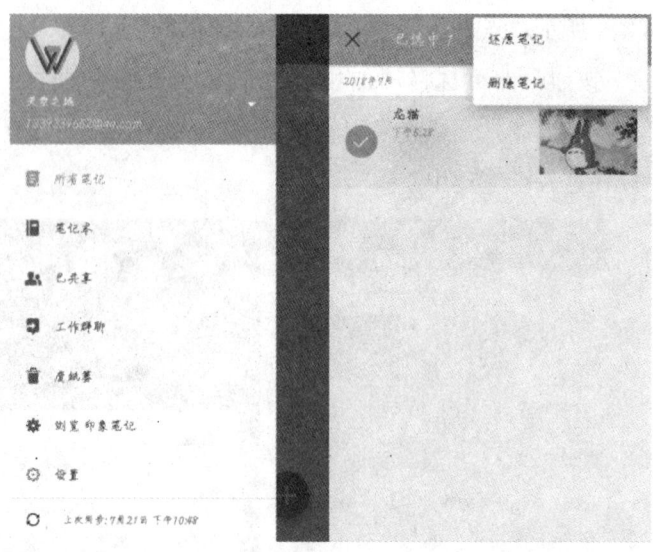

图 8.2.12 删除/还原笔记

Step1. 在主界面点击"＋",选择"提醒"选项,如图 8.2.13 所示。

Step2. 进入创建提醒的界面,如图 8.2.14 所示,可以在第一栏中输入要提醒的内容,如"下半年工作计划",然后点击右边的"e",即可设定提醒时间,接着依次点击"保存"和"设定",这个提醒就创建成功了。当达到设定时间,印象笔记将会发送消息,提醒创建者。

图 8.2.13 选择"提醒"选项   图 8.2.14 创建提醒

案例 3：创建工作群聊

教师在教学工作中，可以使用印象笔记创建群聊，与同事共享笔记或者其他信息，进行讨论与沟通，协同工作，高效完成教学工作。

Step1. 点击"工作群聊"，即可进入创建工作群聊的界面，如图 8.2.15 所示。

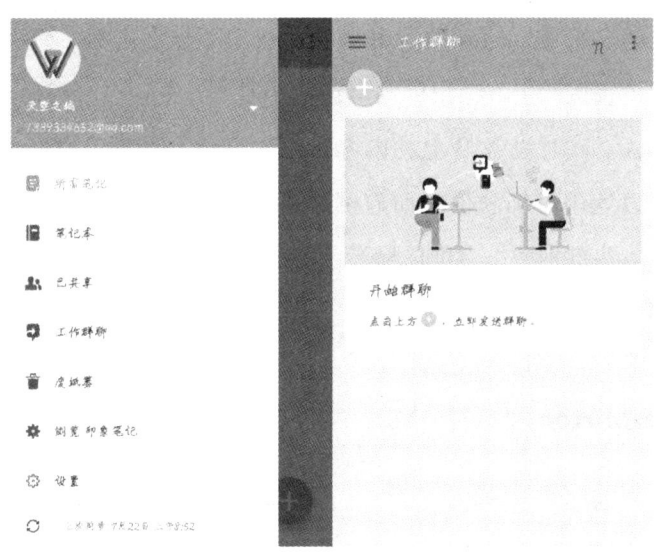

图 8.2.15　创建工作群聊

Step2. 点击上方的"＋"，即可开始发送群聊，如图 8.2.16 所示。输入收件人的邮箱（可输入多个收件人邮箱），即可发送群聊邀请，创建群聊。收件人接受邀请后，群聊就创建成功了。在群聊中，可以发送消息或者共享文件。

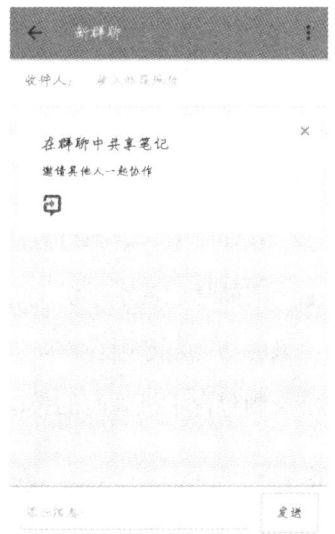

图 8.2.16　发送群聊

9 手机投屏类软件

投屏又称同屏、屏幕共享、多屏互动，即通过某种技术方法将移动设备 A（如手机、平板）的画面实时地显示在另一个设备 B（如手机、平板、电脑、电视机）上，输出的内容包括相册、音视频等多媒体信息及实时操作画面，同时设备 B 上的内容也可以显示在设备 A 上。在教学中，教师可以运用投屏软件对所有屏幕进行一键控制，实现同屏教学、多屏互动、一键投影、多屏广播、手写批注、协同作业以及教学内容循环播放等。

9.1 ApowerMirror

9.1.1 ApowerMirror 相关知识

ApowerMirror 是一款能够同时兼容 iOS 和安卓系统的手机投屏软件。只要安卓系统在 5.0 版本及以上，支持 Chromecast 协议，就能够感受投屏的乐趣。对于 iOS 用户来讲，使用此款软件，只需开启 AirPlay，就能将手机屏幕投到电脑中。

在课堂上，老师可以通过该软件将手机上的操作投放到多媒体屏幕上，向同学们展示手机上的文件或者播放手机上的音视频。该软件也包含录屏功能，老师在准备教学材料时，可以用该软件进行手机录屏，轻松录制包含手机画面的教学视频。

9.1.2 ApowerMirror 软件界面

ApowerMirror 软件需要手机端和电脑端配合使用，下面分别介绍手机端和电脑端的界面。

(1) 手机端

打开 ApowerMirror 软件，初始界面是引导手机端和电脑端连接的页面，如图 9.1.1 所示。点击左上角的 ≡ 按钮，可以在侧边栏里进行评分、反馈、查看帮助等操作，并在"设置"里修改投屏分辨率、清晰率等参数，如图 9.1.2 所示。

图 9.1.1　主页　　　　图 9.1.2　侧边栏

点击页面下方的 ● 按钮，可以选择以 WiFi 或 USB 连接的方式与电脑端 ApowerMirror 软件连接。WiFi 连接需要手机与电脑连接同一个 WiFi，或者通过页面上方扫码投射的方式实现连接，如图 9.1.3 所示。USB 连接需要通过 USB 线连接手机与电脑，并打开手机 USB 调试功能，如图 9.1.4 所示。

点击页面下方的"更多"按钮，可以在连接电脑后使用 ApowerMirror 进行文件传输，并快速查看和展示手机上的照片、音乐、视频等资源，如图 9.1.5 所示。

图 9.1.3　WiFi 连接失败　　图 9.1.4　USB 连接　　图 9.1.5　"更多"界面

（2）电脑端

打开电脑端，首先出现如图 9.1.6 所示的账户注册登录界面，不同等级的账户拥有不同的功能权限，用户可以根据需要选择。

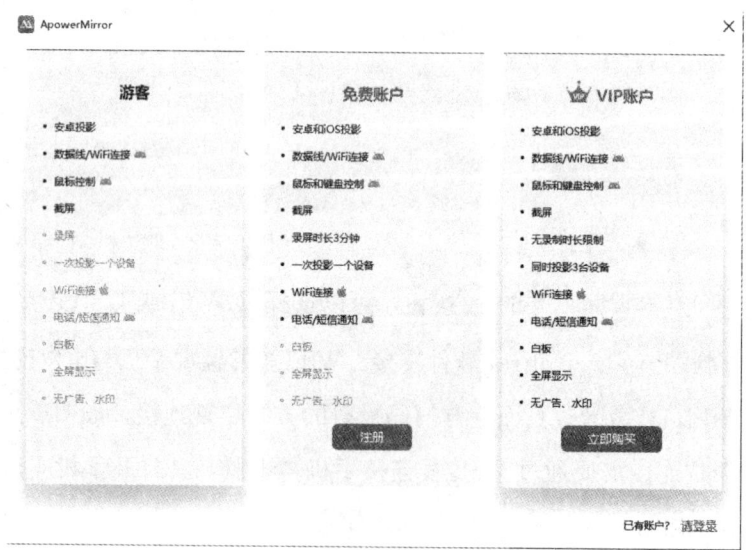

图 9.1.6　账户注册界面

注册登录后，会出现图 9.1.7 或图 9.1.8 所示的连接界面，引导用户连接手机端和电脑端。

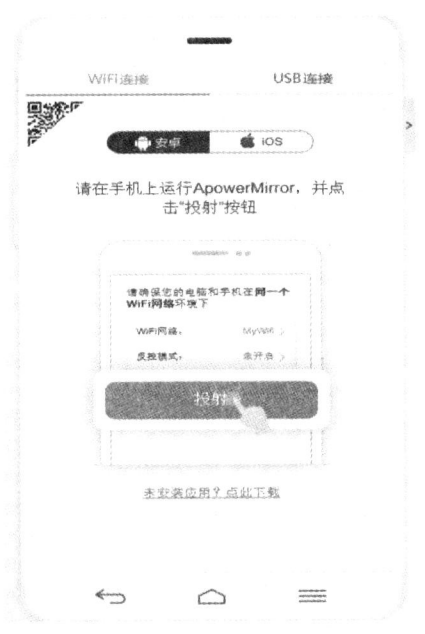
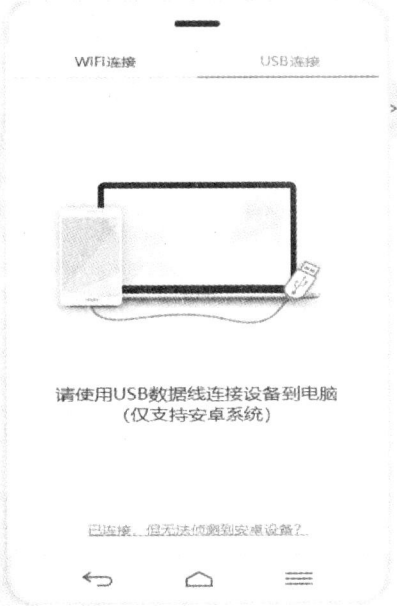

图 9.1.7　WiFi 连接成功　　　　　图 9.1.8　USB 连接

连接手机端和电脑端后，即可将手机屏幕投影在电脑端的模拟手机屏幕上，如图 9.1.9 所示。此时若想同时实现电脑端控制手机的"反向控制"功能，需要以 USB 方式连接电脑，并根据指引开启手机的 USB 调试功能。投屏时，在电脑端右侧提供了一些快捷工具，其中 按钮用于将手机屏幕全屏显示（VIP 账户方可使用）， 按钮用于截取当前手机屏幕的图片， 按钮用于录制手机屏幕操作的视频， 按钮用于使用白板功能（VIP 账户方可使用）， 按钮用于使用键盘， 按钮用于进行一些投屏设置，如图 9.1.10 所示。

ApowerMirror 软件的获取与安装方式如下：

（1）手机端

如图 9.1.11 所示，在手机软件商城搜索 ApowerMirror 软件，点击"安装"即可获取手机端软件。

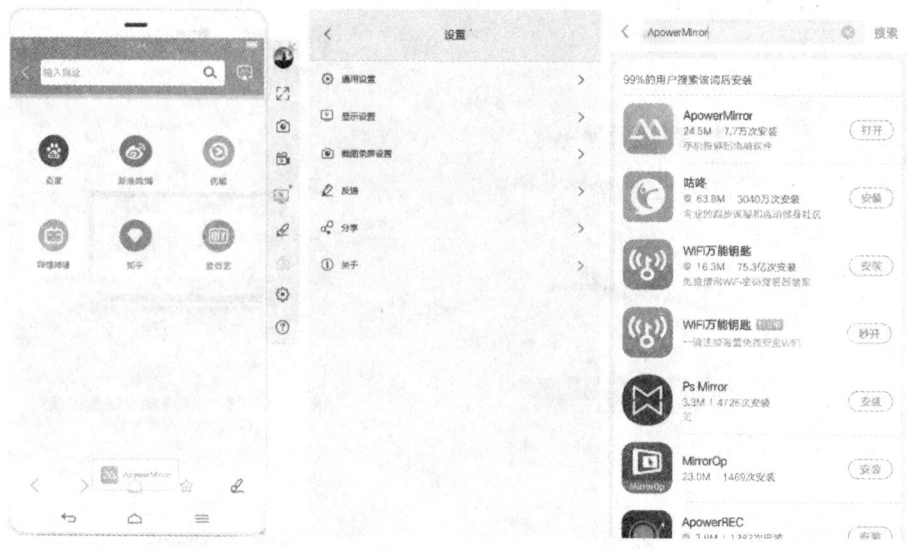

图 9.1.9　连接后界面　　图 9.1.10　投屏设置界面　　图 9.1.11　软件商店

（2）电脑端

如图 9.1.12 所示，访问 ApowerMirror 软件官方下载页面（https://apowermirror.en.softonic.com/download），点击图中的绿色按钮"Alternative download"，即可下载安装电脑版 ApowerMirror 软件。

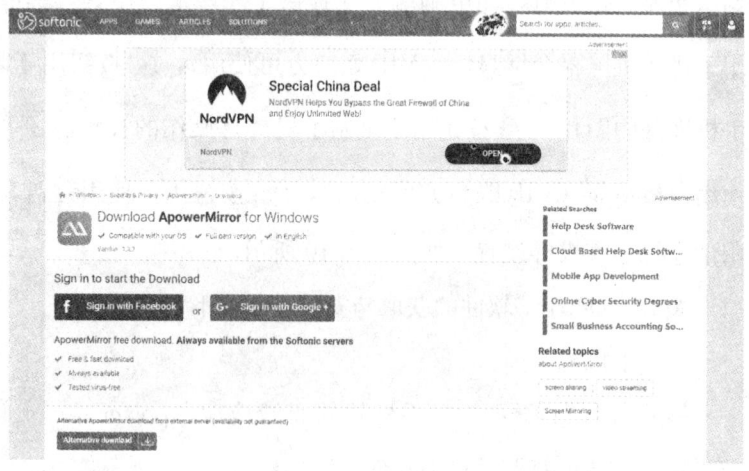

图 9.1.12　电脑端下载页面

9.1.3 教学应用案例

案例1：手机文件投屏到投影上

课堂上，如果老师想要展示手机上的教学图片或教学视频，通过这款软件就可以将手机上的图片或视频投影到教室里的屏幕上。

Step1. 打开手机端和电脑端 ApowerMirror 软件，而后选择以 USB 连接（通过 USB 连接线将手机接到电脑上，并在手机中打开 USB 调试功能，而后会自动连接，如图 9.1.13）或者以 WiFi 连接的方式（处于同一局域网下，即可通过手机端搜索或扫码投射连接到电脑端，如图 9.1.14）将手机端与电脑端连接。

图 9.1.13　手机端 USB 连接界面　　图 9.1.14　手机端 WiFi 连接界面

Step2. 连接成功后，在手机端"更多"界面中选择手机上的图片、视频或其他教学资源，即可将其同步展示在电脑屏幕上，手机端和电脑端界面分别如图 9.1.15、图 9.1.16 所示。

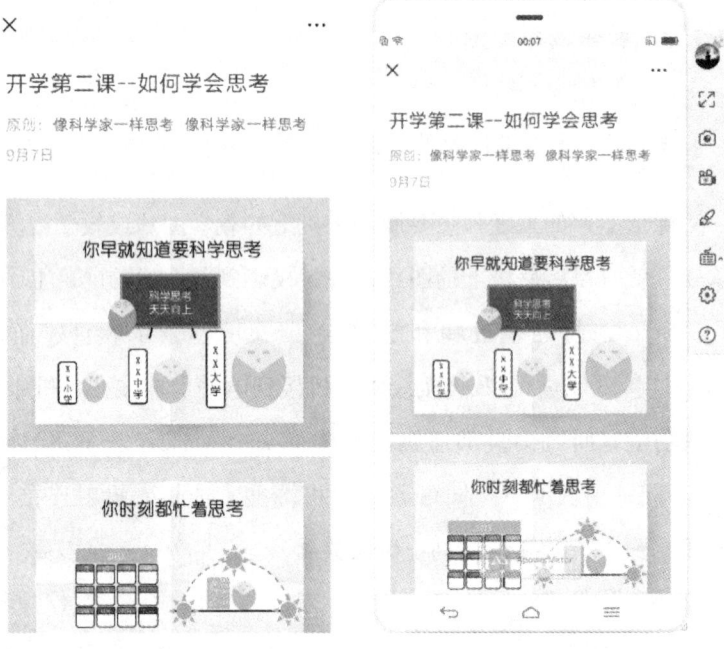

图 9.1.15　手机端界面　　图 9.1.16　电脑端界面

案例 2：录制小教学视频

在备课时，教师通常会想展示手机上的一段操作并将其录制成视频作为教学资料，利用 ApowerMirror 的屏幕录制功能可以轻松满足教师的这个需求。

Step1. 打开手机端和电脑端 ApowerMirror 软件，而后选择以 USB 连接或 WiFi 连接的方式将手机端与电脑端软件连接起来。

Step2. 如图 9.1.17 所示，连接成功后，在电脑端点击"开始录制"按钮，而后在手机端打开浏览器，演示检索信息操作步骤，如图 9.1.18 所示。

Step3. 手机端操作录制完成后，在图 9.1.19 所示界面中点击电脑端"停止录制"按钮，即可结束录制，系统会自动保存录制的视频文件，如图 9.1.20 所示。找到该视频文件，就可以进行播放了。

图 9.1.17 电脑端录制

图 9.1.18 手机端操作

图 9.1.19 停止录制　　图 9.1.20 保存录制文件

9.2 一键投影

9.2.1 一键投影相关知识

一键投影是一款提供屏幕与屏幕之间投影服务的投影软件,目前支持 Android 投屏到 Windows、Mac 或者 Android TV 安卓电视,暂不支持 iOS。该软件提供 WiFi 无线连接,投屏画面比较流畅,支持横屏或者竖屏展示,发送投影时可以通过桌面右上角的小工具进行桌面标注以及白板演示、分享等。一键投影软件界面简洁、功能清晰,在手机端可以一键开启相机、一键进入相册以及桌面,但它不支持截屏、录屏等功能。

在教学中,教师可以利用该软件将手机屏幕投射在电脑上并通过投影仪进行展示,由此教师可以更便捷、更清晰地展示手机上的教学资料,并利用 WiFi 无线连接的优势脱离讲台的束缚,更加自如地讲授课程知识。

9.2.2 一键投影软件界面

一键投影软件需要手机端和电脑端配合使用,下面分别介绍手机端和电脑端的界面。

(1) 手机端

手机端界面十分简洁,打开软件后界面如图 9.2.1 所示,界面上方显示有设备编号及 IP,若在同一 IP 下安装有一键投影的电脑设备,就会在下方显示。点击界面右上角的 ··· 按钮,可以进行相关设置、查询常见问题、寻求帮助等操作,如图 9.2.2 所示。

图 9.2.1 主界面　　图 9.2.2 "设置"界面

在连接电脑端之后,手机端界面如图 9.2.3 所示。在投屏时,可以点击摄像头调用手机拍照功能,点击相册选择教学图片进行展示,点击白板可以将手机当作黑板进行板书书写,如图9.2.4所示,点击桌面可以快速返回桌面,点击右上角的按钮可以选择断开手机端与电脑端的连接。

图9.2.3 投影时手机端界面　　图9.2.4 手机端白板界面

(2)电脑端

打开电脑端一键投影软件,主界面如图9.2.5所示,在界面中给出了连接提示信息,点击右侧箭头可以查看处于同一WiFi网络下的可连接设备,如图9.2.6所示。连接成功后,电脑端即可实时显示手机端的界面。

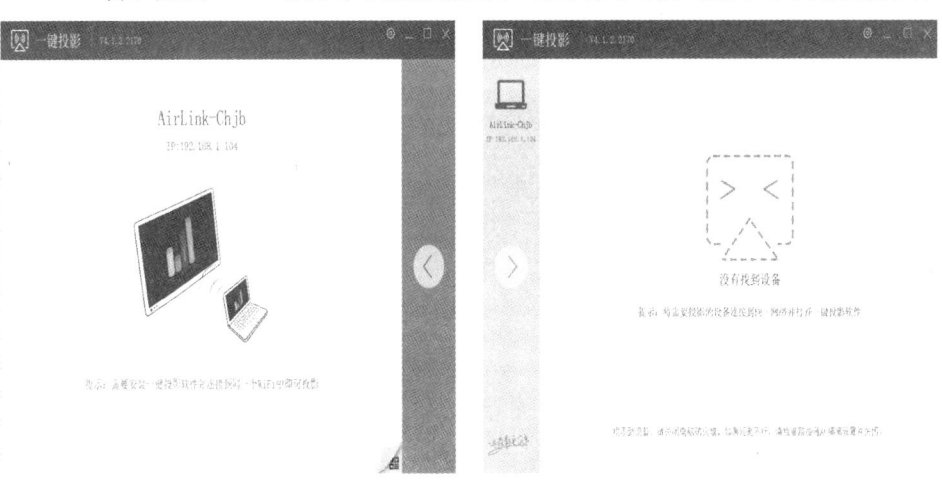

图9.2.5 电脑端主界面　　　　图9.2.6 可连接设备界面

ApowerMirror 软件的获取与安装方式如下：

(1) 手机端

如图 9.2.7 所示，在手机软件商城搜索一键投影软件，点击"安装"即可。

图 9.2.7　软件商店

(2) 电脑端

如图 9.2.8 所示，访问一键投影软件官方下载页面（http://airlink.timelink.cn/download），根据需要点击图中标准版或大屏版中的 Windows 选项，即可下载安装。

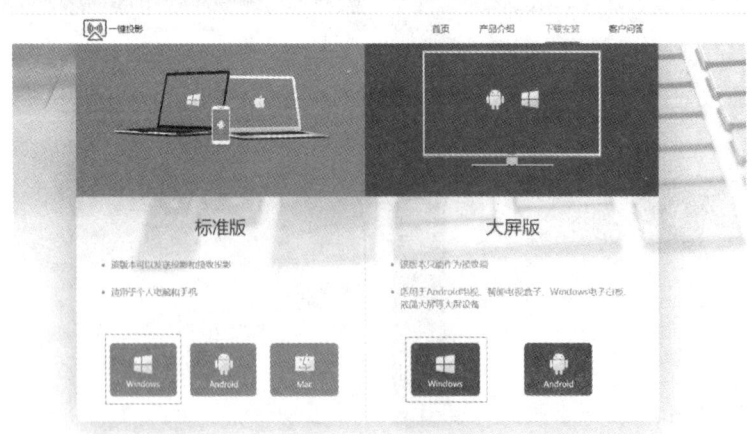

图 9.2.8　电脑端下载页面

9.2.3 教学应用案例

案例：使用白板功能实现手机板书

在教学中，教师通常因为板书的需要被禁锢在讲台上，无法更进一步地与学生进行接触、交互。利用一键投影软件的投屏功能与白板功能，教师可以解放身体，自由穿行于课堂之中。

Step1. 打开手机端和教室电脑端一键投影软件，确保两者处于同一 WiFi 网络（如均连接在校园网或连接在同一路由器），这时点击图 9.2.9 中手机端显示的可连接设备右侧的 按钮，即可进行连接，连接后手机端界面如图 9.2.10 所示。

图 9.2.9　手机端可连接设备　　图 9.2.10　手机端 WiFi 连接界面

Step2. 连接成功后，点击手机端"白板"选项，即可打开白板并在上面进行板书。

10 调查统计类工具

互联网时代让我们获取数据的方式变得简单,调查统计类工具则可以帮我们对这些获得的数据进行相关的统计和分析,以获得自己想要的信息。在教学中运用调查统计类软件,可以方便教师进行学生基本情况统计、在线成绩统计、在线测验等,极大地方便教师的日常教学和管理工作。

10.1 问卷星

10.1.1 问卷星相关知识

问卷星是一个专业的在线问卷调查、测评、投票平台,提供了功能强大、人性化的在线设计问卷、采集数据、自定义报表、调查结果分析等功能。与传统调查方式和其他调查网站或调查系统相比,问卷星具有快捷、易用、低成本的明显优势,已经被大量企业和个人广泛使用。

问卷星具有以下一些特点:不限问卷数量与答题人数;分析功能强大,支持问卷数据的分类统计与交叉分析;可以免费下载问卷数据分析报告与原始问卷;支持手机填写与微信快捷群发。

问卷星既有网页版,也有移动端 APP。问卷星 APP 虽然不具有网页版问卷星那样丰富的功能,但它可以帮助用户在手机上便捷地进行问卷或试题的编写与分析。下面主要讲解问卷星 APP 的相关功能。

在教学中教师往往想要知道学生的一些信息,以更有针对性地实施教学。例如,在刚刚接手一个班级时,教师可能想更深入地了解每个学生,这时教师就可以利用问卷星便捷地制作一个了解学生兴趣爱好、学习风格等信息的调查问卷让学生在网上填写,并通过问卷星提供的数据分析功能轻松了解学生的总体情况并对学生数据进行归类，以更有针对性地实施教学。

此外，问卷星 APP 还可以创建在线考试以及在线投票，满足教师的教学和管理需要。例如，在放假期间教师需要检查学生的学习情况，可以通过问卷星 APP 创建一个在线考试并将其分享到家长群，让家长督促学生完成考试以检验学生假期学习成果。在策划某项活动需要征求学生意见时，教师可以通过问卷星 APP 创建一个在线投票让学生填写，以快速了解学生的意见并做出满足大多数学生意愿的决策。

10.1.2 问卷星软件界面

打开问卷星软件，首先呈现的是登录界面，如图 10.1.1 所示。

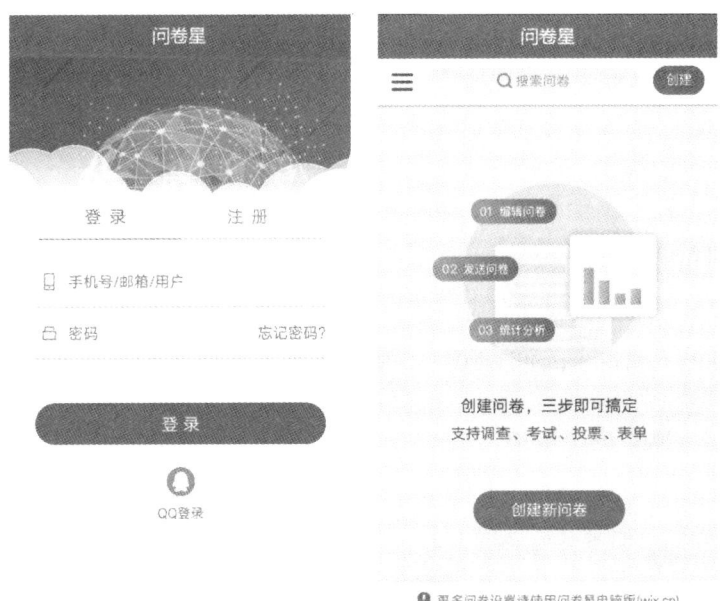

图 10.1.1　登录界面　　图 10.1.2　"我的问卷"界面

登录后，会出现一个名为"我的问卷"的界面，如图 10.1.2 所示。界面上方最左侧有一个功能列表按钮☰，点击可进行互填问卷、意见反馈、访问回收站或退出等操作，如图 10.1.3 所示。界面上方中间有一个问卷搜索框，若用户个人问卷库中问卷数量较多可以通过搜索的方式快速查找。界面上方最右侧有一个"创建"按钮，点击即可进行问卷调查、在线考试、在线投票或报名表单的创建，如图 10.1.4 所示。此外，界面下方也有创建问卷的操作指示和与上方"创建"按钮功能相同的"创建新问卷"按钮，点击该按钮也可进行问卷等的创建。

图 10.1.3　左侧功能列表　　图 10.1.4　创建问卷界面　　图 10.1.5　应用商店

问卷星 APP 的安装：

打开安卓手机软件商店或苹果 App Store，搜索"问卷星"，即可进行软件的下载安装，如图 10.1.5 所示。

10.1.3　教学应用案例

案例 1：调查学生学习风格

在教学中，教师通常需要了解所教班级学生的学习风格，以更有针对性地制订教学计划，实施教学。

Step1. 打开问卷星软件，登录后点击"创建"或"创建新问卷"按钮，选择创建问卷类型为"问卷调查"，如图 10.1.6、图 10.1.7 所示。

Step2. 选择创建问卷类型后，可以选择使用模板创建或从空白创建。由于学习风格测试有比较成熟的量表，所以这里选择搜索学习风格测试模板并通过点击浏览在其中选择合适的问卷模板，如图10.1.8、图10.1.9所示。

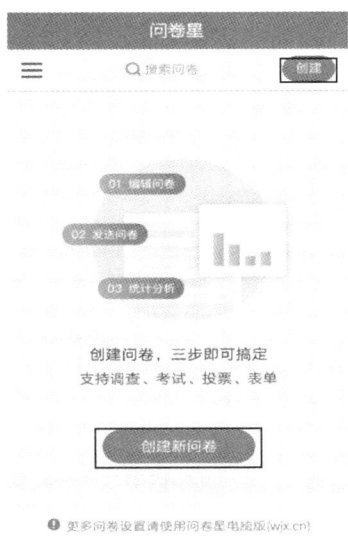

图10.1.6　主界面

图10.1.7　选择问卷类型

图10.1.8　创建问卷方式

图10.1.9　模板搜索

Step3. 挑选好问卷模板后，点击打开该问卷模板，而后点击下方的"使用该模板"即可基于该模板新建问卷，创建后的问卷如图10.1.10、图10.1.11所示。

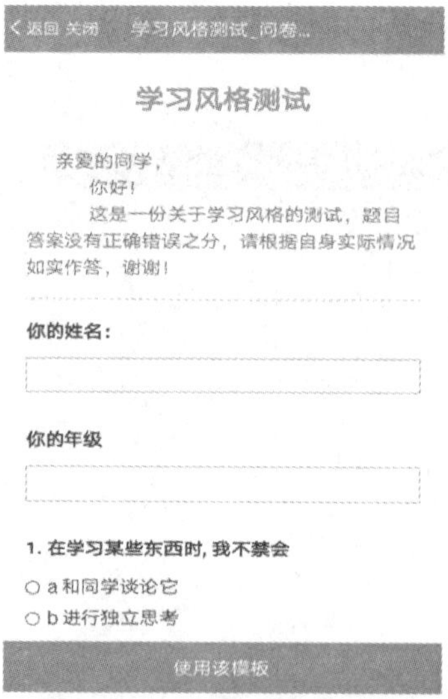

图 10.1.10　使用问卷模板 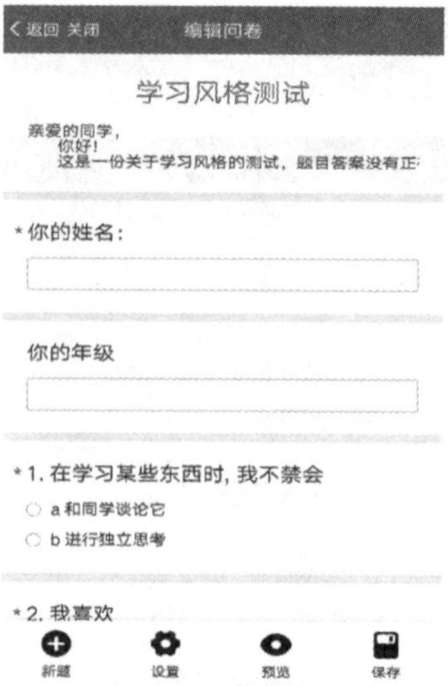　　图 10.1.11　基于模板创建的问卷

Step4．如需添加新题，可以点击页面下方的"新题"按钮，选择题型并添加内容。此外，问卷星给出了姓名、性别、手机等选项，通过点击即可添加，用户还可以在问卷星题库中选题或通过拍照读取题目。由于性别可能会影响学习风格，这里选择点击"性别"，添加搜集性别信息的题目，如图 10.1.12、图 10.1.13 所示。

图 10.1.12　选择题型 　　图 10.1.13　编辑题目内容

Step5. 问卷编辑完成后，点击页面下方的保存按钮，跳转到图 10.1.14 所示页面，然后单击"发布问卷"即可分享问卷，可以通过问卷文件、问卷链接或二维码的方式让学生填写，如图 10.1.15 所示。

图 10.1.14　保存问卷　　　图 10.1.15　分享问卷

Step6. 问卷发布后，在问卷星中可以看到其运行的状态：在右侧可以看到实时填写份数，如图 10.1.16 所示。在搜集完问卷数据后，点击问卷，在弹出的功能菜单中选择"结果"，即可查看问卷的统计结果，如图 10.1.17 所示，据此进行分析就可以大致了解学习者的学习风格。

图 10.1.16　问卷运行状态　　　图 10.1.17　问卷统计结果

案例2：统计学生基本信息

在教学过程中，教师通常需要收集学生的基本信息以便于针对学生学习中出现的问题和学生家庭进行沟通交流。过去教师收集学生信息常用的方式是填写纸质表格，而通过问卷星的报名表单功能可以更便捷地完成学生信息的统计。

Step1. 打开问卷星软件，登录后点击"创建"或"创建新问卷"按钮，选择创建问卷类型为"报名表单"，如图10.1.18、图10.1.19所示。

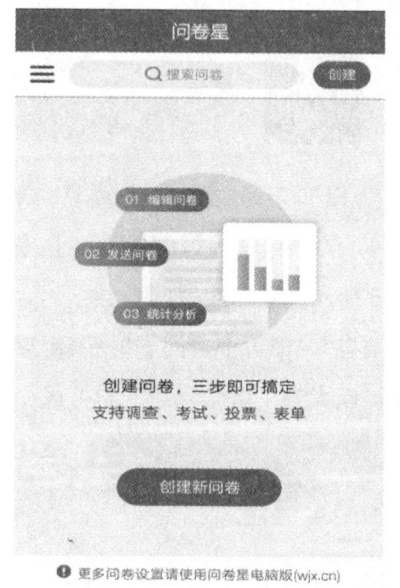 

图10.1.18 主界面　　图10.1.19 选择问卷类型-报名表单

Step2. 在打开的创建问卷页面中选择"从空白创建"，并将表单命名为"××班家庭信息统计"，如图10.1.20、图10.1.21所示。

Step3. 在打开的问卷页面中点击"添加新题"或页面下方的"新题"按钮，而后点击"姓名"快速添加姓名题目，如图10.1.22、图10.1.23所示。

图 10.1.20　问卷创建方式　　图 10.1.21　表单命名

图 10.1.22　空白问卷　　图 10.1.23　快速添加题目

Step4. 确认弹出的姓名题目信息符合自己的需求并设置"题目必须回答",而后点击"确定"即可完成姓名题目的添加,并以类似的方式完成其他题目的添加,如图 10.1.24、图 10.1.25 所示。

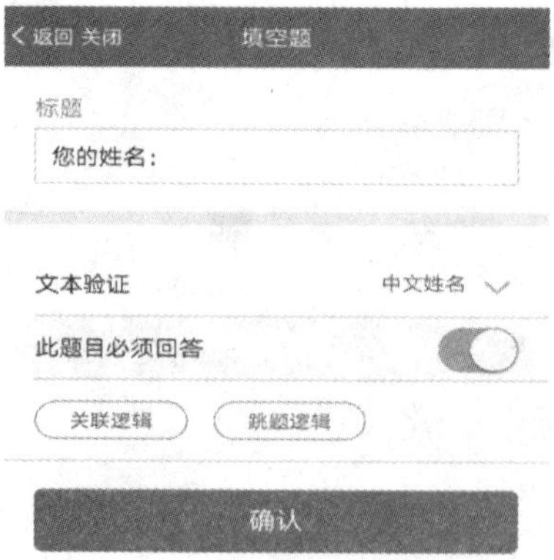

图 10.1.24　题目设置 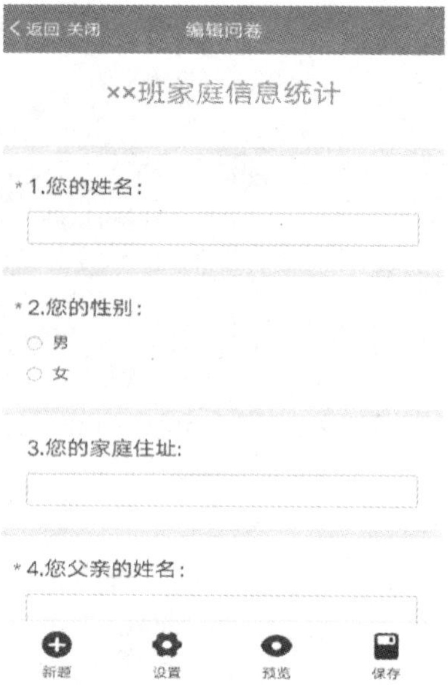　　　　图 10.1.25　添加其他题目

Step5. 完成所有题目的添加后保存并发布问卷，而后以分享问卷文件、链接或二维码的方式将问卷分享给学生，如图 10.1.26、图 10.1.27 所示。

图 10.1.26　保存问卷 　　　　图 10.1.27　分享问卷

Step6. 问卷发布后，可以在问卷星软件中查看问卷的实时填写情况，并可以通过点击"结果"查看学生信息，如图 10.1.28、图 10.1.29 所示。

图 10.1.28　问卷运行状态　　图 10.1.29　问卷统计结果

案例 3：创建在线测试

在教学中，通常需要对学生进行测试来了解他们的学习情况。利用问卷星 APP 提供的创建在线考试功能，教师可以更灵活地对学生开展测试并及时获取结果，从而对学生的学习情况有更深入的了解。使用问卷星 APP 创建在线测试的具体操作步骤如下：

Step1. 打开问卷星软件，登录后在图 10.1.30 所示界面中点击"创建"或"创建新问卷"按钮，并在弹出的图 10.1.31 界面中选择创建问卷类型为"考试"。

Step2. 如图 10.1.32 所示，在打开的创建问卷页面中点击"选择空白模板"，而后在弹出的图 10.1.33 界面中对考试进行命名并给出考试说明。

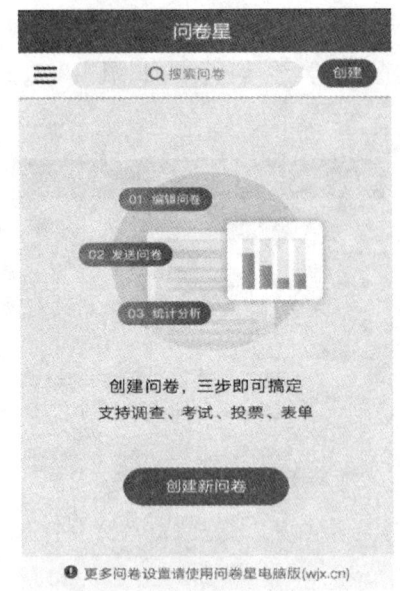

图 10.1.30　主界面　　　　图 10.1.31　选择问卷类型-考试

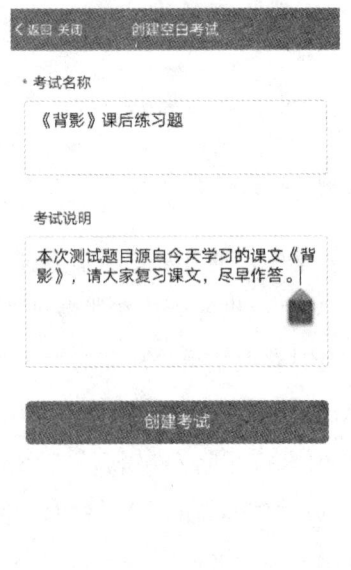

图 10.1.32　问卷创建方式　　图 10.1.33　考试命名及说明

　　Step3.　如图 10.1.34 所示，在打开的编辑考试页面中点击"添加题目"或页面下方的"题目"按钮，而后在弹出的图 10.1.35 界面中选择题型并编辑题目。

图 10.1.34　添加题目　　　图 10.1.35　选择题型

Step4. 如图 10.1.36 所示，依次添加考试题目，而后点击下方的"设置"按钮，设置问卷的起止时间和答题权限等参数，如图 10.1.37 所示。

图 10.1.36　添加考试题目　　　图 10.1.37　"问卷设置"界面

Step5. 如图 10.1.38 所示,在完成考试问卷设置后保存并发布考试,而后在图 10.1.39 所示界面中通过分享问卷文件、链接或二维码的方式将问卷分享给学生。

图 10.1.38　保存并发布考试　　图 10.1.39　分享问卷

Step6. 到达问卷截止时间,可以在图 10.1.40 所示界面中查看考试的完成情况,并可以通过点击"结果"来查看学生的答题情况并进行相应的分析,如图 10.1.41 所示。

图 10.1.40　答题情况　　图 10.1.41　统计结果

此外，问卷星还具有在线投票、收集家长意见和获取学生评价等应用，具体操作与上述应用类似。

10.2 腾讯问卷

10.2.1 腾讯问卷相关知识

腾讯问卷是腾讯公司推出的完全免费的专业在线问卷调查平台，它提供多种问卷创建方式、简单高效的编辑方式、强大的逻辑设置、专业的数据统计及样本甄别等多种功能。腾讯问卷内含大量的问卷题型和问卷模板，方便用户进行问卷编辑设计。目前，腾讯问卷应用广泛，并获得 CCTV、小米、同程等企业用户的一致好评。

腾讯问卷具有以下特色：①完全免费：腾讯问卷是一个完全免费的在线调研平台，用 QQ 号就可以直接登录使用，并且没有使用人数和问卷回收数量的限制。②界面简洁：腾讯问卷最大的特点是界面设计简洁，容易上手，只要利用拖拉、点选等方式即可轻松创建、编辑一份完整的线上问卷。③模板专业：腾讯问卷提供的模板专业可靠，均为不同行业的专业问卷模板。④多终端自适应：腾讯问卷可以在 PC 端使用，也可以在移动端（手机、平板等）使用。⑤实时统计分析：腾讯问卷可以实时统计问卷回收数据，并能够直接在线上进行数据交叉和筛选分析，功能强大。

腾讯问卷暂时没有移动端 APP，不过用户可以通过手机浏览器直接访问腾讯问卷移动端官网（https://wj.qq.com/mobile/index.html），在手机上进行问卷的创建等操作，或是通过关注微信公众号"腾讯问卷"，在其中进行相关操作。

在教师的教学中，通常需要收集学生的一些信息，了解学生的基本情况，如学生的兴趣爱好和家庭基本情况等，这时采用制表填写的方式较为麻烦，而利用腾讯问卷可以更快速便捷地完成数据收集与分析。此外，利用腾讯问卷中提供的一些测试模板，教师还可以对学生进行一些测试，来对学生的学习能力有一定了解，并有针对性地为他们制订学习策略和学习目标。

10.2.2 腾讯问卷界面

1. 移动端网页界面

使用手机浏览器访问腾讯问卷官网，进入后界面如图10.2.1所示。

图10.2.1　腾讯问卷移动端官网　　图10.2.2　"我的问卷"界面

点击"立即使用"，而后选择QQ登录，即可进入"我的问卷"界面，如图10.2.2所示。界面下方有"新建""模板""我的""吐槽"四个功能菜单，点击"新建"可以进行问卷的编辑创建，点击"模板"可以在弹出的图10.2.3所示的问卷模板中选择适合的模板，点击"我的"可以回到"我的问卷"界面，点击"吐槽"可以向腾讯问卷制作团队反馈意见与建议。

2. 微信公众号界面

打开微信软件，搜索"腾讯问卷"公众号，点击关注并进入公众号，如图10.2.4所示。点击下方的"创建问卷"，可以选择创建空白问卷或使用模板创建问卷，用这两种方式创建的问卷的界面分别如

图10.2.5和图10.2.6所示。

图10.2.3 "问卷模板"界面　　图10.2.4 腾讯问卷公众号

图10.2.5 创建空白问卷　　图10.2.6 使用模板创建问卷

点击"我的问卷",可以进入同移动网页版相似的"我的问卷"界面,如图 10.2.7 所示,该界面下方的功能菜单与移动端网页界面的相同。点击"用户中心",可以看到多个功能菜单,能为用户提供相应的支持与帮助,如图 10.2.8 所示。

图 10.2.7　"我的问卷"界面　　图 10.2.8　用户中心

10.2.3　教学应用案例

案例:调查学生兴趣爱好

在学习内容上,不同学生往往会表现出不同的偏好。了解学生的兴趣爱好,有助于教师因材施教,制订个性化的教学策略。使用腾讯问卷,教师可以便捷地创建问卷并进行发放、收集与分析,方便教师的教学管理。具体步骤如下:

Step1. 打开手机浏览器,进入腾讯问卷官网并登录,而后点击"我的问卷"界面(图 10.2.9)下方的"新建"按钮,进入"编辑问卷"界面,如图 10.2.10 所示。

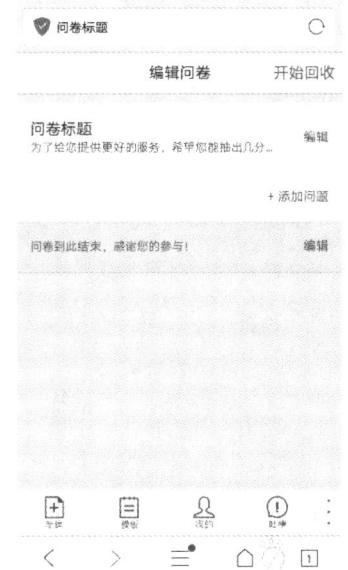

图 10.2.9 "我的问卷"界面　　图 10.2.10 "编辑问卷"界面（一）

Step2. 如图 10.2.11 所示，在打开的"编辑问卷"界面中，点击问卷标题栏右侧的"编辑"，而后在打开的"编辑标题"界面中输入问卷标题，添加问卷描述，并点击"确定"保存问卷，如图 10.2.12 所示。

图 10.2.11 "编辑问卷"界面（二）　　图 10.2.12 输入问卷标题

Step3. 点击添加问题，可以利用题目控件或从题库中选题来快捷添加问题，如图 10.2.13 和图 10.2.14 所示。

图 10.2.13　题目控件　　　图 10.2.14　题库

Step4. 如图 10.2.15 所示，逐个添加问题，直至完成问卷，完成后的界面如图 10.2.16 所示。

图 10.2.15　编辑问题　　　图 10.2.16　完成问卷后界面

Step5. 点击"保存"后回到"我的问卷"界面，点击创建的问卷，在弹出的如图 10.2.17 所示的功能菜单中点击"开始回收",并在点击"查看"后,复制该网页链接发送给学生填写,如图 10.2.18 所示。

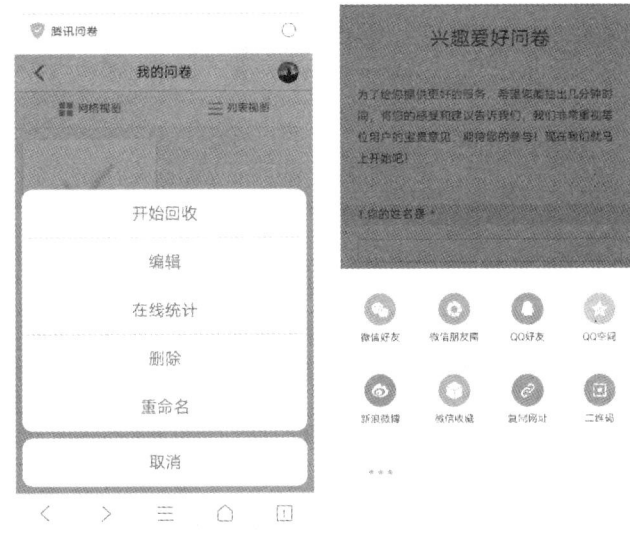

图 10.2.17 "功能"菜单　　图 10.2.18 分享问卷

Step6. 如图 10.2.19 所示,在"我的问卷"页面,可以查看问卷的填写情况。此外,点击问卷,选择在线统计功能,可以对问卷填写情况进行分析,如图 10.2.20 所示。

图 10.2.19 问卷填写情况　　图 10.2.20 问卷分析结果

11 在线作业类工具——一起作业网

11.1.1 一起作业网相关知识

一起作业网是一款专注于中小学数学和英语学科,依托强大的教研和技术团队,为中小学老师、学生以及学生家长提供基于互联网的在线作业、考试和专项应试练习等功能的在线学习平台。一起作业网不仅为老师、学生和家长三方提供在线互动教学服务,而且它联合美国加州大学伯克利分校语音实验室,应用世界领先的智能语音纠正技术——发音即时打分技术,整合并利用语音心理学、儿童心理学等先进理念,配合对话机器人等趣味性设计,全面提升学生的学习体验和学习效率。该平台支持网页端和移动端使用,且在移动端提供了五款独立的 APP,分别供小学生、中学生、小学老师、中学老师和家长使用。

一起作业网覆盖了全国范围内的中小学英语和中小学数学全版本教材,所提供的学习资源与各学科对应的数十种教材同步,匹配最新颁布的九年义务教育新课标的要求,方便老师和学生根据需要进行选择使用。通过该平台,学生可实现与课堂教学完全同步的自主学习,并且可以享用全国范围内小学和初中各版本,以及各年级的数学、英语练习与名校试题。教师通过该平台可轻松创建网上班级,实现一键布置和检查全班作业,并可免费使用来自全国重点名校的最新真题题库,实现个性化的班级组卷,利用该平台智能生成班级成绩报告,做到对学生知识点的掌握情况一目了然。家长利用该平台可以轻松与老师在线沟通,了解孩子学习情况,也可通过成绩报告,详细了解孩子对知识点的掌握情况,与孩子共同学习,见证孩子的进步与成长。

11.1.2 一起作业网平台界面

一起作业网支持手机端和网页端两种应用,下面分别介绍手机端和网页端的界面。

1. 手机端界面

一起作业网手机端应用分为学生端、教师端和家长通。学生端和教师端的应用又分为针对小学生的和针对中学生的，也就是说，在手机端共集成了五款独立的APP，名字分别为一起小学学生、一起中学学生、一起小学老师、一起中学老师和家长通。用户可直接在手机的应用商店中搜索并下载，或用手机浏览器登录一起作业网官网进行下载，下载页面如图11.1.1和图11.1.2所示。

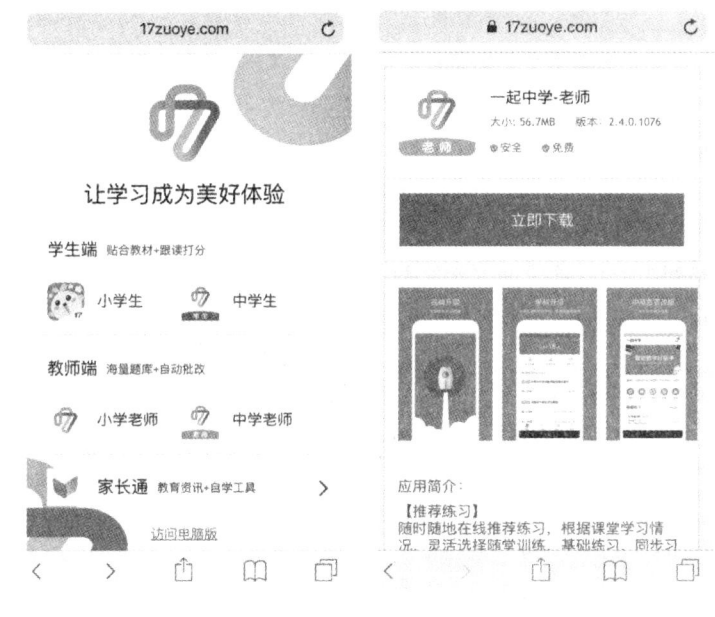

图 11.1.1　移动端官网　　　图 11.1.2　下载页面

（1）学生端界面

以一起中学学生APP为例介绍学生端界面。打开下载好的APP，首先要做的就是注册或登录，如图11.1.3所示。对于新用户，进入"注册"界面，注册环节直接输入你所在班级的老师给的号码加入班级，然后完成必要的信息填写即可，如图11.1.4所示。

完成注册后，登录账号，就进入到APP的主界面。界面最上方显示了该账户当前所在的学年、学期以及学周。右上角的信封标志为消息，在这里可以查看用户收到的各种通知消息。界面最下方导航栏中有

图 11.1.3 "注册/登录"界面　　图 11.1.4 "注册"界面

三个选项,分别为"学习""提分"和"我"。"学习"界面如图 11.1.5 所示,界面上有"错题本"和"自学提分"两个按钮,分别用于查看错题记录和进入自学界面。界面下方显示的是待完成练习、练习历史和一些简单的反馈信息,方便学生查看未完成的练习,并继续学习。点击"提分"选项进入"提分"界面,如图 11.1.6 所示。"提分"界面显示

图 11.1.5 "学习"界面　　图 11.1.6 "提分"界面

的是学生加入的课程以及学生在该课程学习中的相关信息,如针对学生的薄弱点给学生推荐的题目及完成情况反馈等,点击界面右方的"进入"即可开始学习。点击"我"选项进入"我"界面,在这里可以查看学生的个人信息,如所在班级、勋章、排行榜等,也可进行一系列的设置,查看该软件的帮助信息与反馈等,如图 11.1.7 所示。

(2)教师端界面

以一起中学教师 APP 为例介绍教师端界面。打开下载好的 APP,首先要做的同样是注册或登录。对于新用户,进入"注册"界面,注册环节填写相应资料,选择所在学校,然后创建班级即可,如图 11.1.8、图 11.1.9、图 11.1.10 所示。成功创建班级后,会得到一个教师号,把教师号发送给学生,学生即可在学生端填写教师号加入班级。

图 11.1.7　"我"界面　　　图 11.1.8　教师完善资料

教师登录进入 APP 后可以看到,主界面包含四个选项,分别是"发布""学情""资源"和"我的"。在"发布"页面,教师可以发布试卷,查看所带班级学生的错题和薄弱知识点,组织学生参加模拟考等。同时,在这一页面中也可以看到自己已发布的试题数目和已发布试题的在线分析报告,如图 11.1.11 所示。点击"学情"选项打开"学情"界面,可以查看该班整体学习情况以及每一位学生的学习情况,如图 11.1.12 所示。

图 11.1.9 教师选择学校　　　　图 11.1.10 教师创建班级

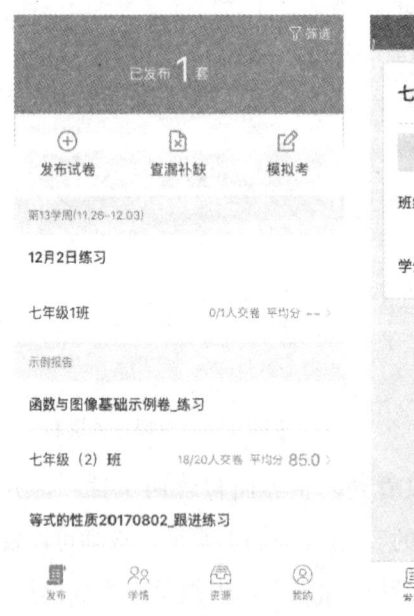
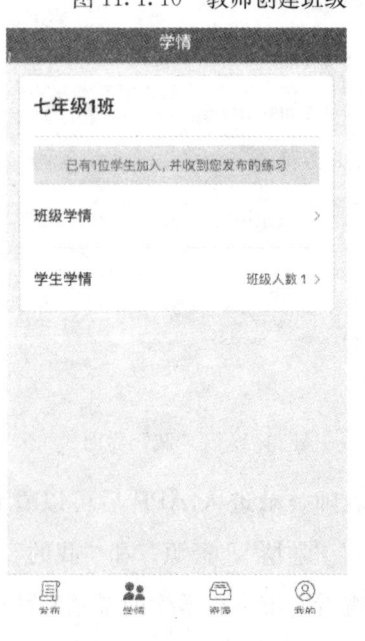

图 11.1.11 "发布"界面　　　　图 11.1.12 "学情"界面

点击"资源"选项进入"资源"界面,如图 11.1.13 所示,在界面的左上角，教师可以选择教材的年级和版本，右上角可查看自己收藏的试题和试卷。根据教师选择教材的年级和版本，"资源"界面为教师提供了大量的配套资源，包括题库、同步卷、单元卷、专题卷等，教师可分别点进去查看具体试题并根据需要选择题目组卷。点击"我的"选项进入"我的"界面，教师可以编辑个人资料、查看活动、使用小测本批改工具、管理班级等，也可查看帮助与反馈，还可以退出登录，如图11.1.14所示。

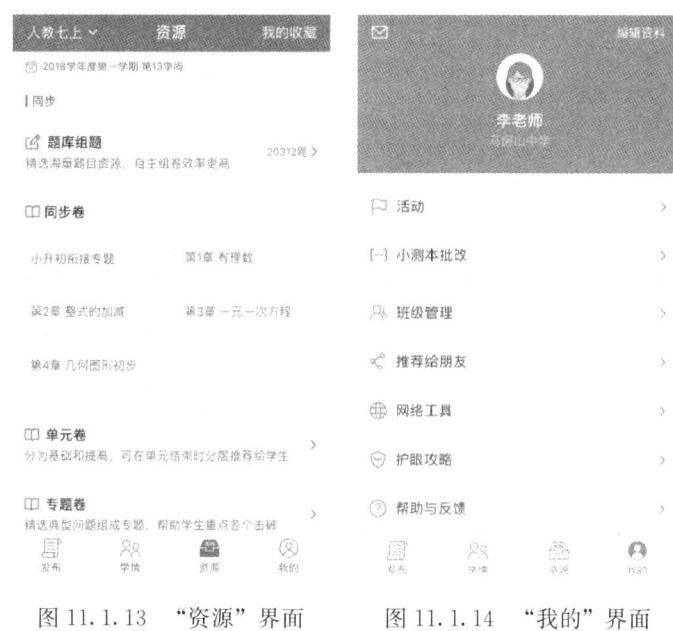

图 11.1.13　"资源"界面　　　图 11.1.14　"我的"界面

（3）家长通界面

家长通是供家长使用的一款 APP，主要是帮助家长及时了解孩子的学习情况，且提供了一些精品课程和优质的学习资源。该 APP 共分为五个应用界面，分别是"学习资源""精品课程""孩子学情""家长说"和"我的"。在"学习资源""精品课程"界面，家长可为孩子找到很多绘本、课程视频等资源，如图 11.1.15 所示。在"孩子学情"界面，家长可看到孩子的试卷及练习情况。"家长说"界面中有许多关于教育孩子的热点话题，家长们可以加入话题讨论，与其他家长相互交流和学习，如图 11.1.16 所示。

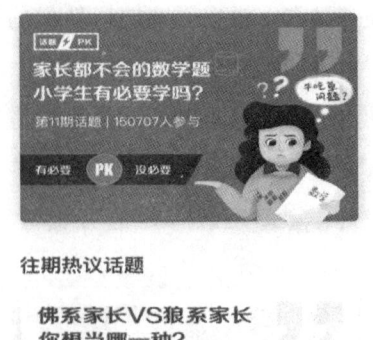
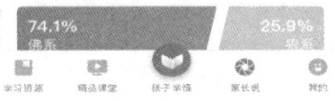

图 11.1.15 "学习资源"界面　　图 11.1.16 "家长说"界面

2. 网页端界面

进入一起作业网（https://ucenter.17zuoye.com），网页端的界面简洁，不同的模块布局清晰，使用时更加直观。不管是学生端（图 11.1.17）还是教师端（图 11.1.18），导航栏均位于网页的上方，横向排开。网页端的模块和功能与手机端基本一致，不再赘述。

图 11.1.17　网页版学生端

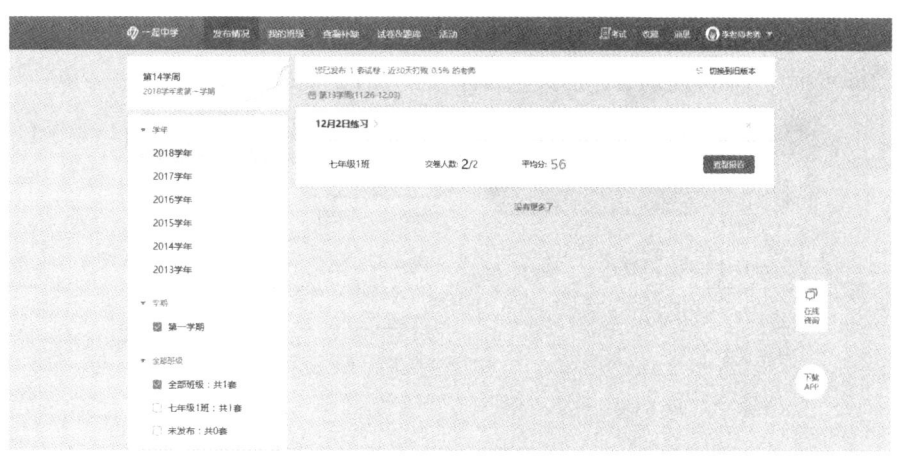

图 11.1.18　网页版教师端

11.1.3　教学应用案例

本节主要探讨教师如何有效地使用一起作业网在线学习平台。下面以初中数学为例，详细介绍教师端的使用。

案例 1：组卷及发布试题

利用一起作业网，教师可以非常方便地给学生布置练习或者组织考试。教师完成创建班级后，直接将教师号发给学生，学生即可加入到该班级中。在 APP 的发布界面，如图 11.1.19 所示，找到发布试卷的按钮，点按后即会跳转到"资源"界面进行组卷。组卷的方式有两种，分别是题库组题和快速组卷。

题库组题，即在海量的题库中挑选合适的题目，组成一张完整的试卷。步骤如下：题库组题→选择章节→选择题型（选择题、填空题、解答题）→选择难度（简单、中等、偏难、困难）→挑选合适的试题→点击右下角的"组卷"。在上述步骤中，通过选择题型和难度，可有针对性地挑选试题，节约组卷的时间，提高组卷的效率。在页面的右下角始终有一个蓝色的小圆圈，它显示了当前已选题目的个数，如图 11.1.20 所示。当题目挑选完毕后，点击该圆圈，即可对当前试卷进行一定的设置，包括设置试卷名称、更换相似题目、删除题目等。注意，将试卷拉到底部，在左下方有一个上传解答过程的选项，点选该选项即可上传解答过程，方便学生做题之后查看正确的解题过程。

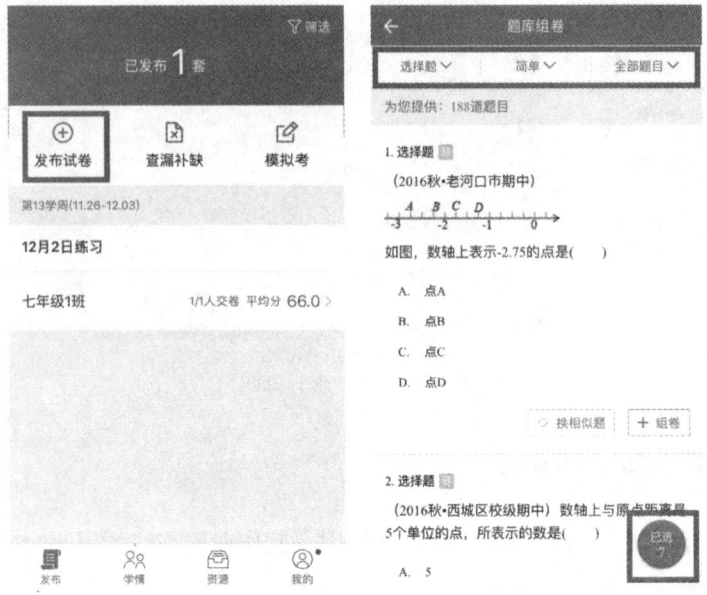

图 11.1.19　发布试卷　　　　图 11.1.20　选题

试卷设置完毕，可点击"保存，稍后发布"，或直接点击"发布线上测评"，如图 11.1.21 所示。

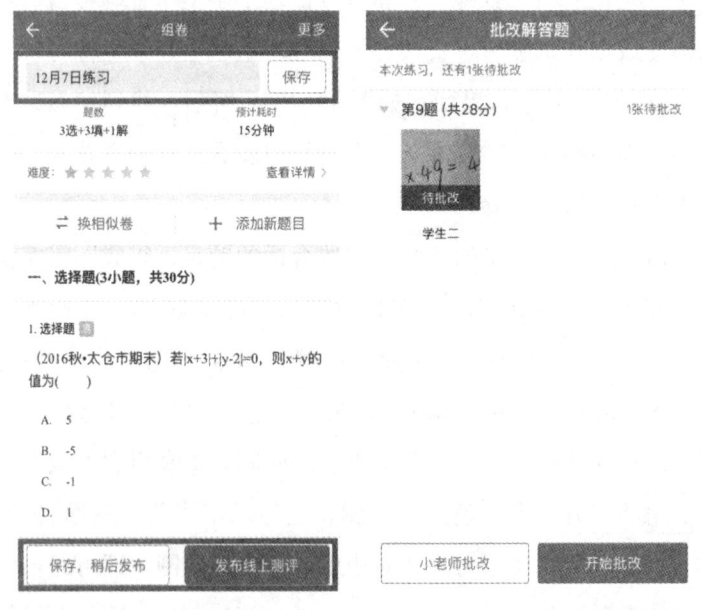

图 11.1.21　命名和发布　　　图 11.1.22　待批改试题

快速组卷，即利用题库中已有的试卷直接发布，或在已有试卷的基础上添加题目、删除题目或更换相似题目进行组卷。试题库中提供了同步卷、单元卷、专题卷、期中卷、期末卷等多种类型供教师选择。

案例 2：试卷批改

试卷发布后，学生即可在学生端在线答题。在教师端首页可以看到学生们的参与情况。当有学生提交试卷后，在教师端首页即可看到待批改的试卷，如图 11.1.22 所示，点击试卷即可进入批改页面。通常，待批改的部分为需要详细解题过程的解答题，而填空题、选择题等客观题则由系统自动批改。批改过程中，教师可根据学生上传的解题过程判断正误，同时也可进行"批注/留言"，如图 11.1.23 所示。

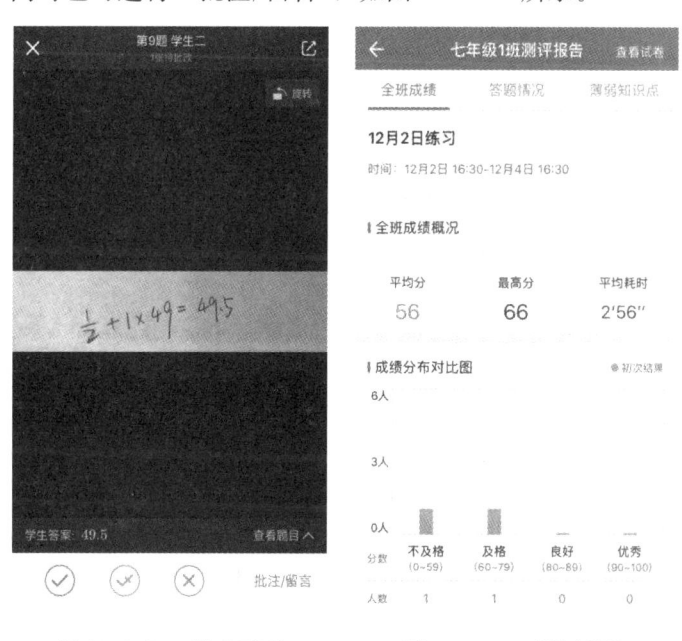

图 11.1.23　批改页面　　图 11.1.24　测评报告

案例 3：生成测评报告

试卷批改完成后会自动生成测评报告。点击试卷对应的班级，即可看到该班的测评报告，如图 11.1.24 所示。测评报告里显示了全班的成绩状况（平均分、最高分、平均耗时）、成绩分布对比图（不及格、及格、良好、优秀）和学生成绩表（每位学生的名次、初始成绩和重做成绩）。在成绩表的右上方还可一键鼓励学生，其功能包括提醒学生及时交卷、鼓励学生重做试题和留言。除了成绩，测评报告还统计了全班同学的答题情况，不仅显示了每道题的正确率（图 11.1.25），还显示了学生的薄弱知识点（图 11.1.26）。

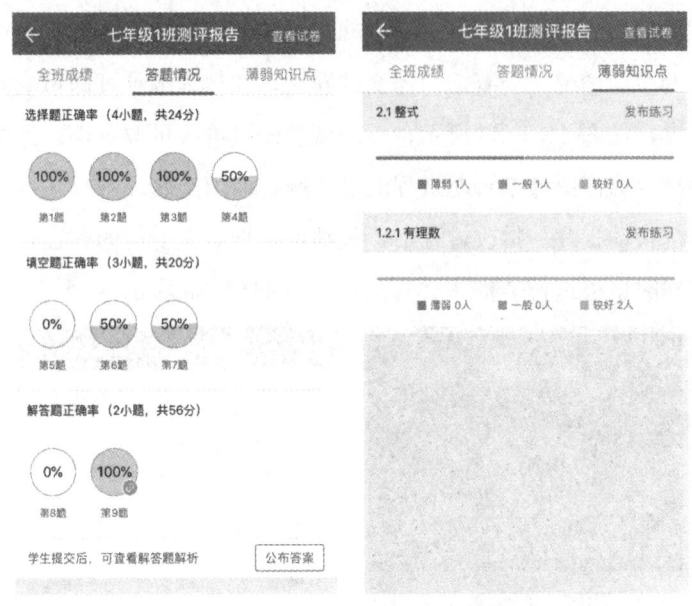

图 11.1.25　答题情况　　　图 11.1.26　薄弱知识点

案例 4：学情分析

在学情界面，教师可以查看班级的整体学情与每个学生的学情。在"班级学情"页面，不仅可以看到整个班级对知识点的总体掌握情况和每一周学生的练习正确率曲线，还可以看到每一个章节出现的高频错题和薄弱知识点，以及每一章节知识点的掌握情况，如图 11.1.27 所示。在"学生学情"页面，则可以看到每一位学生做题的数目以及对知识点的掌握情况。同时，"学生学情"页面还提供了进步榜和勤奋榜，对学生的学习情况做出了相应的排名，方便教师了解每一位学生的详细学习情况，如图 11.1.28 所示。

图 11.1.27　班级学情　　　图 11.1.28　学生学情

一起作业网通过技术手段促进了教学方式的信息化改革，方便了教师的教学管理，对提高教师的工作效率、降低教师的工作强度具有重要作用。和一起作业网功能相似的应用工具还有批改网、爱作业、作业盒子等应用。

第五部分

信息技术能力提升篇

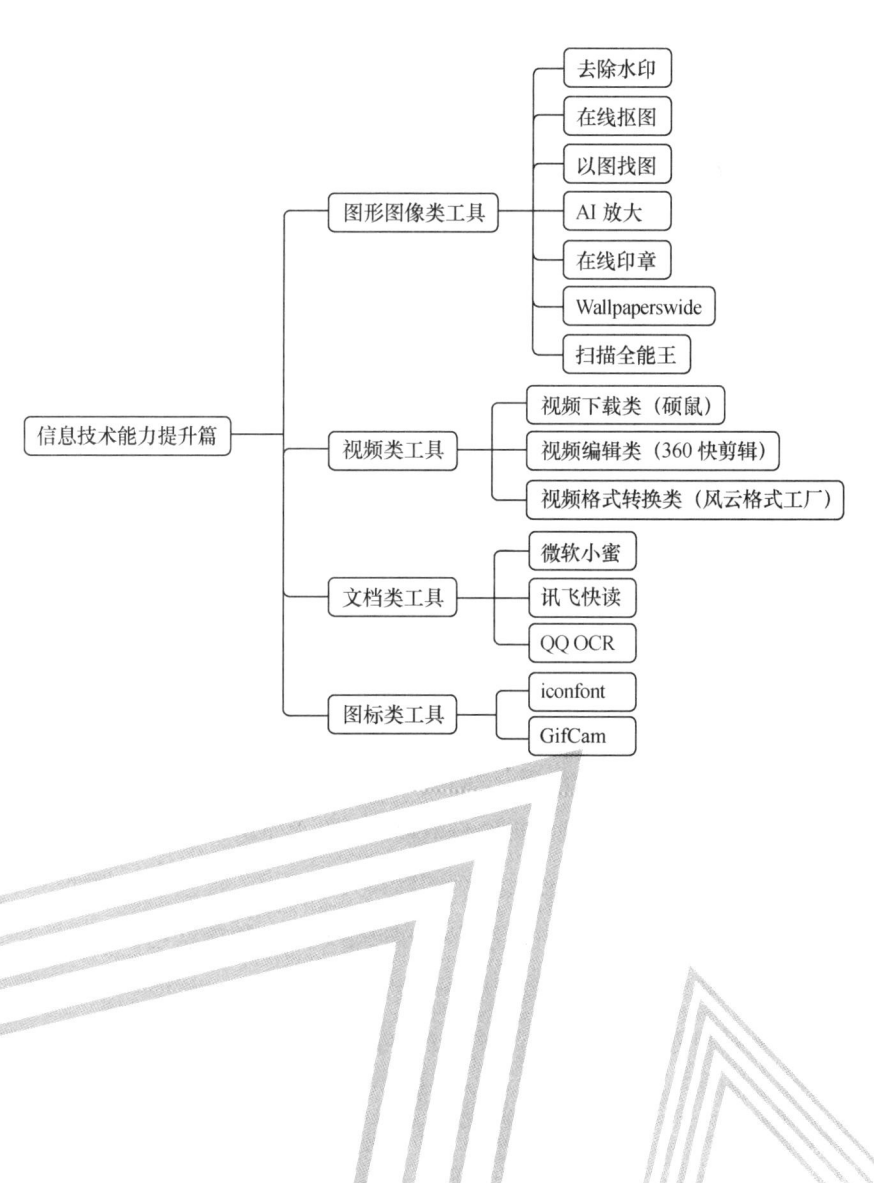

随着社会经济的发展，以信息技术为代表的新技术正深刻地影响着社会的各个方面，教育也不例外。从教学内容的多媒体展示，教学过程的即时交互和教学环境的多样化，到教学评估和教学指导的个性化，技术不断给教育教学注入源头活水，让教育信息化有了不断前行的不竭动力。

目前，我国教育信息化尚处于应用阶段，正向融合阶段发展。教师作为促进信息技术与教学融合、推进信息化教学应用的直接推手，其信息技术应用能力直接影响着信息技术在教学中的应用程度。如果说信息技术是威力巨大的"魔杖"，那么教师就是操纵这个魔杖的"魔术师"。

全面提升教师的信息技术应用能力，促进信息技术与教育教学的深度融合，对推进我国教育改革发展和实现教育现代化具有重要的意义。2012年，教育部颁布了《教育信息化十年发展规划（2011－2020年）》，把教育信息化摆在支撑引领教育现代化的战略地位。2013年，教育部印发《关于实施全国中小学教师信息技术应用能力提升工程的意见》，要求开展教师信息技术应用能力测评，推动教师主动应用信息技术。为了全面提升中小学教师信息技术应用能力，促进信息技术与教育教学深度融合，2014年教育部又制定发布了《中小学教师信息技术应用能力标准（试行）》。一系列文件的出台，说明了提升教师信息技术应用能力的必要性和迫切性。

教师队伍建设是教育信息化可持续发展的基本保障，在信息化社会中，教师必须具备信息技术应用能力。现阶段，教师信息技术应用能力不足已成为技术与教学融合的一大阻力。功能多样、价格昂贵的教学一体机放在教室里，然而许多教师只把它当成课件的播放器，不懂得结合教学白板等软硬件资源发挥互动教学的优势。

教师信息技术能力的提升是个综合工程，涉及多个方面，不仅包括教师对各种信息化教学工具软件的熟练掌握和灵活运用，更包括教师如何将信息技术与教学深度融合，熟练掌握和灵活运用各种信息化教学工具和软件是提升教师信息技术能力的第一步。

信息化工具和软件参与教学，带来了教学模式和教学方法的全面革新，为师生带来了高效、便捷、丰富有趣的教学体验，已成为信息化教学不可分割的组成部分。目前，服务于移动教学和移动学习的各类信息化教学工具和软件，以其内容获取的便利性、学习体验的个性化、学习互动的便捷性、学习服务的多样性等正成为信息化教学应用的热点。本篇介绍的信息化教学工具和软件主要是基于移动终端的，包括图形图像类工具、视频类工具、文档类工具和图标类工具。

图形图像类资源是重要的多媒体资源，教师不管是制作教学 PPT 课件，还是制作各种教学视频，都离不开图形图像类素材，需要对图形图像类资源进行各种操作，如查找合适的教学图片、去除图片上的水印、抠图、处理效果不太好的图片、为图片加上个性化的标签、扫描图片，等等。图形图像类工具主要用于处理与图形图像类资源相关的信息，包括处理位图和矢量图。熟练掌握和运用图形图像类工具，可以提升教师使用和处理教学图形图像的能力。

教学视频是指针对特定教学内容、特定教学对象设计和制作的较为直观的教学资源，是现代化教学中必不可少的组成部分，在各级各类教学中占有非常重要的地位。为了使教学视频资源更好地为教学服务，教师需要掌握一些典型的用于处理视频的工具，帮助处理一些视频类教学资源。视频处理类工具主要包括视频下载、视频编辑、视频格式转换等工具，掌握这些工具可以帮助教师快速提升处理教学视频的能力。

文档类资源主要指文字形态的资源，是教师日常工作中需要处理的主要资源。快速高效地处理文档类资源对于提高教师工作效率、减轻教师工作强度具有重要作用。文档类工具主要用于处理与文档相关的信息，如文本朗读、图片文字识别等，这些工具可以帮助教师快速处理各种文档类教学资源。

图标是一种介于实物图像与抽象符号之间的标志性符号，它比实物图像抽象，比文字形象。在制作教学资源时，小图标的运用可以强化视觉效果，引导师生交互，或者帮助教师进行一些个性化的设计，起到画龙点睛的作用。图标类工具正是用于处理图标的一类工具，如快速搜索所需要的图标，制作个性化的小图标和简单的 GIF 动图，等等。运用图标类工具可以方便地处理与图标相关的资源，为教师制作各种教学资源提供支持。

当然，正如祝智庭教授所言，我们必须清醒地认识到，信息技术的应用不会自然而然地创造教育奇迹，它可以被用于促进教育革新，也可以被用于强化传统教育，因为任何技术的社会作用都取决于它的使用者。因此，只有激发教师的创新活力，才能保证信息化教学的有效性。熟练掌握和灵活运用这些移动端信息化教学工具和软件，必然会为教师信息化教学能力的提升助一臂之力。

12 图形图像类工具

在制作教学资源时，教师往往需要处理一些图形图像资源，如查找合适的图片、去除图片上的水印、抠图、处理效果不太好的图片、为图片加上个性化的标签等等，要处理好图形图像资源必须了解一些图形图像类工具。图形图像类工具主要介绍处理图形、图像的工具，熟悉该类工具可以提升教师使用和处理教学图形图像的能力。

12.1 去除水印

12.1.1 去除水印相关知识

水印是指加在图片上的半透明的图标或者文字。教师在网络上下载的素材往往会带有一些水印，有些水印影响图片的美观，这个时候就需要去除水印工具来帮助去除水印。去除水印可以通过 Photoshop 等专业软件来实现，但使用 Photoshop 过于复杂，我们可以利用美图秀秀网页版轻松实现去除水印。

美图秀秀网页版是美图科技有限公司开发的一款免费在线图片处理工具（官方网址：http://xiuxiu.web.meitu.com/），它具有打开即用、操作简单、容易上手等特点。除了去除水印以外，还可以把图片中的杂物当作水印来处理，实现去除图片中杂物的功能。

12.1.2 美图秀秀网页版界面

输入网址进入美图秀秀页面后，进入如图 12.1.1 所示的界面。界面上主菜单栏主要有"打开图片""美化图片""人像美容""拼图"等选项。用户可以通过"打开图片"选项上传需要编辑的图片，然后通过

"美化图片""拼图""动画"等选项对图片进行相关编辑操作,最后可以保存或者分享处理好的图片。

图 12.1.1　美图秀秀网页版界面

界面左边有操作提示和画笔大小的缩放按钮,可以根据需要选择合适的画笔大小进行操作。对于背景比较单一、色彩变化较少的图片一次选择就能达到不错的效果,但对于背景较为复杂的图片,就需要选取小画笔或者将图片放大,将水印分为几个部分进行多次选取,每次尽量选取与背景颜色相近的部分,这样去除的效果会更好。

界面左上角有四个选项分别是"撤销""重做""原图"和"对比"。"撤销"可以撤销上一步的操作,"重做"可以撤销所有的操作,"原图"可以查看原图,"对比"可以将原图和效果图都显示出来进行对比。界面右下角是图片的大小信息以及图片的缩放比例调节按钮。

12.1.3　教学应用案例

教师在制作 PPT 时常需要使用网上的一些图片素材,但这些图片素材往往会带有水印,这时就需要去除水印。下面以一张图片为例,示范如何去除水印。

Step1. 打开美图秀秀网页版,点击"打开图片"菜单,选择需要去除水印的图片,这里打开的是一张颐和园十七孔桥图片。点击"美化图片"选项,选择"消除笔"命令,如图 12.1.2 所示。

图 12.1.2　去水印案例原图

Step2. 调节图片大小和画笔大小,按住鼠标左键,用鼠标在水印上涂抹,即可去除水印,去除水印后的效果如图 12.1.3 所示。

图 12.1.3　去水印案例效果图

Step3. 保存与分享。处理完水印后,点击右上角的"保存与分享"

选项，可以根据自己的需求进行保存和分享，如图12.1.4所示。

图 12.1.4　保存与分享示意图

通过美图秀秀网页版还可以去除图片中不想要的一些杂物，只要把杂物当作水印，按去除水印的方法操作就可以了。

12.2　在线抠图

12.2.1　在线抠图相关知识

"抠图"是图像处理中最常做的操作之一，指的是将图像中需要的部分从背景中精确地提取出来，教师在制作教学资源时可能经常需要抠图。抠图可以通过Photoshop等专业的图像处理软件来实现，但普通用户操作Photoshop软件比较困难，一些在线抠图工具已经能够满足一般需求。在线抠图工具主要通过保留和剔除选项来达到抠图的效果，常用的有稿定抠图（www.gaoding.com/koutu）、clippingmagic（www.gaoding.com/koutu）、autoclipping（autoclipping.com）和malabi（www.malabi.co/#/）等在线抠图工具。这些在线抠图工具功能相似，都是打开即用，方便快捷，操作也较为简单。稿定抠图是免费的中文在线抠图工具，其他三个为英文在线抠图工具，需要付费使用，但功能更加强大。下面主要介绍稿定抠图的使用。

12.2.2 稿定抠图界面

输入网址进入稿定抠图页面，上传图片后就进入如图 12.2.1 所示的操作界面。界面上方是"撤销""重做"以及"图片缩放"选项，中间操作区有原图和效果图的对比，用户可以直观地看到操作的效果。界面中最主要的操作选项是"保留"和"剔除"。点击"保留"选项即可将画笔变为保留画笔，用以选取需要保留的图片部分。点击"剔除"选项即可将画笔变为剔除画笔，用以选取需要删除的部分。界面最下方是笔刷属性的调节区和背景色的调节选项。在操作时可以先用大笔刷进行初步操作，然后放大图片在边缘区用小笔刷进行精细的调整。

图 12.2.1　稿定抠图操作界面

稿定抠图的操作较为简单，首先使用保留画笔在需要保留的部分标记，然后使用剔除画笔在不需要的部分进行标记即可，抠图后的效果如图 12.2.2 所示。

12.2.3 教学应用案例

以某同学的证件照的制作为例介绍稿定抠图的使用。首先导入一张以白色墙壁为背景的照片，然后用保留刷在人像上选取，用剔除刷在周围背景上选取，即可在右侧的效果图上看到抠图效果。为了获得好的抠图效果，可以把图片放大，对边角部分尤其是头发等部位进行细致的修改,然后将背景色换为红色,如图 12.2.3 所示,最后导出即可。

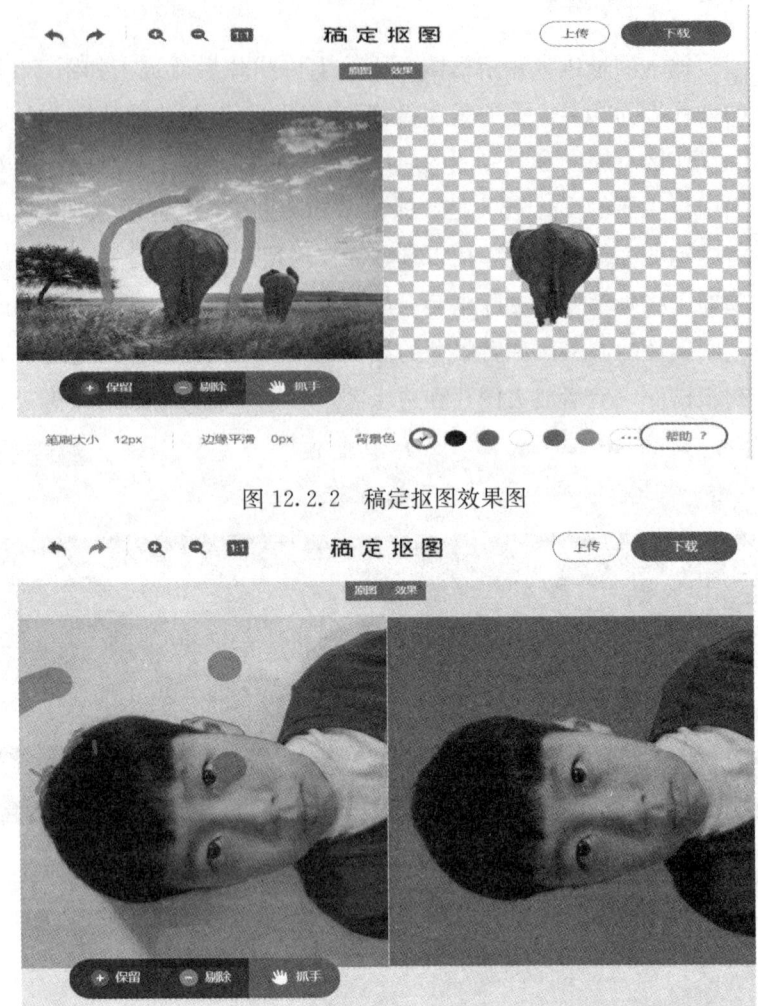

图 12.2.2　稿定抠图效果图

图 12.2.3　抠图案例

12.3　以图找图

12.3.1　以图找图相关知识

　　以图找图是通过搜索图像的文本或者视觉特征,为用户提供互联网上相关图形图像资料检索服务的专业搜索引擎系统。教师在教学中常常会需要一系列相关的图，这个时候就可以利用以图搜图，通过已有的少量图片找到大量的相关图片。百度识图（tu.baidu.com）和搜狗图片（pic.sogou.com）都提供了以图找图服务，它们的操作类似，这里主要介绍百度识图。

12.3.2 百度识图界面

输入网址进入百度识图页面，点击搜索框中的相机图标，会出现三种上传图片的方式，即本地上传、粘贴图片网址和拖拽图片，如图12.3.1所示。本地上传即选择保存在本地的图片文件上传或者使用相机拍摄上传，粘贴图片网址就是将一些图片的网址直接粘贴到搜索框，拖曳图片就是用鼠标左键点击选中图片，然后将其直接拖曳至搜索框就可以了。上传图片以后百度识图就会自动给出搜索结果，包括对图片内容的猜测、可能的图片来源以及大量的相关图片。

图12.3.1　百度识图页面

12.3.3 教学应用案例

下面以某一地球图片为例介绍具体操作。打开百度识图页面，点击相机图标选择上传一张地球图片，然后就可以查看相关的搜图信息了，如图12.3.2和图12.3.3所示。

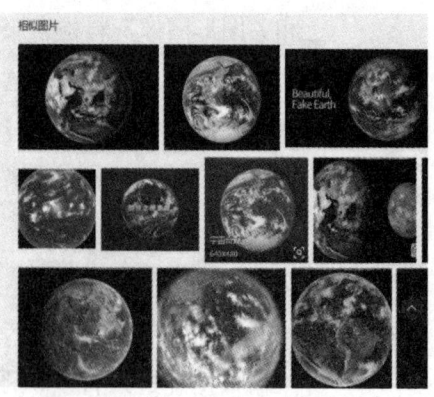

图 12.3.2　搜图结果（一）　　　　图 12.3.3　搜图结果（二）

12.4　AI 放大

12.4.1　AI 放大相关知识

　　AI 放大（www.bigjip.com）是常用的图像处理工具之一，是使用人工智能深度学习技术——深度卷积神经网络，通过补充噪点和锯齿的部分实现图片的无损放大。在教学中教师有可能获取到一些画质不是太好的图片，学生在观看投影时无法看清，因此需要将图片放大。使用传统方法放大后的图片会出现明显的模糊感，边缘有重影或者噪点，这个时候就需要 AI 放大了。AI 放大效果出色，色彩保留较好，图片边缘也不会有毛刺和重影，而且影响画质的噪点在放大的图片上基本看不出来。

12.4.2　AI 放大页面

　　输入网址进入 AI 放大页面，AI 放大页面十分简洁，如图 12.4.1 所示。点击"选择文件"选项选择需要放大的图片，然后再点击"开始"，即可进入放大配置页面，可以选择不同的图片类型、放大倍数和降噪程度。AI 放大所需要的时间会随着放大倍数和降噪程度的增加而增加。

图 12.4.1　AI 放大页面

12.4.3　教学应用案例

打开 AI 放大网页，点击相机图标，选择上传一张效果一般的卡通图片，然后选择相关参数，等待一会就可以看到放大后的效果。把经过普通放大的图片跟经过 AI 放大的图片放在一起对比，如图 12.4.2 所示，就会发现经过AI 放大的图片没有出现普通放大时边缘锯齿化十分严重的情况。

图 12.4.2　普通放大和 AI 放大对比

12.5　在线印章

12.5.1　在线印章相关知识

在线印章是改图宝（www.gaitubao.com/yinzhang）提供的一款在线生成印章的工具，使用简单方便，界面如图 12.5.1 所示。

界面上方是印章选项和需要输入的文字，下方是字体预览和样式的示例图。根据预览和示例图选择合适的字体和样式，然后输入印章文字，点击"制作印章"按钮即可。

图 12.5.1　在线印章界面

12.5.2　教学应用案例

下面以制作个人印章为例讲解具体操作。首先选择"魏碑"→"样式一"，然后输入自己的名字，点击"制作印章"按钮，即可得到如图 12.5.2 所示印章。生成的印章，可以下载，也可以生成二维码或发送到手机。制作好印章后，就可以在制作的教学资源上添加自己的印章了。

图 12.5.2　印章案例

12.6　Wallpaperswide

12.6.1　Wallpaperswide 相关知识

Wallpaperswide（wallpaperswide.com）是一个提供高清壁纸下载、上传的网站，拥有大量的免费资源，教师在这里可以找到自己想要的高清图片。

12.6.2 Wallpaperswide 界面

Wallpaperswide 界面如图 12.6.1 所示，右上角显示的是用户显示器的相关信息，包括用户显示器的宽高比和分辨率。界面上端是菜单栏，各个菜单的功能如下：点击"Home"（首页）可跳转至首页；点击"Latest wallpapers"（最新壁纸）可查看网站上最新的壁纸；点击"Top wallpapers"（最佳壁纸）可查看网站上最受欢迎的壁纸；点击"Submit wallpapers"（上传壁纸）可将自己的壁纸上传至网站，与大家分享，不过需要先注册；点击"Register"（注册）可进入注册页面注册。

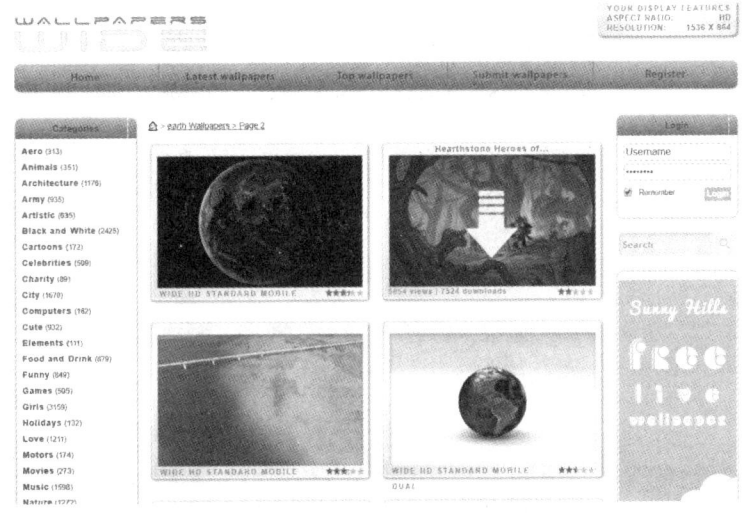

图 12.6.1　Wallpaperswide 主界面

主页左侧从上至下分别是"Categories"（类别）"Filter"（筛选）"Resolutions"（分辨率）三个选项。"Categories"选项将网站中的壁纸根据内容的不同进行了详细分类，用户可以根据需要进行选取。"Filter"共有两个筛选选项，可以根据宽高比或者分辨率等对壁纸进行进一步的筛选。"Resolutions"用于在用户不知道确切的分辨率时进行查询，根据不同的选项如手机型号等可以自动给出分辨率供用户参考。主页右侧从上至下分别是"Login"（登录框）和"Research"（搜索框）。"Login"用于注册用户的登录，"Research"用于搜索壁纸。该网站是英文网站，所以搜索时最好使用英文关键词。主页中间显示的是搜索到的壁纸，对选中的壁纸可以进行下载或收藏等操作。

12.6.3 教学应用案例

如果教师在制作教学资源时需要搜索一张分辨率为 1920×1080 的关于月亮的壁纸，可以这样操作：首先在搜索框中输入"moon"，然后在左侧的筛选条件中将分辨率设置为"1920 * 1080"，点击搜索框旁边的"确定"按钮就会出现很多符合条件的图片，如图 12.6.2 所示，用户可以根据自己的需要选择下载。

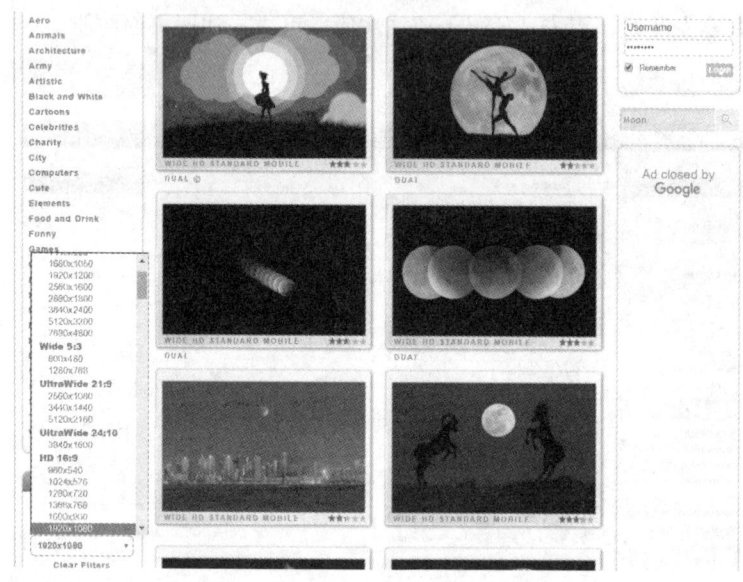

图 12.6.2　月亮壁纸搜索示例

12.7　扫描全能王

12.7.1　扫描全能王相关知识

扫描全能王是一款面向教学、学习、商务及日常生活方方面面的辅助性办公软件，可以随时随地把手机变成扫描仪，目前支持 Android 2.3 及以上版本。该软件可以自动去除手机所拍文档的杂乱背景，生成高清 JPEG 图片或 PDF、TXT 文本，并可以通过邮件、微信、QQ、传真等方式分享，可连接打印机进行无线打印，支持云端存储、多设备查看。扫描全能王界面简洁，功能清晰，是一款非常实用的工具。

在教学中，教师可以利用该软件随时随地扫描教案、习题等，并进行标签归类、手写批注以及文档编辑、分享与传输，甚至还可利用该软件生成试卷，方便教师进行各种教学活动。

12.7.2 扫面全能王界面

扫描全能王界面十分简洁，打开软件后主界面如图 12.7.1 所示，界面右下角为"拍摄"按钮，上方有"搜索"按钮，可搜索扫描过的文件。点击界面左上角的 ▤ 按钮，可以进行注册登录及相关设置等操作，如图 12.7.2 所示。

图 12.7.1　主界面　　图 12.7.2　注册登录及相关设置

点击主界面上方的 所有文档 按钮，可按类别查看文档，如图 12.7.3 所示。点击界面右上角的 ⋮ 按钮，可进行文档的导入、管理及浏览界面的设置等操作，如图 12.7.4 所示。

扫描全能王软件的获取与安装方式如下：如图 12.7.5 所示，在手机软件商店搜索扫描全能王软件，点击"安装"即可。

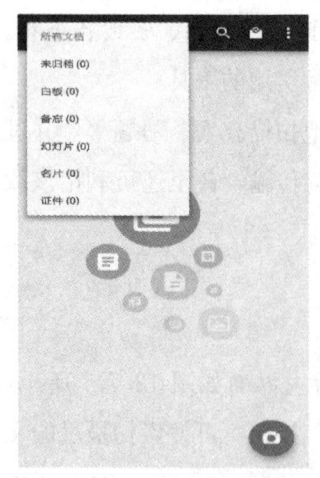 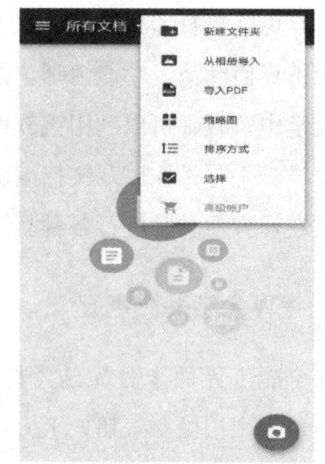

图 12.7.3　按类别查看文档　　图 12.7.4　文档的导入、管理及界面设置

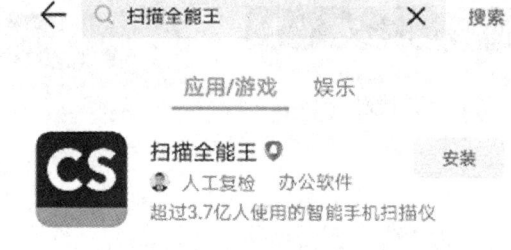

图 12.7.5　软件商店

12.7.3　教学应用案例

案例 1：使用扫描功能扫描教学资料

有时，教师需要将纸质材料制作成电子版展示，如将教材上的图表放入 PPT 中展示，直接拍照展示可能效果不佳，这时可通过扫描全能王的扫描功能实现更好的展示效果。

Step1. 打开扫描全能王软件，点击"拍照"按钮（或从相册导入图片），在拍照功能的选项中选择"普通"，如图 12.7.6 所示。

Step2. 拍好照片后，可利用裁剪框对照片进行框选，选择想要扫描的部分（图 12.7.7），并对图片的扫描效果进行设置，如图 12.7.8 所示。

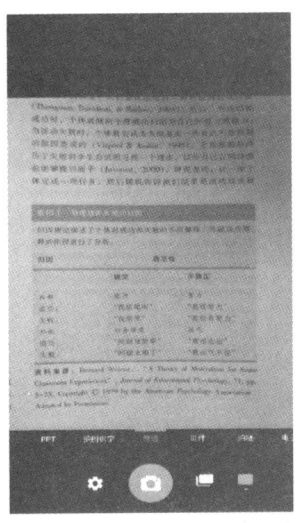

图 12.7.6 普通拍照

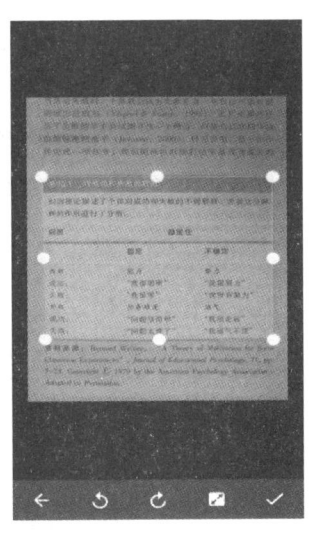

图 12.7.7 裁剪照片

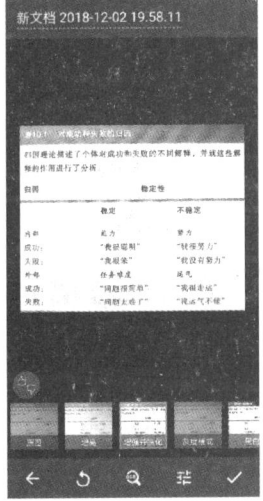

图 12.7.8 选择扫描效果

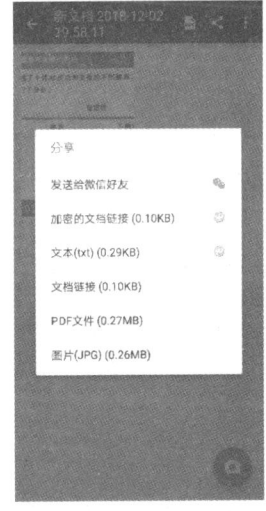

图 12.7.9 分享

Step3. 设置完后点击下方的"√"开始扫描,完成后可将其通过多种方式保存或分享,如图 12.7.9 所示。

案例 2:使用拍图识字功能提取文字

在准备教学材料时,使用扫描全能王的拍图识字功能,可将纸质材料中的文字提取出来,节约教师录入文字的时间。

Step1. 打开扫描全能王软件，点击"拍照"按钮，在拍照功能的选项中选择"拍图识字"，界面上方可选择语言，如图 12.7.10 所示。

图 12.7.10　拍图识字

Step2. 裁剪照片，选择所需的范围后可得到文字识别结果，如图 12.7.11 所示。另外，可点击界面下方中间的"翻译"按钮对文字识别结果进行粗略的翻译，如图 12.7.12 所示。

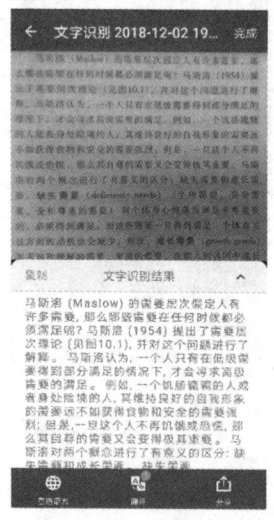 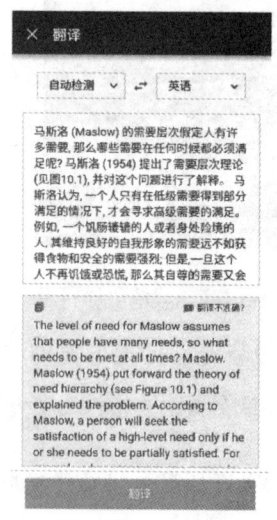

图 12.7.11　文字识别　　　图 12.7.12　文字翻译

案例 3：使用 PPT 扫描功能获取 PPT

在准备教学材料或参观学习时，教师可能想要保存看到的 PPT 中的一页却不方便直接获取，可利用扫描全能王获取清晰的 PPT 图片。

打开扫描全能王软件，点击"拍照"按钮，在拍照功能的选项中选择"PPT"，软件可自动识别并扫描 PPT 页面，如图 12.7.13、图 12.7.14 所示。

 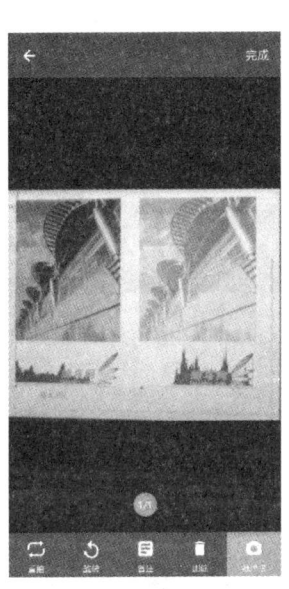

图 12.7.13　拍摄 PPT　　图 12.7.14　PPT 扫描结果

案例 4：扫描习题并获取题集

教师可扫描纸质资料中的习题，并将一系列的习题制作成题集，便捷高效地生成试卷供学生练习。

Step1. 打开扫描全能王软件，点击"拍照"按钮，在拍照功能的选项中选择"拍题"，如图 12.7.15 所示。

Step2. 裁剪并扫描后获取想要的习题，选择继续拍，获取下一道题，如图 12.7.16 所示。

Step3. 选择拼接题目，获取习题集，如图 12.7.17 所示。编辑题集时，可对题目进行移动、缩放、旋转、重新排序等操作，也可调节试卷尺寸或添加空白页，如图 12.7.18 所示。编辑好所有习题后就可以分享给学生了。

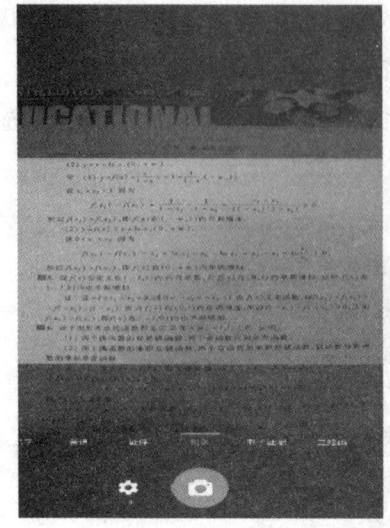

图 12.7.15　拍题

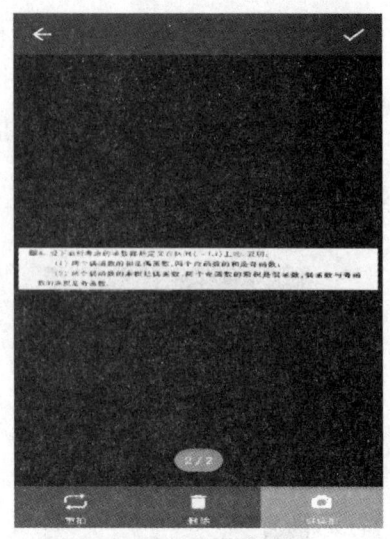

图 12.7.16　裁剪并扫描习题

图 12.7.17　拼接题目

图 12.7.18　编辑题集

13 视频类工具

教学视频是重要的教学资源,实际教学中教师往往需要处理一些视频信息,了解与视频相关的知识对于教师来说非常必要。视频类工具主要介绍与视频相关的工具,如视频的下载、视频的编辑、视频格式的转换等,这些工具可以帮助教师快速提升处理教学视频的能力。

13.1 视频下载类(硕鼠)

13.1.1 硕鼠相关知识

硕鼠是一款专业的 FLV 下载软件,提供酷六、新浪、搜狐、CCTV 等许多主流视频网站视频资源的解析、下载、合并和转换服务。硕鼠拥有专业的解析引擎,具有强大的批量下载能力,绿色小巧,无插件、无恶意代码,可以为教师在国内各个视频网站下载教学视频提供方便。硕鼠下载地址为 http://download.flvcd.com/。

13.1.2 硕鼠界面

打开硕鼠,界面如图 13.1.1 所示,最上面是一个输入框用以输入视频地址,输入框下面是几个选项,包括"新手入门""偏好设置""有问必答"等,新用户可以根据需要点击"新手入门"和"有答必问"查看相关教程。点击"偏好设置"可以进入设置页面,除了清晰度以外一般选取默认即可。界面最下面是一些软件支持的视频网站,用户可以直接通过软件访问这些网站,然后再复制视频地址。

硕鼠的视频下载操作十分简单,只需在网页中将视频地址复制粘贴至输入框,然后点击"开始"按钮,即可进入如图 13.1.2 所示的下载

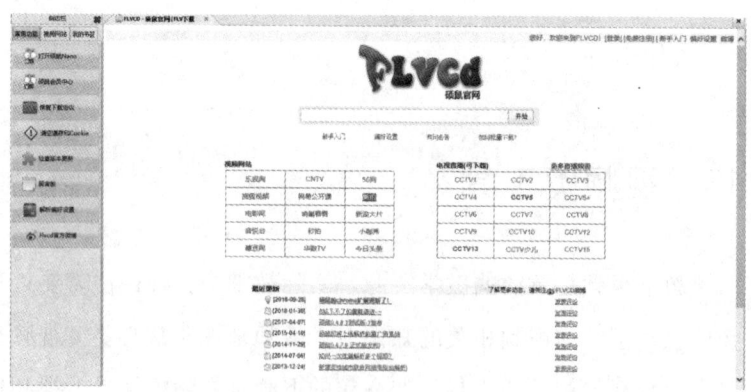

图 13.1.1　硕鼠界面

页面，在页面下方有一个"用硕鼠下载该视频"的选项，点击该选项即可下载。用户还可以根据自己的需要选择下载文件是标清还是高清，接着会弹出两种下载方式供选择，一种是硕鼠专用下载，另一种是临时下载器下载。如果已经安装了硕鼠客户端，使用第一种即可，如果没有就选择另一种。

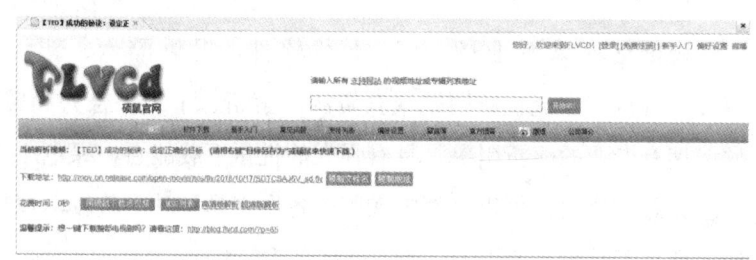

图 13.1.2　硕鼠下载示例

13.1.3　教学应用案例

下面以网易公开课视频下载为例介绍硕鼠的使用。首先打开需要下载的视频，比如我们需要下载某个 TED 演讲视频，找到该网页的地址栏，选择复制链接，然后粘贴至硕鼠的输入框，点击"开始"，就会进入一个清晰度选择界面，选择超清版，然后选择"用硕鼠下载该视频"，就会出现如图 13.1.3 所示页面，在弹出的下载器新建任务窗口选择存储地址，最后点击"确认"即可。

图 13.1.3　新建下载任务

13.2　视频编辑类（360 快剪辑）

13.2.1　360 快剪辑相关知识

360 快剪辑是奇虎 360 公司开发的 360 系列软件之一，它是功能强大的视频制作软件，能提供视频剪辑拼接、字幕添加、音乐添加等功能，支持电脑端和手机端的视频制作，支持多平台直接上传。教师在备课时，可以将各种资源录制成视频，在 360 快剪辑软件中进行剪辑制作。该软件使用简单，能帮助教师节省大量整理素材的时间，并且可以利用该软件中丰富的视频效果让教学资源更加生动、更加有吸引力。360 快剪辑软件的电脑端和手机端都可以在 360 官方网站（http://se.360.cn/welcome/wel_kjj_2.html）下载。

13.2.2　360 快剪辑界面

如图 13.2.1 是 360 快剪辑软件手机端的主界面，主界面上各个按钮的功能如下。

"开始剪辑"：建立一个新的草稿并导入新的视频开始剪辑。"发现"：360 官方社区的分享视频推荐。"我的"：登录信息和关联信息的设置等。"首页"：快剪辑软件的首页信息。"快剪辑学院"：快剪辑的官方入门教程。"我的草稿"：剪辑内容的暂存。

点击"开始剪辑"按钮后就会进入如图13.2.2所示的操作界面，这个界面是进行剪辑操作的主要工作界面。界面上共有三排按钮，按钮功能如下。

上排按钮。"存草稿"：手动保存剪辑草稿。"翻转"：调整视频角度。"裁剪"：调整视频大小。"下一步"：剪辑完成后的下一步操作。

中排按钮。"复制"：复制一个选定的视频部分。"删除"：删除一个选定的视频部分。"拆分"：按照分割线将素材切成前后两部分。"撤销"：撤销上一步操作。"前进"：恢复撤销的动作。

下排按钮。"滤镜""音乐""字幕""贴纸""画中画"等选项主要用于给视频添加特效、音乐和字幕等操作，后文会详细介绍。

图13.2.1 快剪辑主界面　　图13.2.2 快剪辑操作界面

13.2.3 教学应用案例

案例1：简单的剪切和拼接

快剪辑作为视频剪辑软件，剪切和拼接是它最基本也是最重要的功能，完成视频剪接后才能进行其他更加细致的工作。

Step1. 导入一段需要剪辑的视频。点击首页的"开始剪辑",进入选择界面,选择需要剪辑的视频,这里选择我们准备好的示例视频,如图 13.2.3 所示。点击"下一步",选择我们需要剪辑的视频比例,这里选择 16∶9,如图 13.2.4 所示。之后继续选择视频的时长控制,这里选择的是 15 s,也可以选择具体时间段。

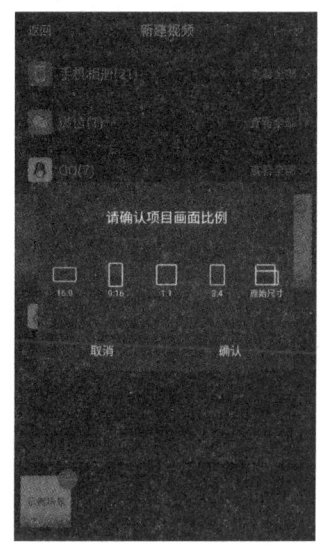

图 13.2.3 导入视频　　　图 13.2.4 画面比例选择

Step2. 视频的初始调整。点击界面上方的"旋转"和"裁剪"按钮,可以对导入的视频进行初始的调整,这里我们使用默认大小。

Step3. 视频的拆分。点击"拆分"按钮,将视频按照我们的需要拆分成两个或多个部分,如图 13.2.5 所示。

Step4. 视频的拼接。点击一个镜头即可选中这一部分,如图 13.2.6 所示,选中该镜头后就可以将其自由拖动到其他视频旁边,与该视频拼接在一起。

案例 2:给视频添加特效和字幕

一段优秀的教学视频,离不开特效的应用,快剪辑不仅可以添加字幕,还有滤镜、贴图、画质调节等功能。在日常使用中,这些功能都是制作教学视频中必不可少的,能够让教学视频更加富有表现力。

图 13.2.5 拆分视频

图 13.2.6 镜头选择

添加滤镜:如图 13.2.7 所示,点击"滤镜"按钮,选择其中一种滤镜,就可以为视频固定一种风格,这里选择"五十度灰滤镜",可以为视频营造出一种复古的电影风格。滤镜库中的滤镜有很多种,教师可以根据自己的需求灵活选择。

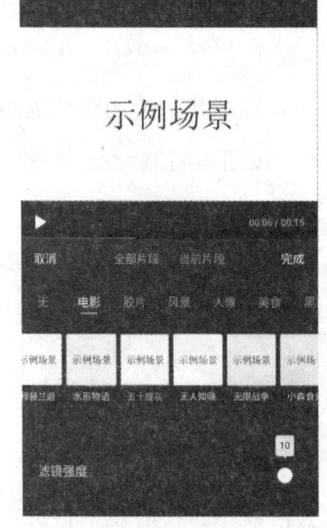
图 13.2.7 添加滤镜

图 13.2.8 添加字幕

添加字幕:字幕能够对视频进行解说、注释或者为语音标注,是视频中不可缺少的一部分，360快剪辑可以灵活添加和编辑字幕。点击"字幕"按钮就会出现各种样式的软件预设的字幕模板供选择，这里选择"假期ing"字幕，效果如图13.2.8所示。选择好字幕模板并添加完成后可以自由调整字幕的颜色和字体大小，点击"字幕"还可以对字幕的内容进行编辑修改。

调节画质：如图13.2.9所示，点击"画质"按钮，可以对视频的画质进行调节，如调节视频画质的对比度、饱和度、Gamma值和曝光度等。

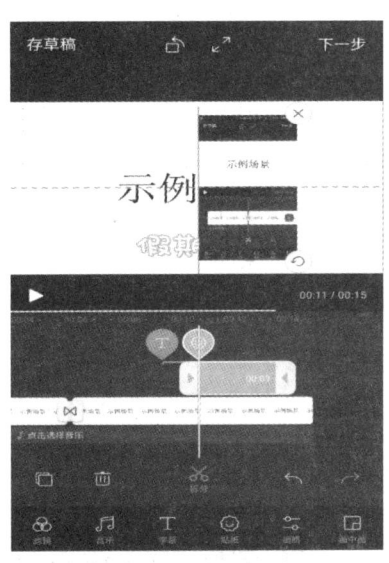

图13.2.9　调节画质　　　　　图13.2.10　添加画中画

添加画中画：如图13.2.10所示，点击"画中画"按钮，可以为视频添加另一段视频与原视频同步播放。

添加贴纸：为视频添加贴纸，能增加视频的趣味性，更好地吸引学生的注意力，运用快剪辑可以非常方便地给视频添加贴纸。点击"贴纸"按钮，就可以为视频选择各种各样的贴纸了，如图13.2.11所示。

案例3：添加背景音乐

教学视频中往往需要一些背景音乐，运用360快剪辑很容易实现背景音乐的添加。如图13.2.12所示，点击视频素材下方的"选择音乐"

图 13.2.11　添加贴纸　　图 13.2.12　添加音乐

按钮，进入选择音乐界面（图 13.2.13），选择自己想要的背景音乐后添加就可以了。快剪辑为用户准备了音乐库，还推荐了时下流行的音乐素材，并且音乐库还有搜索和分类功能，可以帮助用户更快地找到自己想要的音乐。点击右侧的"本地音乐栏"，可以为视频添加自己手机中的音乐或者录制好的配音音频。需要注意的是，在给教学视频添加背景音乐时音量不宜过大，背景音乐音量一定不能盖住解说音量。

图 13.2.13　音乐选择界面　　图 13.2.14　添加片头

案例 4：添加片头、封面和水印

360 快剪辑还可以为制作好的视频添加片头、封面和水印。

剪辑全部完成后，点击右上角的"下一步"按钮，进入片头、封面、水印的选择界面。为了让视频有个精美的片头，360 快剪辑为用户预设了一些制作好的片头动画，用户可以根据自己的喜好选择，如图 13.2.14 所示。

片头选择完成后点击界面下方中间的"封面"按钮，可以选择视频中的某一帧画面作为视频的封面，如图 13.2.15 所示。

360 快剪辑还可以为视频加上水印，以防视频被盗用。水印的位置可以调整，但只能添加快剪辑的官方水印，如图 13.2.16 所示。

图 13.2.15 选取封面

图 13.2.16 添加水印

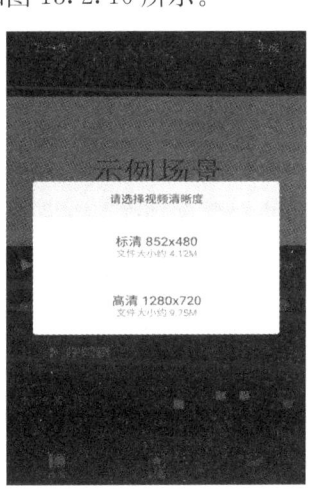
图 13.2.17 清晰度选择

案例 5：导出和分享

视频制作完成后，就需要导出了。点击右上角的"生成"按钮进入视频的清晰度选择界面，这里会提示有标清和高清两种清晰度可供选择，如图 13.2.17 所示，清晰度越高，最后生成的文件也就越大。

选择完清晰度之后，视频就开始渲染导出了。视频渲染完成后输入为视频取的名字，可以选择将制作好的视频发布或者不发布到快剪辑社区，即首页的社区，也可以选择分享给自己的好友，即通过 QQ、微信等方式进行分享发送。

13.3 视频格式转换类（风云格式工厂）

13.3.1 风云格式工厂相关知识

风云格式工厂 APP 是一款功能强大的基于智能移动终端的图片、音乐、视频格式转换软件，支持多达 20 种音视频和图像格式互相转换，支持格式包括 AAC、MP3、M4A、WMA、WAV、FLAC、MP4、MPG、AVI、WMV、RM、MKV、TS、ASF、ASX、MOV、M4V、VOB、OGG、AIF、RA 等。风云格式工厂在转换视频格式的同时可以设置保持原有的视频质量或者指定视频比特率、分辨率以及音频比特率、编解码器等，支持从相册、专辑、Dropbox、iCloud、Google drive、One drive 等导入视频或音频。另外，风云格式工厂还具有强大的文件管理功能，方便文件查找。

在教学中，教师可以非常方便地利用该软件将格式不兼容而无法播放的授课视频、音频及图片转换格式后播放。

在手机软件商城或浏览器搜索风云格式工厂软件，点击"安装"即可获取手机端软件。

13.3.2 风云格式工厂界面

打开风云格式工厂，界面如图 13.3.1 所示，此界面为文件管理界面，用户可以根据文件的存储路径来查找文件，找到文件并选中后即可对该文件进行格式转换等操作。

点击界面上方的"分类浏览"选项，即可展开分类浏览界面，如图 13.3.2 所示。分类浏览界面将文件分为音乐、视频、图片、文档等 7 个类型，用户可以根据自己的需求选择文件类型实现快速查找。界面上的"收藏夹"供用户收藏文件使用，"关于"选项里则是该软件的相关信息和使用说明。

图 13.3.1 文件管理　　　　图 13.3.2 分类浏览

点击界面上方的"远程管理"选项,展开远程管理界面,如图 13.3.3 所示。在远程管理界面点击"启动服务"就可以在手机和电脑间建立连接,通过电脑对手机上的文件进行远程管理。点击界面右上角的 ⋮ 按钮,可以进行相关设置、搜索等操作。

图 13.3.3 远程管理

13.3.3 教学应用案例

案例1：将视频格式由 MP4 转成 MOV

Step1. 打开手机端风云格式工厂软件，在分类浏览中选择视频选项，在视频中选择需要转换格式的视频进行勾选，如图 13.3.4 所示。

图 13.3.4　选择需要转换格式的视频

图 13.3.5　选择格式转换命令　　图 13.3.6　选择输出格式

Step2. 点击右上方的 ⋮ 打开下拉菜单，选择菜单中的"格式转换"命令，如图 13.3.5 所示。

Step3. 选择"格式转换"命令后,在出现的众多格式中选择需要输出的格式,这里我们选择 MOV 格式,如图 13.3.6 所示。

Step4. 根据自己的需要设置要转换格式的参数,对输出帧率、分辨率、纵横比、音频等进行设置。如果对视频的转换时长有要求,还可以在下面输入视频开始与结束的时间,选择自己需要输出的视频片段。最后根据需求选择只导出视频或者只导出音频,或者导出与原音视频一样的音视频(默认),如图 13.3.7 所示。

 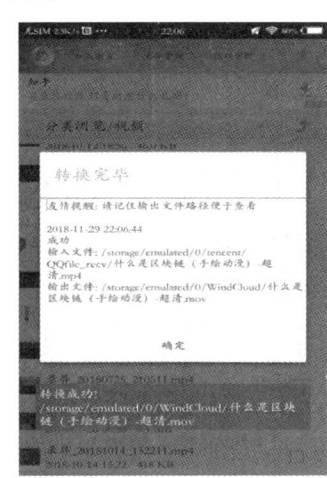

图 13.3.7　设置格式参数　　图 13.3.8　格式转换结束

Step5. 点击"确定"后等待转换完毕后即导出了 MOV 格式的视频,如图 13.3.8 所示。

Step6. 根据路径提示在文件管理中查找转换成功的视频文件,如图 13.3.9 所示。

运用风云格式工厂还可以转换音频格式或者图片格式。只要是风云格式工厂支持的文件格式,都可以用此方法进行格式转换。

案例 2:通过电脑对手机文件进行分类整理

在工作中,教师通常需要将手机上的教学资料进行分类整理以便于查找,在手机端进行文件分类需要将文件选择后一个一个移动,比较麻烦,这时可以通过风云格式工厂的远程管理功能,在电脑端对手机上的文件进行拖动分类,操作便捷。

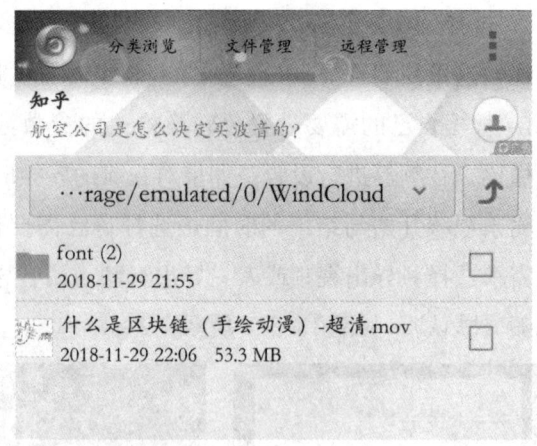

图 13.3.9　查找所转视频文件

Step1. 打开手机端风云格式工厂软件,进入远程管理界面,确保手机与电脑处于同一 WiFi 网络(如均连接校园网或连接同一路由器)下。在手机端点击"启动服务",手机端会生成一个该手机的地址,再在电脑端打开"我的电脑",在上方地址栏中输入手机地址即可连接到手机。连接后手机端界面如图 13.3.10 所示,电脑端如图 13.3.11 所示,电脑端此时所展示的内容即为手机上的内容。

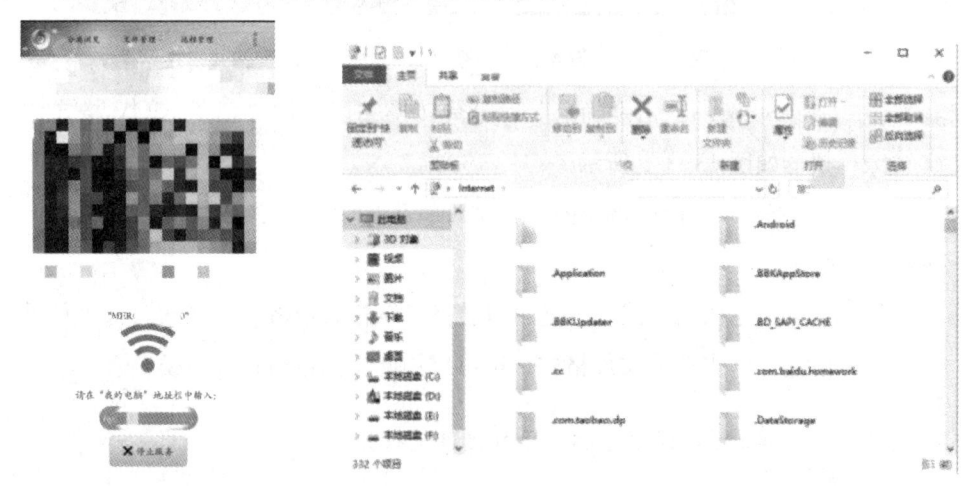

图 13.3.10　连接时手机端界面　　　　图 13.3.11　连接时电脑端界面

Step2. 连接成功后,在电脑端即可拖动手机上的文件对文件进行整理分类,非常方便。

14 文档类工具

文档类资源是教师日常工作需要处理的主要资源，快速高效地处理文档类资源对于提高教师的工作效率，减轻教师的工作强度有重要的作用。文档类工具主要用于处理与文档相关的信息，如文本朗读、图片文字识别等，帮助教师快速处理文档类教学资源。

14.1 微软小蜜

14.1.1 微软小蜜相关知识

微软小蜜是微软中国发布的一款微信小程序，主要提供了三大功能，分别是传图识字、表格还原、智能创作，并可以一键生成可编辑的PPT，适用于记录会议现场、收集日常信息、还原表格框架等，可以帮助教师提高工作效率。微软小蜜可以在微信小程序搜索框中搜索使用。打开微信，点击"发现"，打开"小程序"，搜索"微软小蜜"并点击打开就可以使用了。

14.1.2 微软小蜜界面

打开微软小蜜小程序，主界面如图14.1.1所示。主界面上有四个功能选项，各个选项的功能如下。

"传图识字"：识别上传图片上的文字。"表格还原"：将图片上的表格识别出来，并可以生成PPT。"智能创作"：上传自己的图片，选择小程序提供的场景模板可生成自我介绍等。"智能裁剪"：对图片中需要的内容进行自动裁剪。在这些选项上方还有"使用示例"选项，点击"使用示例"可以观看官方自带的使用教程。

图 14.1.1 微软小蜜主界面　　图 14.1.2 传图识字

14.1.3 教学应用案例

案例1：传图识字

微软小蜜可以识别图片中的文字，并允许用户编辑识别出的文字。

点击微软小蜜主界面上的"传图识字"，通过拍照或选取手机相册中的图片，点击"完成"就可以进行文字识别了，如图 14.1.2 所示。微软小蜜可以先把图片进行智能摆正，再进行识别，从而提高识别准确率。对于识别出的文字，可以进行复制、编辑和翻译等操作，并可以将编辑好的文字导出为 Word 文件。除此之外，微软小蜜还提供了改字存图的功能，即用户可以保存编辑好文字以后的图片，轻松实现修改图片中的文字。

案例2：表格还原

微软小蜜提供表格识别功能。通过这一功能，可以将含表格的图片识别为表格，从而实现对表格内的文字进行编辑，也可以导出到电脑上进行编辑。这项功能不仅能识别文字，还能识别表格框线，让用户能对表格进行二次编辑。

点击微软小蜜主界面上的"表格还原",选择需要还原的表格截图或者带有表格的照片,然后点击"导出PPT"即可,如图14.1.3所示。

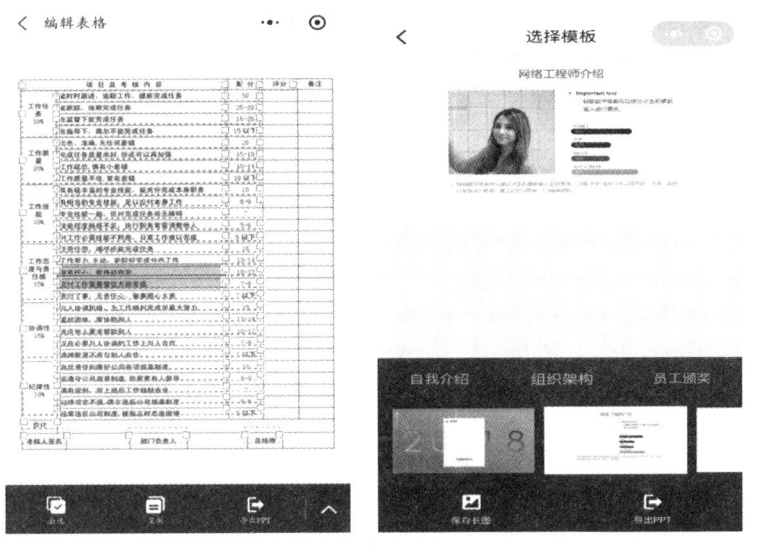

图 14.1.3　表格还原　　　　图 14.1.4　智能创作模板选择

案例3：智能创作

微软小蜜能通过自带的人脸识别功能,依据上传的含有人像的图片,结合使用场景和选择的模板类型,帮助进行定位切图,在介绍制作人员、组织架构图的场景中,这项功能可以提供很好的帮助。

点击微软小蜜主界面上的"智能创作",选择一张照片,然后根据自己的需求选择合适的模板,有自我介绍、组织架构和员工颁奖三类模板可选,这里选择自我介绍模板,如图14.1.4所示。选择模板后点击"导出PPT"或者"保存长图"即可。

案例4：智能裁剪

微软小蜜可以识别图片中的文档部分,如果通过拍照记录的PPT图片有时候含有不需要的部分,通过该功能就可以将无关部分自动裁剪掉,只留下需要的部分,然后可以导出为图片或者直接导出为PPT。

点击微软小蜜主界面上的"智能剪裁",选择需要剪裁的图片,如图 14.1.5 所示。智能裁剪后的效果如图 14.1.6 所示,可以看到其中需要的部分被自动裁剪出来了,然后选择"保存图片"或者"分享"即可。

图 14.1.5　智能裁剪示例图　　　图 14.1.6　智能裁剪效果图

14.2　讯飞快读

14.2.1　讯飞快读相关知识

讯飞快读是科大讯飞旗下的一款智能朗读小程序,它运用讯飞多年研究的 TTS 语音合成技术,可以对文字进行高度拟人化的朗读,朗读出来的效果媲美真人。该小程序配有多种不同音色的朗读效果,还可一键从图片、网页中智能识别文字。用户可以根据自己的喜好灵活选择不同音色的朗读员、背景音以及语速音量,一键朗读,轻松将文字以语音方式朗读出来。利用该小程序也能制作视频旁白配音、通知配音等。教师在教学过程中如果需要制作朗读音频,就可以使用这个小程序。

讯飞快读的获取方式十分简单。打开微信,点击界面右上角放大镜图标进入搜索界面,输入"讯飞快读",在搜索结果中点击"讯飞快读"小程序,同意微信授权即添加成功。首次添加完成后,再次进入可在消息界面向下滑,顶端则会出现小程序图标,或从发现界面最底部小程序栏进入。

14.2.2 讯飞快读界面

讯飞快读的主界面如图 14.2.1 所示,各个选项的功能如下。

"拍文读字":识别图中的字并朗读。"网页朗读":识别网页中的字并朗读。"粘贴/输入文字":直接朗读输入的文字,支持 Word、PDF、TXT 文档。"朗读集":查看以往制作的朗读、收藏及草稿箱中的作品。"帮助":查看官方提供的使用攻略。

图 14.2.1 讯飞快读界面

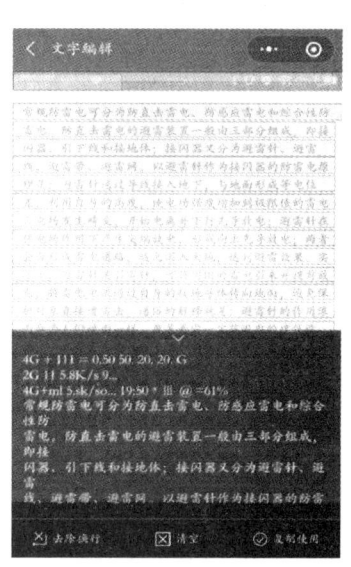
图 14.2.2 拍文读字

14.2.3 教学应用案例

案例 1:拍文读字

进入讯飞快读的主界面,点击"拍文读字",直接拍摄书本的文字来进行识别朗读,也可以选择手机相册中照片上的文字进行朗读。上传图片后，讯飞快读会将图片中的文字识别出来，如图14.2.2所示，可以对文段进行换行、全选、复制、朗读等操作。

点击"朗读文字"选项，进入朗读制作的界面，如图14.2.3所示。在此界面中可以对识别出的文字进行适当的调整，然后通过"朗读员"选项选择自己喜欢的朗读声音，通过"背景音"选项添加所需要的背景音乐，通过"语速/音量"选项调节朗读的语速、音量。此外还有"插入停顿"和"多音字纠正"等选项，可以根据个人的不同需求进行个性化的朗读定制或者纠正一些多义字的读音。将一切设置完成后点击"朗读文字"即可生成朗读音，可以对已经生成的朗读进行收藏、修改等操作，也可发送给朋友，进行长图分享或者保存为MP3格式。

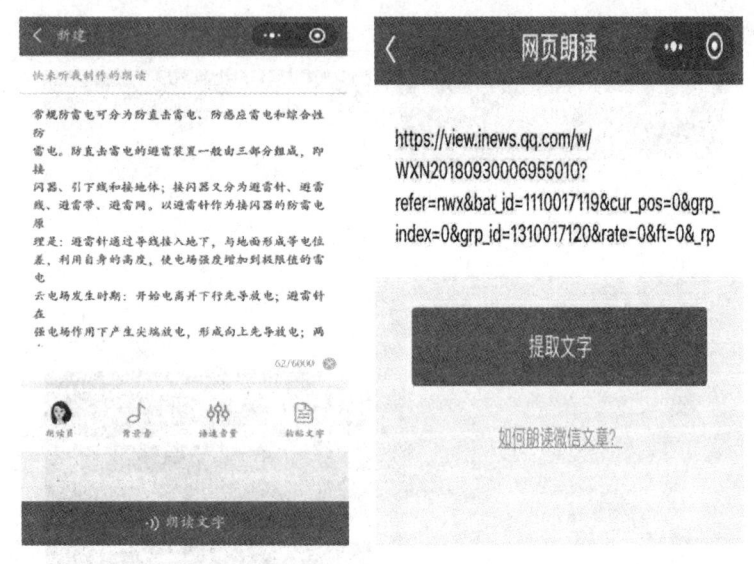

图14.2.3　朗读编辑界面　　　图14.2.4　网页朗读

案例2：网页朗读

进入讯飞快读的主界面，点击"网页朗读"，复制需要朗读的网址于空白处，如图14.2.4所示，点击"提取文字"即可进入朗读编辑界面。在朗读编辑界面，同样可以对朗读材料进行选择朗读者和背景音、调整语速和音量、设置停顿点等操作，对已经生成的朗读可以进行收藏、修改，或者发送给朋友。

14.3 QQ OCR

14.3.1 QQ OCR 相关知识

QQ OCR（Optical Character Recognition）文字识别是 QQ 扫一扫中提供的功能，可以通过扫描提取书籍或者图片中的文本信息，并可以对提取出的文本进行搜索、翻译、分享等操作。此外，QQ OCR 文字识别还支持身份证、名片等卡证类和票据类的印刷体识别，也支持运单等手写体识别。识别内容包括中文的简体和繁体、英文、数字、特殊字符等。教师可以通过 QQ OCR 快捷地进行文字识别，有效代替人工录入文字信息。

14.3.2 QQ OCR 界面

在各大手机应用商店下载"腾讯 QQ"并安装后，点击右上角的"+"，选择"扫一扫"，即可进入如图 14.3.1 所示界面。

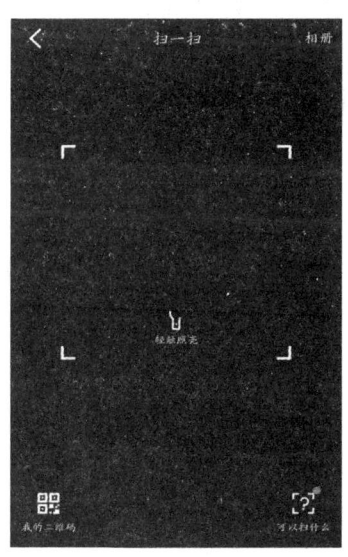
图 14.3.1　"扫一扫"界面

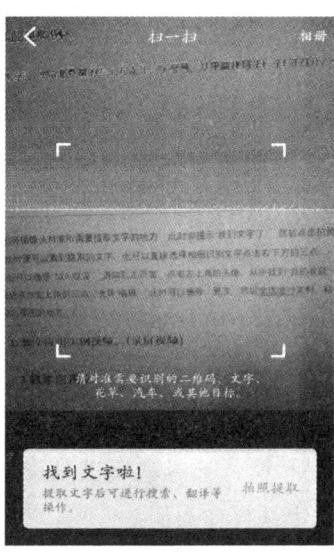
图 14.3.2　拍照提取

点击右上角的"相册"，可直接选择相册里的图片进行文字识别。

中间为扫描框,用于扫描需要识别的文字信息。右下角为"可以扫什么",对 QQ 扫一扫提供的可以扫描识别的信息类别进行了说明。

14.3.3 教学应用案例

打开手机 QQ 客户端,点击右上角的"＋",选择"扫一扫"进入"扫一扫"界面。将摄像头对准所需要提取文字的地方,如果提示"找到文字了",就可点击"拍照提取",如图 14.3.2 所示。点击"拍照提取"之后便可以看到提取的文字,如图 14.3.3 所示。

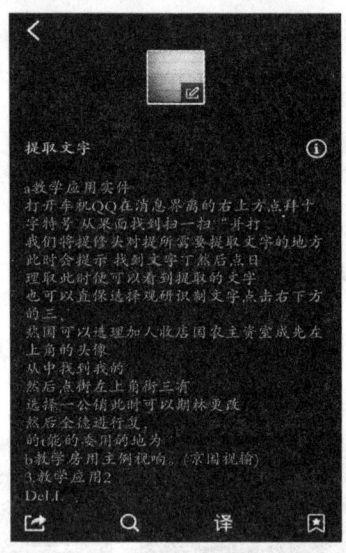

图 14.3.3　文字识别结果

点击界面下方的"加入收藏"选项,然后退回到主页面,点击左上角的头像,从中找到"我的收藏",点击左上角的三点,选择"编辑",此时可以对文字进行删除、更改等操作,或者将文字全选进行复制,粘贴到你需要的地方。界面下方还有几个选择,点击放大镜可以对提取的文字进行查找,"译"选项可以对文字进行中英文翻译。

QQ OCR 文字识别也可直接选择相册里的图片进行文字识别,具体操作与上述操作类似。

15 图标类工具

图标是一种介于实物图像与抽象符号之间的标志性符号,它比实物图像抽象,比文字形象。在制作教学资源时,往往需要用到一些小图标来强化视觉,引导交互,或者帮助教师进行一些个性化的设计,可以起到画龙点睛的作用。图标类工具主要介绍与小图标相关的知识,包括图标的搜索以及图标的制作等。

15.1 iconfont

15.1.1 iconfont 相关知识

iconfont(www.iconfont.cn)是阿里妈妈 MUX 倾力打造的矢量图标管理、交流平台,涵盖了 1000 多个常用图标并且还在持续更新中。iconfont 平台为用户提供在线图标搜索、图标分拣下载、在线储存、矢量格式转换、个人图标库管理及项目图标管理等基础功能,用户可以根据自己的需要和喜好自定义下载多种格式的 icon,使用非常方便。

15.1.2 iconfont 界面

进入 iconfont 网站,iconfont 界面如图 15.1.1 所示,上方是菜单栏,分别是"首页""图标库""图标管理""帮助"等。

点击"首页"可以进入首页,中间是一个搜索框,可以搜索图标或者用户,输入中英文和拼音皆可搜索。对于搜索到的图标可以进行"加入购物车""收藏""下载"等操作。如果选择"下载",会显示该图标的一些信息,同时可以根据需要对多色图标进行改色,对处理好的图标提供多种文件格式的下载,如 SVG 下载、AI 下载和 PNG 下载等,如

图 15.1.2 所示。

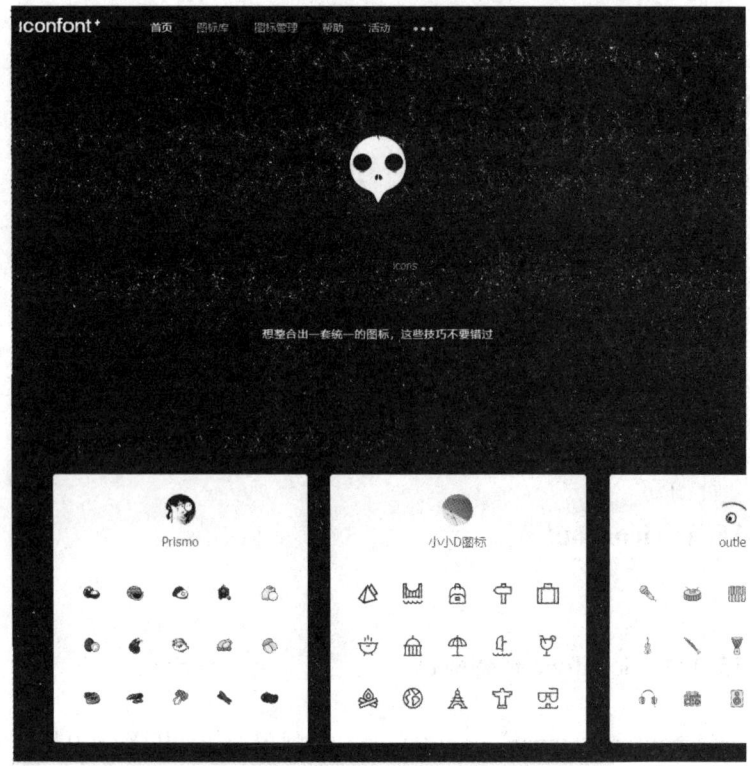

图 15.1.1　iconfont 主页

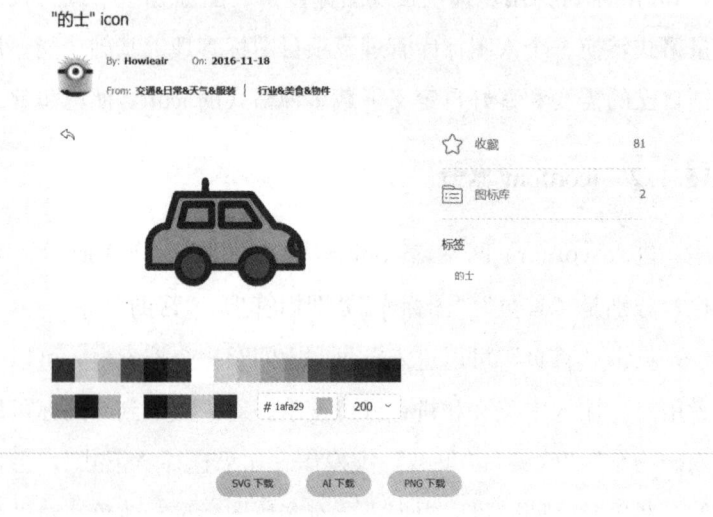

图 15.1.2　图标下载界面

点击菜单栏的"图标库"可以进入图标库搜索界面。iconfont 平台提供了多种多样的图标库，如官方图标库、单色图标库等，可以直接搜索图标库，也可以通过时间、点赞数等条件对图标库进行排序，选择自己所需要的图标库。点击菜单栏的"图标管理"可以看到自己上传的图标、收藏的图标和图标下载历史等信息。点击菜单栏的"帮助"可以查看官方给出的关于平台的使用指南，里面非常详细地介绍了该平台的使用方法。

15.1.3 教学应用案例

以寻找地球图标为例，在首页的搜索框中输入"地球"，可以看到搜索到的大量地球图标，如图 15.1.3 所示，对每个图标都可以进行"添加入库""收藏""下载"三种操作。图标可以一个一个地选取下载，这样做的好处是方便对每一个图标进行大小和颜色的编辑。

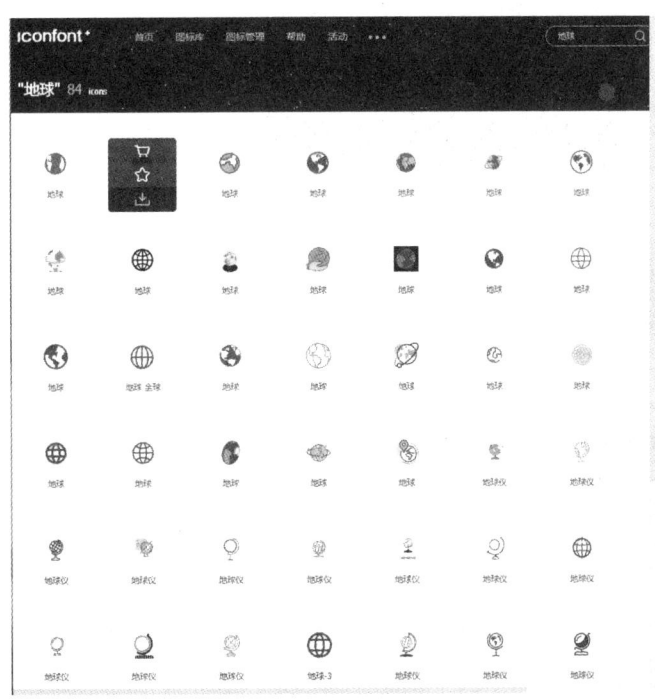

图 15.1.3　搜索地球图标结果

对于选中的图标，可以先将其添加入库，添加完所有需要的图标后，点击右上角的购物车图标进入购物车，可以对购物车中的所有图标进行批量处理，如图 15.1.4 所示。点击"下载素材"可以对图标统一设置颜色、大小和保存格式。"添加至项目"和"下载代码"一般是程序员用来做相关开发工作使用的。对购物车中的图标可以进行单个删除，也可以一键清除购物车中所有的图标。

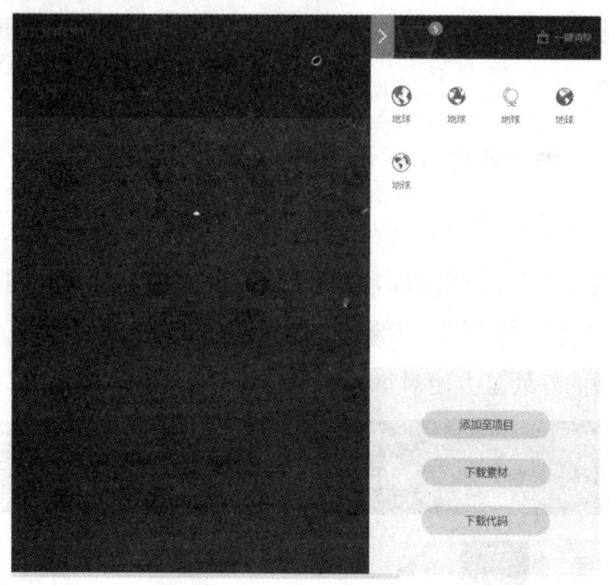

图 15.1.4　图标批量处理

15.2　GifCam

15.2.1　GifCam 相关知识

GifCam 是一款免费、小巧、易用的集录制与剪辑为一体的屏幕 GIF 动画制作工具，录制后的动画可以逐帧编辑。录制过程中可调整窗口大小和位置，录制范围无变化则不增加新帧而只增加延时，可手动录制单帧。教师可以非常方便地用 GifCam 制作一些与教学相关的简单 GIF 图。

进入 GifCam 官方网站（http://blog.bahraniapps.com/gifcam/）可下载 GifCam 工具，不过是英文版的，如果需要中文版可以进入国内的专业软件下载网站下载，下载的文件为 ZIP 格式的压缩包，解压后安装即可。

15.2.2　GifCam 界面

GifCam 主界面如图 15.2.1 所示，主界面左侧透明区域为录制窗口，右侧功能区一共四个选项按钮，其中"录制"和"保存"选项还有下拉菜单，下面分别介绍。

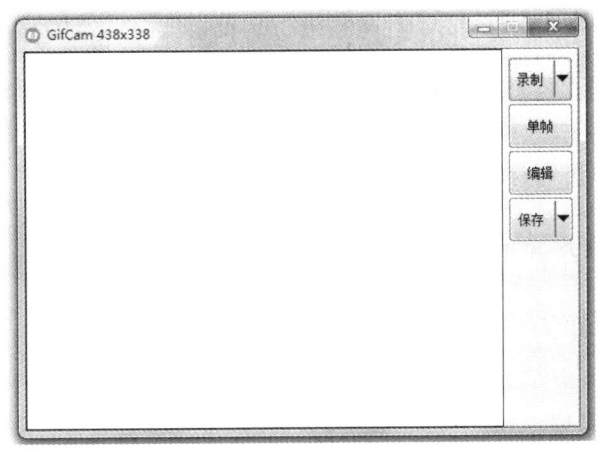

图 15.2.1　GifCam 主界面

点击"录制"选项的下拉菜单，选择"新建"，可以从头开始录制一个新的 GIF 图片。如果想修改或者在某个 GIF 图片的基础上继续录制则选择"打开"，并选择电脑中已有的 GIF 图片。

"录制"选项的下拉菜单中可以设置录制的一些参数，如录制速率，有多种常用 FPS（每秒帧数）可供选择，此外还可以选择全屏录制和捕捉光标。如果需要设置个性化的 FPS 值或者窗口大小，可以选择最下端的"自定义"按钮进行设置。设置完成以后，点击"录制"就可以进行录制，再点击一次就会暂停，可以多次点击，几次录制的内容会被自动保存在一个图片中。

"单帧"选项表示单帧录制，每点击一次该按钮，它就会录制一张图片，最后把这些图片合成为一个 GIF 图片。

点击"编辑"选项即可进入编辑界面，之前录制的每一帧都会在这里显示出来。选中某一帧，右键点击就会出现一个选项框。用户可以对其进行相应的操作，比如删除、裁剪、调整大小、输入文字等，其中输入字体界面左上角有一个"到帧××"选项，鼠标选中后左右拖拉即可选择该文字显示多少帧，而不需要一帧一帧地添加文字。

点击"保存"选项下拉菜单，可以对制作好的图片属性和保存格式进行设置，如设置图片的质量保存方案、量化、仿色、灰度等。保存的格式除了 GIF 格式外，还提供了 AVI 格式供用户选择。在"保存"下拉菜单中还可以对制作好的 GIF 图片进行预览，如果满意的话就可以点击"保存"选项直接保存。

GifCam 拥有一个迷人的特点，那就是通过将该软件置顶在所有窗口之上，就可以灵活移动或缩放录制区域以满足录制要求。

15.2.3 教学应用案例

教师利用 GifCam 可以非常方便地录制 GIF 格式的动态教学图片，下面以在 Word 中插入表格的操作制作成 GIF 动态图片为例讲解 GifCam 软件的具体操作。

Step1. 设置录制参数。打开 GifCam，在"录制"选项的下拉菜单中设置参数，这里选择"10FPS""全屏幕""捕捉光标"，如图 15.2.2 所示。

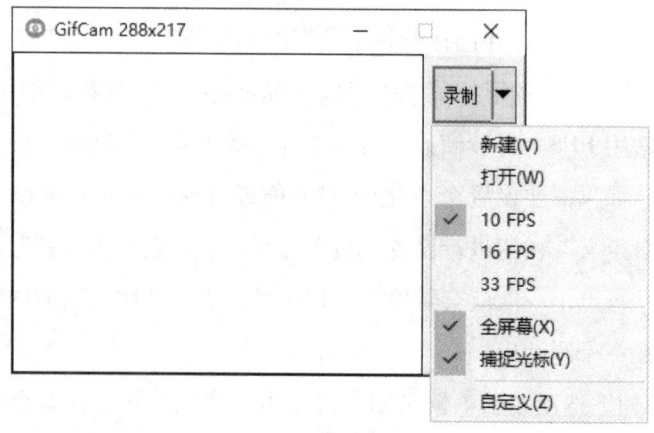

图 15.2.2　设置录制参数

Step2. 开始录制。打开 Word 软件，点击 GifCam 主界面上的"录制"按钮，然后将 GifCam 最小化（因为录制参数选择的是全屏幕，不将 GifCam 最小化会将 GifCam 界面录制进去），接下来执行在 Word 中插入表格的操作，操作完成后点击界面上的"结束"按钮，在 Word 中插入表格的操作就被录制成了一个 gif 动态图了，如图 15.2.3 所示。

图 15.2.3　录制 Word 中插入表格的操作

Step3. 进行编辑。点击主界面上的"编辑"选项，进入编辑界面，如图 15.2.4 所示。在编辑界面中，可以根据自己的需要删除不需要的帧，对某些帧进行大小调整和裁剪，调节色调、饱和度等，也可以消除绿背景、添加反向帧和添加文本。

这里主要讲解添加文本的操作。首先确定哪一帧到哪一帧需要添加哪些文字，比如第 58 帧到第 62 帧间需要添加文字"第一步"，可以先移到第 58 帧的位置，点击右键在菜单中选择"添加文本"选项，输入文本"第一步"，右键点击文字进入字体设置，将其设置为"红色"和"28 号"字体，如图 15.2.5 所示。文本的位置是可以任意移动的，用鼠标拖动文本到合适位置即可。文本属性和文本位置设置好后，用鼠标左键按住左上角的"到帧"选项拖拉至第 62 帧，这样即在第 58 帧和第 62 帧间添加了文本"第一步"。如果其他帧需要添加文字，则重复这一操作。

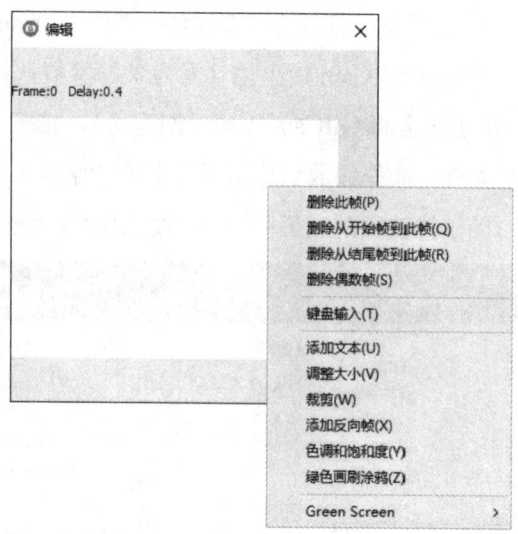

图 15.2.4 "编辑功能"选项

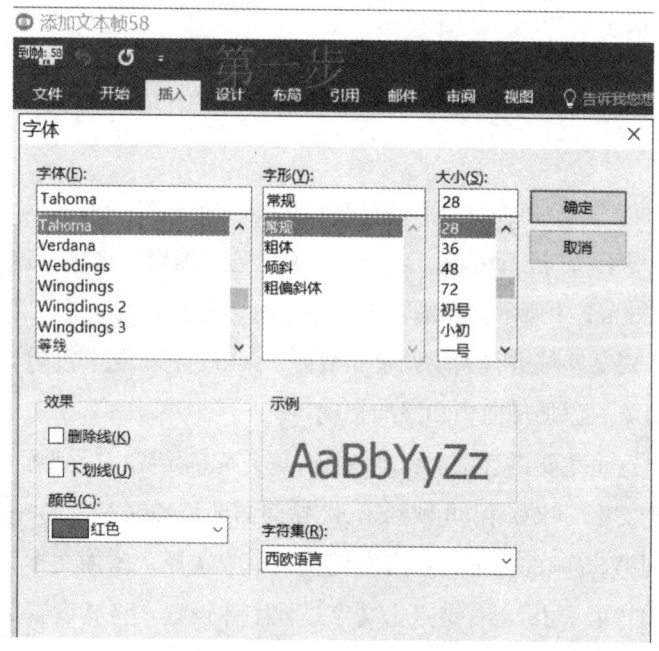

图 15.2.5 添加文本

Step4. 预览及保存。完成所有操作后,打开主界面上"保存"选项的下拉菜单,根据需求设置保存质量和格式,如图 15.2.6 所示。设置好后可以点击"保存"选项条中的"预览",可查看整体效果,如果没有问题就点击保存,保存到合适的位置即可。

GifCam 软件在录制过程中也可以随意调整录制窗口的大小和位置,使用起来非常方便。

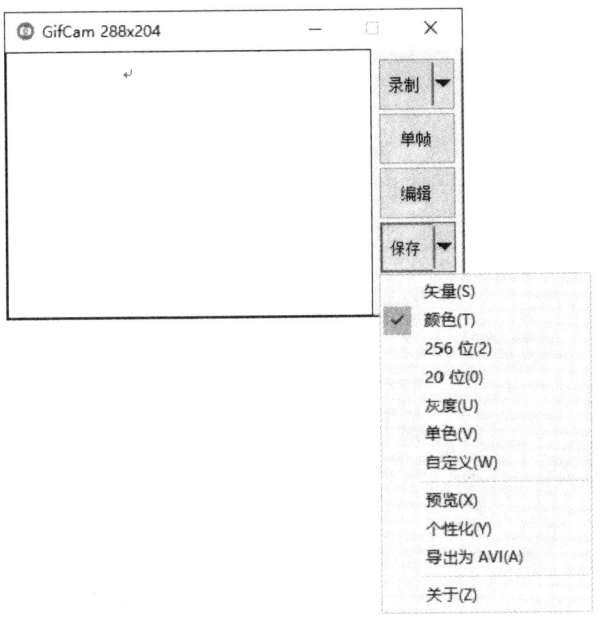

图 15.2.6 "保存"选项